全纳背景下儿童『创意读写』

王成 著

河海大学出版社

·南京·

图书在版编目（ＣＩＰ）数据

全纳背景下儿童"创意读写" / 王成著. -- 南京：河海大学出版社，2023.3
 ISBN 978-7-5630-8206-3

Ⅰ.①全… Ⅱ.①王… Ⅲ.①作文课－教学研究－小学 Ⅳ.①G623.232

中国国家版本馆 CIP 数据核字（2023）第 044403 号

书　　名	全纳背景下儿童"创意读写" QUANNA BEIJING XIA ERTONG "CHUANGYI DUXIE"
书　　号	ISBN 978-7-5630-8206-3
责任编辑	杜文渊
特约校对	杜彩平　李　浪
装帧设计	秦永诚
出版发行	河海大学出版社
地　　址	南京市西康路1号（邮编：210098）
电　　话	（025）83737852（总编室）　（025）83722833（营销部） （025）83787763（编辑室）
经　　销	江苏省新华发行集团有限公司
排　　版	南京布克文化发展有限公司
印　　刷	广东虎彩云印刷有限公司
开　　本	718毫米×1000毫米　1/16
印　　张	13
字　　数	247千字
版　　次	2023年3月第1版
印　　次	2023年3月第1次印刷
定　　价	78.00元

本书系南京市孝陵卫初级中学"慧润童心"全纳教育领航团项目组研究成果

项目组核心成员如下：

　　组　长：王　成
　　组　员：冯　静　叶　青　沈正斌　黄　海
　　　　　　周　枫　孙方方　徐丹丹　孙丽凡
　　　　　　李　敏　冯　芳　夏文栋

序

长期以来,受传统教育思想、教学观念的影响,我国写作教学还不尽如人意,"学生怕写、老师怕教"的现象在实际教学中频频可见。事实上,写作教学是一个非常广阔的领域,可以从多层面、多视角去研究。王成从全纳视角研究儿童"创意读写",是一种别开生面的尝试。

王成是我的学生,是南京市晓庄师范学校第一届五年一贯制大专班的学生。在校时,他的踏实肯干、敢于担当给我留下了深刻的印象。当时,他就对小学语文教学有着浓厚的兴趣,有意识地开始了独立思考。他多年身在一线教学,始终不渝地进行着这方面的探索,一直紧跟新课程改革的步伐不断深入。近年,统编小学语文教材全面使用,2022年又颁布了新的《义务教育语文课程标准》,他更加着力于儿童写作的研究。我欣喜地看到,在繁重的教学工作之外,他思考不断,笔耕不辍。他的教研实践从关注儿童写作产品走向关注儿童写作过程,从关注儿童写作知识走向关注儿童写作思维,研究视角不断延伸。

王成于2018年和2021年分别完成了江苏省教育规划课题《回归儿童本位的小班个性化习作教学的实践研究》《互联网+背景下小学语文教师创意表达的实践研究》,如今又完成了江苏省教研室立项课题《语文课程整合视域下儿童创意读写的实践研究》,课题的研究过程加深了其对关于儿童读写的思考。在此基础上,他最终在疫情逐步消散的暖春捧出了书稿《全纳背景下儿童"创意读写"》。尽管"读写结合"在国内外教育实践中早已有之,但在本书里,儿童"创意读写"中的"读"和"写"都不是狭义上的理解,而是包含了更多的形式。"读"和"写"相互依存,互为目的,共同指向创意思维,促进儿童创造性表达。这是他多年实践经验的总结,他从儿童"微写作"开始展开研究脉络,结合"交际语境写作"的基本理念,逐步丰富"读写结合"的形式,扩大了"读写结合"的外延,最终形成了儿童"创意读写"的相关成果。

儿童"创意读写"在小学语文教学领域具有实践层面的启示,为写作教学提供了新的教学范式。在本著中,王成将其主要价值体现概括为以下三个方面:

第一,有效突破习作教学思维。不再囿于"就习作而教习作"单一思维模式,而是根据语文课程与"创意读写"的教学实际,从微观、中观、宏观三个层面进行课程整合。微观层面指语文课程内各要素之间的融合,中观层面指语文课程与其他学科课程之间的协同,宏观层面指语文课程与生活之间的联系。教师可在阅读与表达之间发掘精准连接点,从学生的认知水平和心理特征出发,开展有创意的活动,培养儿童的想象力和创造力。

第二,成功转化习作教学任务。以"创意读写"为主线,将习作任务转化为儿童生活的成长历程。基于统编语文教科书"双线组元"的特点,紧扣单元语文要素,以"创意读写"为主线进行单元整体教学。如"整合教材,提炼主题;确定重点,组织探究;搭建支架,创意表达"这种教学范式,不仅是某个表达任务的完成,更是儿童对生活信息的捕捉,对惯常生活的深度体验,对生活经验的有效反思,成为儿童言语发展的需要和成长的见证。

第三,不断优化习作教学策略。以复合支架为载体,作为儿童"创意读写"的工具,并且在教学实践中不断优化习作支架,给学生提供"用得上、带得走"的习作知识。习作支架的种类繁多,可从功能标准分类,可从外显形式分类,也可从指导作用分类,具体内容本著中有详细表述。当然,由于习作支架种类繁多,其在指导儿童读写活动方面的使用还处于探索阶段。如何针对不同类型文本进行儿童"创意读写"指导,王成所进行的教育实践更具有实践性的启发价值。

将儿童"创意读写"置于全纳背景下进行探究,是教育的必然趋势。每一个儿童"创意读写"的发展都有差异,每一个儿童"创意读写"的潜能都应得到开发,每一个儿童"创意读写"的活动都值得尝试。王成既是思考者,更是践行者。据我所知,王成所带领的青年教师团队成员是来自不同城市、不同区域、不同学校的优秀一线教师。他们的研究没有行政的命令,没有功利的诱惑,只因热爱儿童"创意读写",心怀梦想:让每一个学生,尤其是随班就读学生都能充分表达出自己的心声。他们多年来坚持研讨交流,最终在微信公众号上推出了几百篇教学案例,展示了大量的学生作品,制作了全套统编教材习作微课,另外还有"小古文读写课""看图写话精品课""绘本读写课"等系列原创品牌的公益课程,浏览量最高时达数十万。如此付出,令人感动。有付出,终有回报。去年底,王成老师和他的团队制作的数十节统编教材习作微课全部入选南京市名师空中课堂,他们的研究成果也先后获得省级、市级教学成果奖。这么多年来,我看着王成由青葱的教坛新人成长为学校的业务骨干、年轻教师的带头人,稳步进行着自己的语文教育实践和探索。遥想当年,老校长陶行知先生在晓庄师范所倡导的"教人求真""学做真人"的理念,不正由王成他们在南京的基础教育中代代传承着吗?我相信这本书对于王成是总结也是新启,他一定会向更广阔的教育教学天地再出发。

为他高兴,是为序。

南京晓庄学院文学院院长:张谦芬

目录 Contents

第一章　儿童"创意读写"为何提出 ·· 001
　　导　语 ··· 001
　　第一节　当下儿童写作困难重重 ··· 002
　　第二节　儿童"微写作"研究与实践 ··· 006
　　第三节　儿童交际语境写作研究 ··· 018
　　第四节　儿童创意读写研究述评 ··· 029
　　第五节　全纳视野下的"创意读写" ··· 037

第二章　儿童"创意读写"价值指向 ·· 046
　　导　语 ··· 046
　　第一节　丰富儿童读写经验 ··· 047
　　第二节　培养儿童高阶思维 ··· 053
　　第三节　孕育儿童理性精神 ··· 059
　　第四节　促进儿童全面发展 ··· 069

第三章　儿童"创意读写"教学策略 ·· 075
　　导　语 ··· 075
　　第一节　借支架进行"创意读写" ··· 076
　　第二节　诗歌类文本"创意读写" ··· 087
　　第三节　小说类文本"创意读写" ··· 098
　　第四节　看图写话类"创意读写" ··· 105

第四章　儿童"创意读写"实践路径 ·· 114
　　导　语 ··· 114
　　第一节　整合教学范式探索 ··· 115

第二节　开展特色活动课程 …………………………………… 122
第三节　一课一招突破重点 …………………………………… 128
第四节　巧用资源跨界读写 …………………………………… 133

第五章　儿童"创意读写"全纳发展 …………………………… 139
导　　语 ……………………………………………………… 139
第一节　跟着教材学写作 ……………………………………… 140
第二节　课堂内外皆精彩 ……………………………………… 155
第三节　跳出常规即创意 ……………………………………… 164
第四节　故事接龙魅力大 ……………………………………… 174

后记 …………………………………………………………………… 197

第一章 儿童"创意读写"为何提出

导　语

"我手写我心"是希望儿童写作能够真实表达、自由表达、创意表达。事实上,儿童往往觉得"我手写我心"比较困难。本文针对儿童的写作困境,进行"微写作"研究,试图通过微型写作树立儿童写作的信心,增加儿童写作的积累,提高儿童写作的技巧。

统编小学语文教材"双线组元"的结构设计,给"微写作"课程开发提供了有利条件。教师可借助习作与小练笔资源,落实"微写作";努力挖掘课文中的练笔资源,设计"微写作";积极整合教材栏目资源,巧用"微写作"。在单元教学各环节,只有多次渗透"微写作"训练,才能让相应的语文要素内化为学生的能力。在"微写作"教学实践过程中,如何建构"微写作"教学的评价标准体系是个核心问题,我们以"观察能力""语言描写能力"为例,用数据来证明"微写作"可以提高学生的言语能力。

"交际语境写作"是写作教学发展在经历文章写作、过程写作之后的第三阶段。我们在实践中不断落实"交际语境写作"的理念,写作任务指向解决生活实际问题,在写作每一环节设计复合支架引导学生自我"监控",从而不断推进交际语境写作深入发展。在交际语境写作理念的指导下,我们不仅关注学生写作的过程和写作的结果,更关注学生写作的动机和写作的真实情境。在实践中,我们试图把"交际语境写作"与"微写作"结合起来,发挥两者共同的优势。

近年来,小学语文课堂上掀起一股"创意"浪潮,儿童"创意读写"自然进入研究者的视野。在对检索的文献进行梳理和分析后,可发现小学语文"创意读写"研究已取得一定成果,主要集中在创意读写课例的开发设计、教学策略、课程的开发路径等方面,表明小学创意读写正在从课堂实践走向课程建构,内涵不断深化,外延不断拓展。我们把儿童"创意读写"与"交际语境写作"结合起来，将"创意读写"研究与统编小学语文教材有效融合，进一步明确创意读写发展的目标任务，完善创意读写发展的保障机制。

第一节 当下儿童写作困难重重

开学初，笔者新接手四年级一个班。一天，阅读学生交来的周记，一篇题为《那悔恨的一刻》的作文吸引了我，全文大致内容是：一只小鸟误飞入阳台，被我抓住关进了笼子，后来它不吃也不喝，瘦了很多，最终晕倒在笼子里，我后悔也没能挽回它的生命。读毕，我被这样的故事打动了，同时心存疑虑，这事情是真的吗？为了保护这位学生的自尊，我采取了迂回策略：这件事真是太巧了，老师想了解几个细节，帮你一起修改修改，文章就更富有感染力了。这是什么时候的事？你家正好有个空笼子来装鸟吗？爸爸妈妈怎么看待这件事的？你是怎么抓住小鸟的，挺不容易的吧……一开始学生还能回答，很快就支支吾吾，最后实在答不上来了，便告诉我这是其编造的一件事。当我问该生为何要编时，她说这样写作文难道就不可以吗？我认真地告诉她，小学生写作首先要学会用笔真实地记录生活，记录生活中的典型事例，若是想写童话、创作小说，可另当别论。听了我的建议，该生仍有些不解。我不禁陷入深思：俗话说"我手写我口，我口说我心"。可是"我手写我心"怎么就那么难呢？细细想来，有不少深层的缘由。

一、写作时间"缺斤短两"

首先，作前指导时间严重不足。根据课程计划，平均每两周需要进行一次单元写作指导，每次约三课时。第一课时作前点拨，第二课时学生动笔，第三课时作后讲评。前两节课如果连起来进行，学生写作效果会更好。事实上，不少学生往往把写作草稿带回家写，教师根据学生的草稿反馈得失，美其名曰上的是作后指导课。作后指导当然需要，然而作前指导更为重要，特别是对初学作文者。倘若缺乏有效的课堂指导，学生只有回家请家长教，找范文抄。作前指导课良莠不齐，缺少有效作前指导的学生对作文有着一定的畏惧心理。再次，写作训练时间严重不足。任何一项技能的学习都需要足量的练习，以期达到"熟能生巧"。按照课程安排，两周一次的单元写作，在量上不算充足，需要一线教师自己动脑筋，开发出有益于提高学生读写能力的课程。教师常见的做法是"大小结合，读写结合"，以增加学生的练笔时间，如把周记或日记视为一次小作文练习，在阅读教学中寻找相关的读写结合点让学生动笔。这样的练笔倘若没有紧扣教材中的写作单元的重难点，没有单元统整的意识，那么只是表面上增加了学生的练习时间，结果往往事倍功半。

二、写作要求"揠苗助长"

学生在写作过程中经常抓耳挠腮，觉得没有内容可写。其实他们每天都有自己的生活，哪怕只是家庭、学校"两点一线"，也应有许多独特的发现。之所以学生会觉得无话可写，根本原因是学生想写的内容达不到教师的高要求、严标准。记得有一节二年级看图写话课，教师在课堂上指导学生观察猫和老鼠分别是什么样，并猜想它们分别会说什么、想什么、做什么，力图让学生懂得写作要写清楚"人物"的表情、语言、动作和想法等。指导了大半节课，感觉学生说得还不错，可当学生动笔写时，仍有很多人愁眉苦脸，不知如何下笔。其实细想就会发现，说得好的那些学生在班上毕竟是少数，况且这少数优秀者的口头表达内容仍是在教师的指导下逐步完善的，最后由教师把故事串起来。对于学生自身而言，其脑海中仍是单一表述。在刚才的课例中，执教者将中段的习作要求用到低段教学中来，可能以为"法乎其上，得乎其中"，孰料这样的高要求容易让低段学生对写话有畏难情绪。除了易混淆各学段写作要求，教师对写作内容的选择有时也较苛刻。记得有一次进行区域调研检查，作文题目是《那一次难忘的经历》，一篇习作引起了争议。这位学生讲述自己被老师误解，受到批评的经历，觉得老师很不公平，希望以后这样的事情不要再发生。全文叙述清楚，情节波折，描写具体，书写工整。有的教师觉得这是一篇优秀的作文，真实表达了小作者的心声。然而也有不少教师觉得这位学生的思想复杂，没有宣扬正能量，价值观需要适当引导，不宜被评为一类佳作。事实上，的确有不少教师经常强调"有意义""有价值"。结果有的学生因为很难找到符合要求的素材，于是就编造所谓的"有意义"之事，编造的次数越多，学生对写作的兴趣越低，写作套话也会越多，写作也易步入单调乏味的应试状态。

三、写作示范"雾里看花"

钱理群教授曾说过："什么是语文教学？语文教学就是一个会读书、会写作的教师带领学生学习阅读，学习表达。"对语文教师而言，"下水"是一个基本要求。事实上，提到"下水"，或是自身写作经历，大多数语文教师都会避开这个话题，或者解释自己没时间写。有项调查数据显示，近两年写作内容为读书笔记、下水作文、文学作品、其他写作（晚会串词等）的小学语文教师分别占总人数的

28.8%、24.7%、4.8%、11.6%。这表明,大多数小学语文教师的写作经验相对缺乏。平时不断让学生读写,自己却不读不写,这样的教师如何能真正指导好学生写作?若只对着教参照本宣科,是很难让学生爱上写作的。学生在家里是家长的镜子,在课堂上往往就是教师的镜子,一个自己都不热爱写作的教师怎么可能教出热爱写作的学生?可能有些教师对此不以为然,他们觉得身边有一堆作文资源:名家名作、教材选文、各种教辅,还可到网上搜寻例文,这种想法失之偏颇。对于名家名作,让学生直接模仿并不太现实,毕竟作家的阅历和积累是儿童不具备的,两者之间还隔着"万水千山",教师不能想当然地以为学生天生会模仿,就不假思索地让学生读名家名作。对于教材选文亦是如此,更何况教材选文还经过编者多次修改,这个过程学生无法体验。对于那些网上例文,稍加辨别,我们就会发现其中不乏套话空话之作,充满真情实感的佳作甚少,反而会导致学生把主观臆想作为一种写作套路。若教师对写作教学的自身示范性不够、责任心不强,也会使得教学不能落到实处,不能真正了解学生的所需。

四、写作序列"踏雪无痕"

语文教科书每学期大约有八篇单元写作,每篇都应有训练重难点,且前后同类作文之间还应有一定的序列关系,然而这些重要的信息往往不够清晰,甚至无迹可寻。以统编语文三年级上册的八篇写作为例:一是"猜猜他是谁";二是"写日记";三是"我来编童话";四是"续写故事";五是"我眼中的缤纷世界";六是"这儿真美";七是"我有一个想法";八是"那次玩得真高兴"。从中可发现三年级起步作文类型丰富,写人叙事、写景状物、写实类、想象类作文均有,这种"全面开花"式的写作序列可能造成学生的写作困难。对学生而言,应唤醒并激活其写作热情,让学生从某个起点出发,慢慢前行,再向前奔跑。事实上,对于同一类型写作,学生应迁移哪些写作技能到下一篇中去,师生都不是很清楚。例如,五年级上册"'漫画'老师"、五年级下册"形形色色的人"、六年级上册"我的拿手好戏"、六年级上册"有你,真好",这是统编语文教科书高段四篇写人类作文,都要求选择典型事例表现人物特点,把事情写具体。曾听一位教师执教"'漫画'老师"这节课,课堂教学重点是选择一两件事突出某位教师的一个特点,要把这位教师的表情、语言和动作写具体。如此一来,到五年级下册(以下简称"五下")"形形色色的人"应该在此基础上怎样进一步提出要求呢?如果这个问题搞不清,就会使同类作文固化成一个模式教学,难以体现写作知识与能力的推进式学习。如何利用教材各单元的语文要素,统整教材课后思考题、小练笔,以及"语文园地"中的"词句段运用",将这些板块与单元作文有机整合,适当练习,促进学生言语能力的提升,是有待语文教师共同探讨的重要命题。

五、写作缺乏"读者意识"

人之所以写作,目的无非两种:一是自我倾诉,如个人日记;另一种是与人交流,如书信、公开发表的文章等。小学生写作文,最好首先考虑作文写给谁看,要达到什么目的,有了这个基础,才能考虑文章怎么写。实际课堂教学中,学生更多的是考虑教师的要求是什么,怎样才能让教师满意。希望"教师满意"的写作态度,便造就了唯一的读者——教师。潘新和教授曾做过调查:绝大部分学生写作缺乏读者意识,学生写作文时心中有读者的只占18.3%。写好作文交给教师,最后得到等第,就万事大吉。针对这种情况,统编教材特别重视对作文的评价与修改。例如,五年级上册习作七"某处即景"中要求"写好以后读一读……对不满意的地方进行修改";六年级上册习作七"我的拿手好戏"中要求"写完后读一读,看看是否通顺,重点部分是不是写具体了,再改一改"。统编教材不仅要求学生自己学会修改作文,还希望同伴、家长一起参与到作文的评改中来。例如,五上习作四"二十年后的家乡"中要求"写完后,跟同学互换习作,提出修改建议,再根据同学的建议认真修改习作",在评价修改的过程中培养了学生写作的读者意识。六年级上册(以下简称"六上")习作四"笔尖流出的故事"要求"写完后,在班里开一个故事会,说说你最喜欢的故事",六上习作六"学写倡议书"要求"将倡议书发布在合适的地方,如校园的公告栏、小区的布告栏、网络论坛"统编教材试图借助多元评价,培养学生写作的读者意识,改变学生写作往往只有教师这一个读者的现状。如果教师能按要求认真落实,则能做到扎实高效。这不仅需要观念的转变,更需要载体和支架,后者正是目前缺乏的,需要研制出具体的评价方法,否则"读者意识"的培养很可能落在虚处。

综上所述,要想真正落实"我手写我心",让学生在写作中彰显个性,决不是一朝一夕的事,正所谓"冰冻三尺,非一日之寒"。上述归因,都有一个关键人物,那就是小学语文教师。教师要以身作则,有针对性地采取方法,改变习作教学的定势思维,鼓励学生"我手写我心",减少其对习作的畏难情绪,帮助其不断掌握实用有趣的习作方法,融会贯通,从而真正提升学生的语文素养。于是,小学语文"微写作"与"交际语境写作"应运而生。

第二节　儿童"微写作"研究与实践

"微写作"即微型写作,是指运用简练的语言叙述描写、解释说明、劝解说服等,其内容篇幅短小,形式灵活。"微写作"贴近学生现实的学习与生活,有利于推动"自由表达和有创意的表达"。近几年,小学语文"微写作"的实践逐渐增多,包含微日记、微习作、微作文等多种形式。笔者分别以"微写作""微日记""微习作""微作文"为主题词,检索中国学术期刊网络出版总库的文献,结果显示,自 2014 年以来,小学语文"微写作"逐步进入研究视野,2019 年成为一大研究热点。基于检索的文献,本文梳理了小学语文"微写作"的价值、现状、策略,并反思了存在的不足。

一、小学语文"微写作"的价值研究

关于小学语文"微写作"的价值,可归纳为树立写作信心、增加写作积累、提高写作技巧、解决写作"梗阻"四个方面。

（一）树立写作信心

《义务教育语文课程标准（2022 年版）》（后文简称"新课标"）提出,让学生"愿意与他人分享,增强表达的自信心"。"微写作"关键是在"微"字,一个"微"字,降低了写作难度,有助于提高学生写作兴趣,树立其写作信心。有的教师通过入口小、形式新的"微写作"活动,如创编儿歌、写"每日一句"、根据教材配图创作"图画作文"等,让学生不畏书面表达。有的教师创新了十余种趣味性"微评价",依托卡通印章、七色成功卡、识字卡、古诗卡、水浒卡、三国卡、小明星卡、喜报、写真秀、呱呱币等载体,对学生的"微写作"多鼓励、多肯定、多欣赏,形成趣味评价机制,促使学生乐于书面表达。

（二）增加写作积累

"不积小流,无以成江海。"有的教师利用"微日记",帮助学生积累属于自己的"习作素材库",如主题式"微日记",发现美好生活；项目式"微日记",记录精彩过程；心情式"微日记",捕捉心路历程。不少教师注重引领学生阅读名家名篇,在经典文本中徜徉。这有助于学生积累好词佳句,并借助"微写作",通过模仿结构、句段、词语等积累写作范式。

（三）提高写作技巧

"微写作"目标相对单一，篇幅短小精悍，学生容易把握表达技巧，但其中离不开教师的有效指导，教师指导需突出一个"效"字。比如，如果学生不注意细节描写，写作内容不具体，教师便可以"微写作"为抓手，引导学生用眼睛观察，用耳朵聆听，用大脑想象，从小处着眼，从细节入手，逐步掌握细节描写方法。又如，根据小学阶段言语表达的基本要求，教师通过"微写作"进行"一内容一练"的专项练习，让学生"言之有法"，做到用词精准、表达新颖、方法得当等。

（四）解决写作"梗阻"

"微写作"不是为学生重构一套写作技能序列，而是为提高学生写作能力作补充，以"完善"学生的写作能力。教师可以把"微写作"练习作为完成大作文的基础，先进行"微写作"，发现学生在表达上的问题，进而在大作文练习时，有针对性地给予指导；也可以倒过来，在大作文练习后，发现学生某一方面的缺陷或弱点，在"微写作"中予以强化训练，弥补不足；还可以从学生的"微写作"中发现有新意的素材，引导学生写成大作文，或者在大作文之后利用"微写作"进行巩固练习，最终解决写作"梗阻"。

二、小学语文"微写作"的现状研究

关于小学语文"微写作"的现状，相关文献不多，大多从微观角度进行探讨。具体看来，有如下三个角度。

（一）教材的角度

小学语文教材本身除了大作文之外，还安排了许多小练笔。笔者曾梳理统编小学语文三年级两册教材的课后小练笔，详见表1-1。

这些小练笔就是"微写作"的一种样态，大多附在课后练习中。它不仅是对文本理解的再深入，也是对文本表达技巧的学习模仿。统编小学语文教材中的小练笔通常分为以下几类：一是直接依托课文的语言材料，让学生仿写；二是没有给出直接模仿的语段，而是提示学生模仿课文进行表达；三是没有提供模仿的对象，是为落实单元习作要求而设置的练习；四是应用文。这些小练笔与教材中的习作单元、单元习作等练习相互配合，形成一个训练、提升学生写作能力的网络。

表1-1　统编语文教材三年级课后小练笔

册数	课文	小练笔要求
三年级上册	2. 花的学校	"雨一来,他们便放假了。"你喜欢这样的表达吗?请你照样子写一写,如,"清风一吹,他们……""蝴蝶一来,他们……"。
	5. 铺满金色巴掌的水泥道	"铺满金色巴掌的水泥道",多美的发现啊!你在上学或放学路上看到了什么样的景色?用几句话写下来吧。
	6. 秋天的雨	想象一下,秋天的雨还会把颜色分给谁呢?照样子写一写。
	16. 金色的草地	你在生活中观察到了什么?用几句话写下来和同学交流吧!
	18. 富饶的西沙群岛	海底有很多美丽的景色,从下面的图中选择一幅,写几句话。
	20. 美丽的小兴安岭	你的家乡哪个季节最美?为什么?写一段话和同学交流。
	21. 大自然的声音	你听到过哪些"美妙的声音"?试着写几句和同学交流吧,如,"鸟儿是大自然的歌手……""厨房是一个音乐厅……"。
三年级下册	3. 荷花	第2自然段写出了荷花不同的样子,仿照着写一种你喜欢的植物。
	13. 花钟	仿照课文中表达鲜花开放的语句,写一写你喜欢的花。
	22. 我们奇妙的世界	读一读下面的句子,感受这些普通而又美的事物。你也来写一写吧。 雨后,我们会看到地上有许多水洼,就像有趣的镜子,映射着我们的脸。 黑夜降临了,我们看见夜空中群星闪烁,就像千千万万支极小的蜡烛在发光。 夏日,在大树下乘凉,我们会感叹,大树带来这么多绿荫。

(二) 教师的角度

很多教师都认为语文教材是个"宝库",应充分挖掘并利用好语文教材的资源,为学生"微写作"提供便利条件。如陈先松认为,教材的这些选文都是经典之作,能为学生的习作提供很好的范例。教师要深入研读教材,明晰每次习作的要求,在学生作文样本的基础上,找到练习的小目标,到相关课文中寻找"生长点",并进行随课"微写作"。然而,能够利用教材资源指导学生"微写作",或者亲自"下水"进行"微写作"的教师有多少呢?对教师而言,"下水"其实是很低的要求。但说到"下水",或是说到语文教师自身的写作经验,有些教师会找出各种各样的理由来解释自己不写的原因。有一项针对小学语文教师的调查显示,两年来,写作内容为读书笔记、下水作文、文学作品、其他写作(如晚会串词等)的教师分别占总人数的28.8%、24.7%、4.8%、11.6%。这一数据表明,大部分教师缺乏丰富的写作经验。

（三）课改的角度

新课标指出："要养成留心观察周围事物的习惯,有意识地丰富自己的见闻,珍视个人的独特感受,积累习作素材。"此外,第四学段除作文外,其他练笔不少于1万字。这对教师提出了两个要求:一是要在平时的教学过程中有目的地让学生进行"微写作",二是要对学生的"微写作"进行有针对性的指导。高考作文怎么考？温儒敏教授主张,高考语文提分到180分之后,"设计一道60分的大作文,另加一道15至20分的小作文(微写作),大小作文各有分工,大作文注重综合能力的考查,小作文则指向应用或某一方面写作能力,一二百字""可以很灵活"。其实,从2014年起,北京的语文高考已经连续5年增加了"微写作"的新题型,语文科目将60分的作文分为两题,第一题为"微写作",第二题为"大作文"。高考作文的导向性向来比较明确,小学阶段应主动对接"微写作"。

三、小学语文"微写作"的实践研究

关于小学语文"微写作"的实践,其研究主要集中在如何开发教材资源和如何开展教学训练两个方面。

（一）教材资源的开发

很多教师提倡挖掘教材资源,有效开展"微写作"训练,如解读教材做补白训练,利用阅读做批注训练,以教材为范例进行仿写训练等。让"微写作"与阅读紧密结合,注意把握学情,找准练写点——关注"技"字,引导学生掌握写作方法；牢握"思"字,实现个性化书面表达。特别注重"仿写微作文",举措包括：在典型处指导仿写"微作文",在结尾处指导仿写"微作文",在空白处指导仿写"微作文"等。在各种仿写过程中,注重学生言语能力的提高。具体做法有:按图索骥,践行迁移型"微习作"；碰撞思想,践行鉴赏型"微习作"；发散思维,践行创生型"微习作"；链接生活,践行应用型"微习作"。还有一些教师以具体的"微写作"课例,来解释自己是如何开发教材资源并确定"微写作"内容的。如广泛筛选"微习作"触点,理性确立"微习作"切口,精心设计"微习作"路径等。总之,教师大多依托文本,从学生视角出发,找到合适切入口,合理开发资源,确保"微写作"落在实处。

（二）教学训练的开展

鉴于"微写作"比较灵活的特殊性,要想训练学生的"微写作"能力,方式也

应当多元并包。例如，追求实效，准确地捕捉练习时机；强调实效，立足于表达能力的培养；突出自主，放手让学生施展才华；讲究灵活，着眼于培养学生自改作文的能力。还可以通过各种形式有意识地进行"微写作"，有效提高学生的写作能力，如"微日记"让写作趣味化，"微练笔"让语言规范化，"微特写"让描写具体化，"微推荐"让关注多元化，"微命题"让表达个性化等。对于不同学段的学生，"微写作"应当有不同的侧重点，如低学段侧重学写"微童话"，中学段侧重进行"微观察"，高学段侧重开展"微评论"。还可根据"微写作"的表达方式来分类，可分为"叙述式微作文""描写式微作文""议论式微作文""抒情式微作文"。总之，"微写作"不在于写的字数多少，而在于能否坚持。长期坚持练习，不管是一段描写，还是一段叙述、一段随感，都将具有积微成著的效果。

四、反思与建议

（一）存在不足

以上是目前小学语文"微写作"的研究进展，整体来看，还存在一些不足：

一是重课堂，轻课程。已有研究大多着力于课堂教学设计，或是教学策略方面的探讨，这当然有必要。然而，除了"怎么做"之外，还应该回答"做什么""为什么做""做得怎么样"。只有在对小学语文"微写作"的这些基本问题充分认识的基础上，才可能真正有效地实施"微写作"课堂。目前，小学语文教师"微写作"课程的建设意识相对淡薄，学界对学生"微写作"需要写到什么程度，如何评价学生的"微写作"等方面的探讨并不多，认识也不太清楚。很多文献还停留在如何激发学生兴趣、如何树立写作自信等层面，缺少整体的架构与思考。

二是重积累，轻运用。大多数研究者在探讨小学语文"微写作"时，强调积累的重要性。其实，不管是从文本阅读中积累词句，还是在生活观察中积累素材，都不应以量为先，而应以质取胜。这个"质"以学生的理解和运用为前提，理解的表现形式是运用。倘若学生不理解，不懂得运用，那么不管如何阅读、观察，也达不到预期效果。一本书读完后，收获多的一定是对这本书有自己的理解感悟，而不是仅在词语句式上记得多的学生。同样，对于每天的经历都应该有自己独特的发现与感受，如果不用心体会、辨识、记录，就会觉得没什么特别的地方。有的学生即使天天观察，也会觉得没什么好写的，这就是语言运用能力缺乏的表现。

三是重技巧，轻思维。从研究者的教学实践来看，其认为"微写作"的最终目的是习作能力的提高，而习作能力提高的具体表现是学生掌握了写作的"微技巧",但其学生思维的发展与提升关注度不高。写作是语言思维的实践过程,写作训练主要是思维训练。"微写作"也是写作,何况"微写作"的表达方式更具个性,表达内容更加碎片化,这对学生思维的广度、深度、发散度、创新度等都提出了更高的要求。实践中,常常混淆教师写作技巧与写作思维。例如,有教师指导学生描写美食后总结出"按顺序、抓特点、表真情"的写作方法,进而认为这也是写动物、写植物、写人物、写事物的好思路,并绘制成思维导图以促进学生思维的提升。这反映了部分教师在关于"微写作"对学生思维发展的思考中,个人臆想成分较大。

(二)教学建议

基于以上思考,笔者认为小学语文"微写作"教学可从以下几个方面逐步深化:

一是构建"微写作"教学的评价标准体系。当下的研究者在探讨"微写作"的评价时,结论大多指向形式多样的评价方式,如可以组内评、组间评、家长评、教师评,可以朗读、张榜、发表,可以发卡片、盖印章、留纪念等。这些评价方式多以激发兴趣、鼓励赏识为目的,当然是有必要的,可还不够。有效的写作评价,除了让学生对写作充满兴趣和信心之外,还应让学生对写作有较准确的定位,并促进学生写作能力的发展和进步。对于"微写作",可以制订写作"微标准",要能体现不同学段之间的梯度,凸显文体特征及相对应的"微写作"要求。学生在哪个学段,应该学会哪些类型的"微写作",以及"微写作"能力发展到什么程度等,师生都要清楚。总之,"微标准"的构建不能停留在内容正确的层面,也不能停留在理念的层面,应对"微写作"教学有具体要求,有明确的操作指导,有相应的评价能力分级。唯其如此,"微写作"才可能突破困境,真正受学生欢迎。

二是加强"微写作"与教材语文要素的对接。统编语文教材在单元的组织方式上有明显变化,不再是单一的以人文主题组元的方式,而是采用"双线组元"。一条线索是"人文主题",另一条线索是"语文要素",将语文学科的基本要素,分成若干个知识或能力训练的"点",由浅入深,由易到难,分布并体现在单元导读、课文导读或习题设计之中,使"内容主题"与"训练要素"形成统一的整体。每单元的语文要素至少有两条,分别指向阅读和写作。有的单元阅读要素与写作要素高度统一,如三年级上册第五单元的两个语文要素:一是体会作者是怎样留心观察周围事物的;二是仔细观察,把观察所得写下来。这类单元中,阅读与写作高度融合,阅读为写作提供了范例并指向写作能力的培养,且课后习题中的小练笔,包括"初试身手",都是让学生运用学到的方法进行"微写作"的契机。如果有些单元的语文要素之间没有如此统一,教师就要试图在单元阅读要素与写作要素之间找到连接点,适当地开展"微写作"练习。例如,三年级上册第六单元有两个语文要素:一是借助关键语句理解一段话的意思;二是习作的时候,试着围绕一个意思写。把"一段话"与"一个意思"连接起来,可以确定本单元"微写作"的主题:围绕一个意思写一段话。此外,还可以把"语文园地"中的有关栏目与课文教学相结合,把口语交际与"微写作"相结合。教师把"微写作"与教材中的语文要素有意识地对接,不仅是对语文教材的二度开发,也是在逐步构建具有校本特色的"微写作"课程。

三是加强"微写作"与语文核心素养的紧密联系。新课标中对语文核心素养内涵的界定是四个方面,即"文化自信""语言运用""思维能力""审美创造"。其中,"语言运用"是语文核心素养最关键的组成部分,也是语文素养整体结构的基础层面。要在发展语言文字运用能力的同时推进思维机制的发展;要鼓励学生在语文和其他学科的学习中,自觉树立崇高的审美意识和审美情趣;要使学生在语文学习中充分理解国内外先进文化,热情参与社会文化传播。"微写作"是积极发展学生语言文字运用能力的新举措,是用一种整合的思维重新审视语文教科书,并试图构建新的课程。我们倡导多元评价的方式,唤醒学生的主体思维,同时注重文章立意,引领思维提升;倡导学写结合,在比较鉴赏、分层赏析中感受文本内容的独特之美;借助多种语言形式,实现文化的理解,进而变式运用,提高文化素养。教师要尽可能开发一些适合的"微支架",让语文核心素养在"微写作"过程中落地生根,如通过能体现学生思路的"思维导图",让学生在写写画画中提高审美情趣,提高文化的认同感。总之,在"微写作"过程中,打破现有课程体系各板块内容"各自为政"的现象,把语言运用与思维、审美、文化紧密联系在一起。

下面是笔者在实践中进行"微写作"课程开发与评估研究的案例,期望能够不断优化小学习作教学。

五、小学语文"微写作"课程评估研究

如何通过"微写作"的评估来判断学生观察能力与言语能力是否提高,以及如何针对学生的不足来采取相应的措施,提高学生的言语能力呢?我们在教学实践中以对话描写的"微写作"课程为例,做了如下评估研究。

三年级学生不管是在看图写作时,还是在童话故事的想象中,或多或少都会进行对话描写。等到了四年级,学生的对话描写能力如何呢?我们在区域内

名校、普通校以及薄弱校中各选择四年级的一个班进行测查。测查内容是根据情景设置展开想象,写一段对话。情景设置:昨天晚上,我在家想玩一会儿手机游戏,便向家人要手机玩,结果被拒绝了。测查要求:一是人物之间要有两组以上对话。二是把提示语写清楚(动作、神态、语气)且有位置变化。三是正确使用标点。测查时间:15分钟。

(一)对话描写能力存在的问题及分析

三所学校分别是 X 薄弱校、H 普通校和 L 名校。根据三年级对话描写应达到的要求,设计了四个测查指标,即对话描写要分段,要有两组以上对话,要把提示语写清楚,提示语要有前后位置的变化。统计结果如表 1-2 所示:

表 1-2　X 薄弱校、H 普通校、L 名校四年级对话描写能力测查数据统计

测查指标	X校四1班25人	百分比	H校四2班27人	百分比	L校四5班44人	百分比
对话分段描写	1	4.0%	3	11.1%	7	15.9%
两组以上对话	16	64.0%	19	70.4%	39	88.6%
提示语写清楚	12	48.0%	19	70.4%	28	63.6%
提示语前后位置变化	10	40.0%	15	55.6%	3	6.8%

从上述统计数据来看,名校四年级学生对话描写能力整体优于普通校,普通校整体优于薄弱校,但优势并不明显。个别测查指标,名校不如普通校,如"提示语前后位置变化"这个指标,名校只有 6.8% 的学生在作品中呈现,远不如普通校的 55.6%,甚至不如薄弱学校的 40.0%。

从整体情况来看,四年级学生对话描写能力平均达标率不高,勉强合格。主要暴露出的问题如下:

一是对话描写的提示语往往用"高兴""生气"等形容词。说明观察不够细致,缺乏对人物"高兴""生气"时具体的样子的描写。

二是对话描写的提示语形式单一,缺乏变化。基本上都是怎样地"说",不会换成"答""问""道",也不会用动作与表情替代"说"字。提示语的位置大多放在句子前面,部分学生会放在人物语言的后面,只有很少学生是将提示语放在中间。遗憾的是,提示语放在语言中间,后面标点应该是逗号,但几个学生都错了。

三是对话分段描写达成度特别低。可能受到题目要求中"写一段对话"的误导,学生以为是写一个自然段。也可能是确实忘记了对话描写应该分段的要求。

四是一个意料之外的问题,即提示语中"怎样地说",其中的"地"字错误率特别高。如"高兴地说",很多学生写成"高兴的说"。

这四个问题中,笔者以为前两个是重中之重,是难点,需要教师悉心地指导学生练习。后两个问题解决难度不大,多提醒学生应该就能解决。

(二)提升对话描写能力的策略及推进

对话描写能力测查中暴露出的问题如何解决呢?要解决这个问题,必须先跳出问题本身,先考虑小学生对话描写能力应该有哪些能力点,这些能力点分别该在哪个学段达成。

学生平时习作中的对话描写常见问题有:描写不具体、意思不清楚、重点不突出、价值不明显。因此,我们把对话描写能力进行了六级的指标分解(如图1-1),由低到高分别是提示语清楚具体,提示语位置变化,运用无"说"之说,对话推动事情发展,对话彰显人物性格,对话描写适性变化。

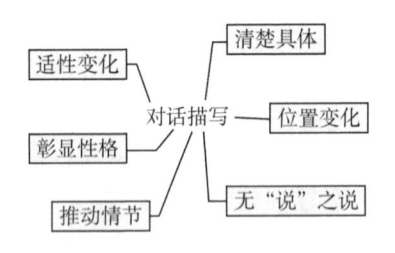

图 1-1 对话描写能力

对于中段学生而言,前三个能力点是教学重点。教师在上述三类学校中各选择一个自己任教的三年级,采取以下四点措施。

一是在观察中积累。不管是课堂还是课下,学生每天要说很多话,可是一拿起笔,写一段对话,很多学生都面露难色,更有甚者记不得自己说了什么,也记不得别人说过什么。对于这样急需指导如何观察生活的学生,教师应鼓励孩子做生活的有心人,注意倾听别人的发言,注意观察人物说话时的语气与神态。利用课前三分钟,轮流请学生说说近几天观察到的有意思的对话。学生绘声绘色的模仿会吸引全班同学的注意,特别是能提升后进生的观察力。不知不觉中,学生积累了许多有意思的对话素材。

二是在阅读中点拨。许多课文里有不少对话描写。有的提示语在句首,有的提示语在句尾,还有不少提示语在句中,如《军神》中:"'不,你是军人!'沃克医生有些不悦地说,'我当过军医,这么重的伤,只有军人才能如此镇定。'"对于这种提示语在中的对话描写,教师教学时尤其需要注意,引导学生读好对话,关注其中的标点,特别是提示语后面的标点,强调"提示语在前加冒号,提示语在中加逗号,提示语在后加句号"。

三是在讲授中突破。在对话描写专项指导课上,让学生在大量的对话描写中发现语言表达的规律,如对话描写的提示语可以写人物的动作,可以写人物的神态,可以写人物的语气,还可把三者相结合,这样的提示语描写不仅清楚,而且具体。学生要认识千姿百态的"说",有时候,对话描写中并没有"说"这个字,但会有表示"说"的词语。这样表示说的词语还有很多,如:道、问、答、叫、喊、喝、吆喝、唤、呼、嚷、吼、骂、训斥、嗫嚅、嘟囔、抱怨……有时候,对话描写中连表示"说"的词语也没有,直接用动作、神态和语气替代"说"字,如《水上飞机》中有这样的对话:"'飞机?你怎么掉到海里去啦?'小海鸥吃了一惊。水上飞机笑了:'不,我是降落在这里的。我是海上救护机,可以迅速救援海上遇难的船只。'"还要引导学生掌握提示语位置变化的规律。有的时候我们根据需要,也会把提示语放在后面或者中间。什么时候在后面,什么时候在中间呢?如果是"未见其人,先闻其声",这种情况下要把对话的内容放在前面,提示语自然就放在后面了。有时为了突出说话的内容,提示语也放在后面。如果话语前后之间有停顿,意思出现了转折,提示语一般放在中间。

四是在练习中巩固。一项技能的习得,一种能力的提升,没有一定的训练量是难以保证的。写作知识与写作技能的真正掌握必须依靠大量的言语实践,在习作中学会习作。一次完整的习作教学从构思到动笔,再到品析分享,需要耗费师生大量的时间,经常习作的可能性几乎为零。如何解决这对矛盾呢?随着时代的高速发展,很多方面都出现了"趋微"新常态。在教育教学中,"微课""微视频""微演讲""微阅读"频频出现。由此看来,在课堂教学之余,"微写作"显得特别重要。"微写作",即篇幅非常短小的练笔,每天用十分钟左右的时间完成。学生轻松起步,逐步深入,在有层次的不断推进中掌握大量的写作知识与技能。

在对话描写的范围上,从写与同学对话到与教师、家长、路人等对话,每个能力点持续三至五天,直至全班整体符合要求后进入下一个能力点的训练。有的孩子通过一两次的"微写作"就达标了,有的需要五六次,有的可能需要十多次。教师可根据学生达标次数的多少把学生分为 A、B、C 三层,达标后可以不再练习该能力点,不达标的需要反复练习直到达标为止。这样的分层达标练习让教师对每一个学生的言语发展状况做到心中有数。

教师批阅学生的"微写作"时,只需关注学生能力点是否达标,这样的批改速度很快。针对学生暴露出的问题或者特别精彩的地方利用当天的早读、午静休,或课前两分钟等"微时间"进行及时的反馈。每周利用一节校本实践课让学生以小组为单位进行分享交流。这样的"微评估"周期短,有针对性,见效很快。一学期结束,写得少的同学能写完两三本语文本,多则四五本语文本。

(三)对话描写能力再测查的反馈

经过近一年的试验,笔者对任教的三年级学生进行对话描写能力的测查。和上次在四年级进行对话描写能力测查的要求一样,不同的是换了另一个情景设置,且设计了"对话描写"多元评价表,更有利于学生自我评价、修改。具体如表1-3:

表1-3 "对话描写"多元评价表

情景设置	听说老师请自己到办公室一趟,小伟急急忙忙就往外走,刚出教室门就撞到了一个人。请展开想象,写一段对话					
测查要求	对话分段	对话两组以上	提示语两个以上	说前用"地"	提示语在中标点正确	提示语在后标点正确
自我点赞	☆	☆	☆	☆	☆	☆
老师点赞	☆	☆	☆	☆	☆	☆

与四年级的测查数据相比,测查要求与情景设置几乎不变,甚至在某种程度上,对三年级的测查要求高于四年级。例如,对四年级的提示语要求是写清楚,而对三年级则要求提示语两个以上(含动作、神态、语气)。此外,三年级多了"说前用'地'"的测查指标,同时把"提示语前后位置变化"细化成"提示语在后"与"提示语在中"两种情况。三年级对话描写能力测查数据统计情况如表1-4:

表1-4 X薄弱校、H普通校、L名校三年级对话描写能力测查数据统计

测查指标	X校三2班 28人	百分比	H校三3班 33人	百分比	L校三1班 37人	百分比
对话分段	28	100%	33	100%	37	100%
对话两组以上	27	96.4%	28	84.8%	37	100%
提示语两个以上	28	100%	33	100%	37	100%
说前用"地"	26	92.9%	27	81.8%	33	89.2%
提示语在后标点正确	24	85.7%	30	90.9%	36	97.3%
提示语在中标点正确	20	71.4%	10	30.3%	21	56.8%

可见尽管对三年级的测查要求略高于四年级,三年级学生对话描写能力仍

优于四年级学生,说明前期对提升三年级学生对话描写能力所采取的策略及推进是有效的。团队设计的"对话描写"多元评价表像一盏明灯,指引学生努力达标。从具体数据来看,L名校三1班的数据最好,普通校与薄弱校也毫不逊色,甚至X薄弱校的数据略优于H普通校。在采取同样措施的推进下,之所以出现这样的情况,与学生本身的素质水平有一定关系,更与实施教师有很大关联。因为与H校三3班的普通语文青年教师相比,L校三1班与X校三2班的语文教师都是市区骨干教师。因此,生源并不能决定能力与素质,真正影响学生能力与素质的是教师本身。此外,从表中我们还发现,不管是哪个学校的学生,达标率最低的居然都是同一个指标,即"提示语在中标点正确"。可见,这个指标是中段学生言语表达的难点,应成为教学的重点。

除了区域内学校的对比,同一所学校试验班级与同年级非试验班级的对比或许更能证明上述结论。我们对X薄弱校三年级三个班级同时进行了对话描写能力测查,数据统计情况如表1-5：

表1-5　X校三年级对话描写能力测查数据统计

测查指标	X校三1班 24人	百分比	X校三2班 28人	百分比	X校三3班 24人	百分比
对话分段	22	91.7%	28	100%	21	87.5%
对话两组以上	23	95.8%	27	96.4%	22	91.7%
提示语两个以上	9	37.5%	28	100%	13	54.2%
说前用"地"	10	41.7%	26	92.9%	14	58.3%
提示语在后标点正确	4	16.7%	24	85.7%	12	50.0%
提示语在中标点正确	3	12.5%	20	71.4%	5	20.8%

从上表看出,实验班X校三2班的各项统计数据全面占优。虽然三1班与三3班在测查的时候,教师带着学生认真学习了"对话描写"多元评价表上的内容,可是只有"对话分段"与"对话两组以上"这两个指标,学生达成度较高一些。其余指标如果没有平时教师有意识地推进,临时抱佛脚是没有多大起色的。

以上就是我们帮助学生借助文本,通过有策略地"微写作",提升学生言语能力的过程。从数据上看,学生在大量的言语实践中不知不觉掌握了对话描写的技巧,言语能力得到有效提高。今后教师还可以在学生对话的广度与深度上进一步拓展：能不能自己与自己对话；能不能与动物、植物对话；能不能与器物或者大自然对话；能不能与历史对话,与未来对话,与星空对话？……这些都有待进一步探索。

第三节　儿童交际语境写作研究

多年来,国内外学者不断研究写作教学理论,对其本质的看法逐渐达成一致。新课标明确指出,"要在与学生实际生活经验密切关联的交际语境中,考查学生语言文字运用能力,思考问题的立场、观点和态度,以及思维发展水平。"国内学者荣维东在《交际语境写作》一书中提出"交际语境写作"理论,指出交际语境写作的目的是交际,特征是语境。这是写作理论里程碑式的发展。近几年"交际语境写作"在小学课堂频繁出现,取得不少实践成果。因此,对小学交际语境写作进行深入研究,对相关理论的完善与发展具有重要意义。笔者通过对近十年关于小学交际语境写作的检索文献的梳理,力图客观描述我国小学交际语境写作研究的现状,分析相关研究已取得的主要成就及存在的主要问题,以期为小学交际语境写作研究的深入开展提供新的视角。

一、研究样本概况

在中国学术期刊网络出版总库、中国优秀硕士学位论文全文数据库、中国重要会议论文全文数据库、中国重要报纸全文数据库中,对 2011—2021 年间的文献进行检索。以"小学交际写作"为主题词,得到 276 条记录。删除无效文献,最终得到有效文献 182 篇,其中研究生学位论文共 18 篇,占 9.9%;期刊学术论文 164 篇,占 90.1%,其中只有一篇在中文核心期刊发表。统计显示,2010 年前小学交际语境写作文献数量为零,荣维东博士论文《写作课程范式研究》2010 年发表后,2011 年出现第一篇指向小学交际语境写作的文献,往后数量逐年增多,交际语境写作在小学阶段逐步受到关注。

按照全部文献资源的研究类型进行统计后发现:超过一半文献的研究内容集中在教学案例方面,其次是相关小学交际语境写作教学策略,再次是相关课程模型开发、小学交际语境写作价值分析。其分布情况见表 1-6。

表 1-6 "小学交际语境写作"研究对象资源分布

研究对象	文献数量	比例(%)
价值分析	17	9.3
教学策略	36	19.8
课程模型开发	34	18.7

续表

研究对象	文献数量	比例(%)
教学案例	88	48.4
其它	7	3.8

二、研究视角分类

(一)小学交际语境写作的价值意义

1. 培养读者意识

学生写作不只是为了完成教学任务,教师也不是唯一的读者。学生写作如果没有实现交际目的,忽视交流对象,只是纯粹地写写练练,充其量只是一场文字游戏。每次写作要有具体的写作情境,使学生清楚这次作文是为谁而写,希望对方阅读后起到什么效果。当具体的读者出现在学生面前,他们的写作将更有真实感。

2. 生成言语动力

学生写作动力不足的主要原因在于不知写作目的,缺乏写作兴趣,交际语境下的学生在表达前能明确自己"为什么写""写给谁看",于是对写作充满期待。读者对作者具有重要的启发价值,能成为作者发明创造的有力工具。正如许多教师所意识到的,一旦作者能预想出读者已知的、想要知道的和将对他们的思维方式产生影响的东西,反过来会有助于创作。

3. 促进知识建构

语文素养与语文知识密切相关,不可分割。所以写作素养的提升离不开写作知识的增加。事实上,学生存在写作困境,根本原因是缺乏相关的写作知识。当下写作教学不是要不要知识的问题,而是教什么知识、怎样教知识、教知识干什么的问题。通过"交际语境写作"所设置的真实语境,能促进他们的写作知识建构,对写作更有信心。

4. 重塑评价体系

传统的写作评价,往往是教师或同伴针对学生作文进行点评,指出优点及不足。这对强化写作教学的重点有一定的促进作用,能指导学生写出一篇好文。而在"交际语境写作教学"中,评价的主体转为预设读者。从功能语言学的角度来看,交际语境写作评价不仅指向字词句篇的修正,更指向是否达成语用功能。字词句篇的修正是为了让学生习作更加完美,达成语用功能则是考虑读者的接受度。在实践中,后者更能激发学生创新的动力。

（二）小学交际语境写作的教学策略

1. 创设写作情境

"语境"的目的是让学生进入真实的语言交流情境，从而让写作真实地发生，所以真实是"语境"的生命。也就是说，为解决复杂的写作任务，应回到交际的真实情境中。这种情境不仅指真人真事，还包括拟真的情境。教学时，教师可创设拟真的写作情境，让课堂接近生活。此外，教师还可创设童话故事情境，引领学生在童话情境中表达出丰富的情感和多彩的愿望。

2. 明确写作任务

写作，往往是缘于在某种语境下有了交流的需要。小学生缺乏写作经验，在写作过程中自然会因经验不足而产生困难。教师应分析教材，将有关习作要求转化为交际语境下的写作任务，以弥补学生写作经验的不足。交际语境是动态的，教材要求是静态的。静态的习作教材如何转化为动态的交际语境，需要教师的介入，设计适合小学生的真实语境，引导小学生顺利完成写作任务。

3. 搭建写作支架

交际语境理念认为，写作是一种复杂的言语建构过程，写作支架的搭建显得至关重要。写作支架通常是范例、问题、图表、活动等，可以针对构思、选材、行文、修改、评价等各写作环节来分别设计。写作支架分为主要支架和次要支架，能解决学生此次写作主要困难的为主要支架，不针对此次写作任务而是解决其他困难的为次要支架。学生借助写作支架，学习新的写作知识，到达新的要求，这也是写作水平的发展过程。

4. 提供交互平台

交际语境写作的目标最终需要在具体的交际语境中实现，通过读者的现场反馈来检验达成度。写得好不好，首先要看是否符合交际语境的要求。其次要看交际语境对表达方式与内容是否起到制约作用。预设写给谁看，就给谁看，教师和同学可作为模拟读者。于是，作者与读者之间的交互平台便产生了。在此基础上，教师要给予具体的评价标准。该标准指向交际语境，以是否达到交际目的为核心，且便于操作，是学生自我评价与互相评价的准绳。

（三）小学交际语境写作的实施路径

1. 设计小学交际语境写作教学案例

有关小学交际语境写作课例的相关文献数量很多，说明一线教师重视课堂教学案例的设计与实施。教师从教材入手，仔细研读，从中寻找"交际语境写作"的元素。例如,有教师设计交际语境课例,分四步进行:创设交际语境,明确习作目的,提供习作范例,凸显交际对象。在课堂教学中,为了创设"交际语境",强化学生的"读者意识",更多教师会结合教材单元主题,自主开发交际语境主题案例,如"回忆往事""新闻发布会""和家长一起忆童年"等,让学生乐于表达,爱上表达。还有教师直面学生表达的困境,借评价促进学生写作能力的提升,自主开发大量写作案例。

2. 开发小学交际语境写作教学模型

在大量课堂教学案例的基础上,有些教师把研究视角转向交际语境背景下同类题材写作或同类文体写作的教学模型开发。如纪实类写作,教师精心设计的写作任务要符合学生生活实际情况,在教学中让学生清楚自己要"谈什么""写什么",以及"怎么谈""怎么写",帮助学生明确写作方向,选择表达方式。教师要针对学生"构思活动状态"和"表达活动状态"的不足,精心设计支架进行经验弥补,如对于写人类写作课堂教学,有教师试图建立培养学生真实多样的语言运用能力和交流技能的教学模型:设置任务语境,唤醒学生生活;突显核心知识,构建习作经验;搭建多重支架,突破习作难点。

3. 建构小学交际语境写作校本课程

统编语文教材的全面实施,为小学交际语境写作课程带来许多利好条件。教材中的写作内容呈现出如下特点:基于学生,表达真实的想法;基于自然,学会真实的描述;基于生活,表现真实的生活;基于想象,编写有创意的故事。整体上看,这是基于交际语境写作理念来编排的。有些研究者根据校本实际情况,试图构建有校本特色的小学交际语境写作课程,如关注学生需求、自主构建框架、多元评价指导等。有些教师针对某个特色活动设计若干写作"任务链",构建交际语境写作微课程,如基于六年级学生的真实需求,制作班级毕业纪念册驱动写作的毕业季写作微课程。以"交际语境"和"语篇"的互动为"链","作者"和"读者"在多重互动中学习写作,达成交际目标。还有教师进行"微练笔微仿写""微课堂微速写""微生活微心语"等路径创新,实施"微写作"课程。交际语境写作校本化的过程,让学生具有更强的交际意识和读者意识,在交际语境中运用语言文字,丰富了学生写作经验。

三、研究成就与不足

近十年来逐渐兴起的小学交际语境写作教学研究,成效明显,但仍有需改进的地方。

（一）主要成就

1. 研究视角不断扩大

从教材写作内容开始，到教师开发交际语境写作案例，从同类题材的交际语境写作到相同文体的交际语境写作，提出相应的教学策略，建构相应的课程模型，小学交际语境写作的研究视角不断扩大。从学情视角来看，学生写作中的关键困难往往不是没有内容写，也不是不会写，而是不知道写给谁，以及为什么写给对方看。研究者通过分析学生的作品来了解学生写作中的实际困难，并能切实提供必要的支持，可助其克服困难。

2. 研究内涵不断深化

小学交际语境写作的研究从读者意识开始，再到语境创设、写作目的、话题设计、表达形式等，内涵研究不断深化。语境创设的前提是选择核心的写作知识，并尝试把写作知识嵌入到任务情境中，设计相应的知识支架。交际语境习作支架与通常教师提供给学生的习作支架的不同之处，也正成为研究的焦点。此外，对于交际语境背景下的小学写作的关键能力、思维结构、核心素养等，也逐渐进入研究范畴，不断丰富着小学交际语境写作研究的内涵。

3. 实践影响不断增强

交际语境写作是"消极语用"向"积极语用"转型的标志性产物。在积极语用的范式里，作为言语表达和表现主体的"人"，能够通过积极语用而实现与现实世界的和谐沟通，并达成自己的希望或愿景。小学生在交际语境写作过程中充分感受到"我"的存在，通过习作表达，享受成就感。这种效能感能更好地激发学生继续进行交际语境写作的信心，从而实现积极语用的良性循环。这正是交际语境写作的魅力所在。

（二）不足之处

1. 内涵认识仍不够清楚

交际语境写作有读者、作者、目的、话题、文体、表达等要素，其中读者居六大要素之首。统编教材中的习作编排，充分彰显了通过作后交流提升作文能力的理念，提倡学生在与同伴、与教师交流的过程中，发现问题所在，通过读者反馈，改进习作内容。不过有教师认为，培养读者意识就是引导学生在分享中体验与别人进行书面交流的乐趣及获得成就感。这个误区导致教师忽略了学生在作前预设的真实读者。事实上，作前若没有预设读者，仅靠作后交流来培养读者意识，是不切实际的。

2. 任务指向仍不够明确

从小学交际语境的大量课例来看，教者更为关注的是写作知识、写作技能的教学，却忽略了任务意识的训练。如果说读者意识解决"写给谁看"的问题，那么任务意识则要回答"为什么写给他看"。《2011 年 NAEP 写作说明》强调写作类型的"交际性"，把交际目的性不强的"叙述类写作"视为写作手段广泛使用，重新制订出三种以交流目的为主导的类型：为了劝解说服、为了解释说明、为了传递经验。交际语境写作以此为分类标准，可以分为劝解说服类、解释说明类、传递经验类。不管是哪类，交际语境写作教学的重心都是"解决任务"，而不仅仅是培养读者意识，更不能只以写作知识点与写作技能点为教学目标。

3. 支架设计仍不够聚焦

在小学交际语境写作过程中，不少教师会设计支架引导学生，最常用的是图文支架，其在学生写作的某个阶段能起到辅助作用，然而并不能贯穿写作的全过程。写作的各阶段都需要支架，是因为不同阶段都需要相应的写作知识。知识类型有陈述性知识、程序性知识、策略性知识和元认知知识等。写作支架的开发，必须聚焦其背后的写作知识的开发，必须聚兼顾学生现有的写作经验与完成本次交际语境写作所需的写作经验，两种"经验"之间的落差需要相应的写作支架来填补。总之，写作支架不仅要积累写作知识，能解决学生习作的困难，还需要引导学生关注交际目的，以顺利完成交际语境写作。

4. 评价机制仍不够完善

已有的小学交际语境写作的评价体系有明显缺憾。一是从评价时机看，重视终结性评价，轻视过程性评价。为了培养学生的读者意识，教师会利用各种形式，如佳作展示会、家长微信群、班报投稿箱等让其作品有更多读者，以激发学生后续写作的积极性。而对写作过程中的构思、选材、组材等环节中读者意识的培养往往有所缺失，而小学生写作的主要问题恰是在这几个环节产生的，倘若不能得到及时纠正，则积重难返，为时已晚。二是从评价内容看，重字词句段的修改，轻文体表达的修改。对于交际语境背景下的写作任务是否有效解决，应该使用何种表达方式，还可以有怎样的手法，怎样才能使文章表现效果更好等问题，关注得不够。整体上看，小学交际语境写作的评价体制还在传统写作的常规修改模式中徘徊，缺少以交际语境为视角的评价和修改。教师可以从信息准确性、角色效果、细节展示、语气合适度等方面进行过程性评价，使学生对自己的写作水平不断提升。

四、分析与展望

（一）理论认知与实践操作需步调一致

"交际语境写作"的相关理论已逐步为小学语文教师所接受，然而理论认知与实践操作还有一定距离。对于实际教学中的误区，需寻找根因，对症下药。交际语境写作在课堂教学中往往呈现出这样的样态：习作教学中，教师大都重视情境创设，激发学生的表达热情；习作教学后，按统编教材的要求，大都鼓励学生与同学、家人交流，培养学生的读者意识。这样的样态，特别是作后交流修改并不能达成交际语境写作的目的——交际。写作本身才是交际。写作前，学生脑海中要有明确的读者。如三年级上册习作七"我有一个想法"，有学生呼吁人们不要乱砍滥伐，保护生态环境。六年级上册习作六"学写倡议书"，有学生倡议人们不要在公共场所吸烟。诸如此类的习作都没有具体读者，只有泛指的"人们"。如果读者更为明确，习作内容也会有相应调整，因为生活中很多学生并没有看到"人们乱砍滥伐"，这样的文章就没有了真实的读者。此外，学生写作对象的确立要符合实际可能，如有教师创设这样的情境：请给中华人民共和国民政部领导写一封信，建议将重阳节列入法定节日……试想，让小学生给民政部领导写信，远超出其生活经验，几乎是不可能完成的任务。可建议学生给校长写一封信，对学校的小书吧改进、饮水机布置等提出建议。

（二）交际任务应指向解决生活实际问题

我国小学写作教学经历了知识写作范式、过程写作范式与交际语境写作范式这三个阶段。交际语境写作并不是对前两种教学范式的摒弃，而是继承与发展。交际语境写作教学仍关注写作知识，当然不仅指文章结构、遣词造句、修辞表达等方面的知识，更多是指如何确定读者的知识、如何实现交际目的的知识等。也就是说，交际语境写作教学知识从静态的篇章知识开始转向动态的交际语用知识，从学生已有的交际经验、情意态度、写作阅历等出发，创设真实的"写作任务"，这是交际语境写作教学的核心。真实的"写作任务"是为了达成交际交流、解决任务而创设的。也就是说，小学交际语境写作必须教会学生与人交流，并指向尝试解决生活实际问题，如五上习作六"我想对您说"的教学中，有教师指导学生先回忆父母对自己的关爱，再表达感激之情，教学重点放在如何表达细腻的感情。这样的教学设计还停留在以传统的写作知识教学为中心，曲解了统编教材编者的意图。按教材要求，这篇习作写完后，要装在信封里送给爸爸妈妈，或者发电子邮件给他们，倘若爸爸妈妈看完这封信后能理解自己的感受，甚至接纳自己的建议，这样的教学才是指向解决生活实际问题的。故教学的重点应该放在如何有条理地表达内心看法，在长辈面前如何用得体的语言表达自己的感受。只有真实的交际任务才能让课堂接近生活，才会给学生带来不一样的体验与收获。

（三）支架设计要贯穿语境写作全过程

小学交际语境写作教学中所涉及的写作知识，需要搭建习作支架让学生理解运用。支架的种类很多，按表现形式可分为：问题支架、表格支架、图文支架、视频支架、范例支架等。没有一种支架能包打天下。事实上，小学生在交际语境写作过程的各个阶段，都需要习作支架，这要求教师设计多种支架进行组合式运用。例如，笔者在执教三年级上册习作八"那次玩得真高兴"时，课前设计问卷调查了解学生哪几次玩得真高兴，分别玩了什么。课堂上设计"鱼骨图"引导学生回忆那次经历，并在玩得最开心的地方画上标记。最后设计"多元评价表"进行同桌星级评价，修改调整自己的习作。其中"调查问卷""鱼骨图""多元评价表"都是习作支架，分别在学生立意选材、构思起草、评价修改时介入，贯穿于习作的全过程。写作活动一旦开展，小学生就能借助支架进行积极自觉的"监控"，这是小学交际语境写作的关键。在写作交际目的指引下，为了解决既定任务，作者要时时处处与读者对话，了解读者的需求与期待，运用合适的表达方式，克服读者的阅读障碍。这需要教师在各个环节引导学生扮演读者角色，与自我对话，也可在小组内互相扮演对方的读者，在阅读与评估中不断调整，提升交际语境写作能力。

（四）不断推进交际语境写作深入发展

语篇是现代语言学中实现某种交际功能的语用单位。随着时代的发展，人们生活节奏越来越快，几句话或一段话都可以成为语篇。在西方母语教学中，学生语篇能力的提高是语文教学的根本目的。小学习作教学应从语篇的角度帮助学生学习运用祖国的语言文字。从这个角度看，语篇写作范式是交际语境写作范式另一种形式的表达，比交际语境写作内涵更丰富。从2015年开始，高考语文全国卷作文题都采用了"交际语境写作"的命题方式。而小学交际语境写作课程化探索过程中，常常出现形式与内容不相吻合，评价标准与交际目的不一致等现象，针对这些问题，应该以具体情境为载体，典型任务为内容，提高小学生交际语境写作能力。这需要小学语文教师在日常教学中精心设计，如写一篇和沙漠有关的习作,任务分为以下几种:以骆驼的口吻给旅人写一份说明,介绍如何更好地在沙漠中行走;以树的口吻给村民写一封信,谈谈如何在沙漠中开辟出绿洲;以考察队员的身份给探险者写回忆性文章,教给人们生存的技巧。这样的变式练习,因任务不同,学生需运用分析、评价、创造等高阶思维来解决问题,能更好地提升写作能力。

总之,小学语文教师应该让学生在交际中理解语境,在语境中学习表达,在表达中不断创造,从而促进学生言语智慧的可持续发展。

五、交际语境写作理念下的"微写作"实践

在交际语境写作理念的指导下,教师不仅关注学生写作的过程和结果,更应关注学生的写作动机,并重视学生写作的真实情境。把"交际语境写作"与"微写作"结合起来,发挥两者共同的优势。例如,教完六年级上册《竹节人》一课,有教师基于文本内容创设了不同的交际语境,开展了一场"微写作"活动。

(一)创设介绍性语境,激发表达欲望

学生不知道写什么,主要原因不是没有习作素材,而是他们不会选择和运用素材。创建真实或模拟的介绍性语境,让学生在介绍某个事物或某起事件的过程中自主选择、组织和积累习作素材,能够激发他们的表达欲望。

教完《竹节人》,针对文中对制作竹节人的细节描写以及插图,教师给学生布置了习作任务:当一回哥哥姐姐,给弟弟妹妹们介绍制作竹节人的方法。为了让学生的介绍有条理,能够吸引弟弟妹妹,教师扮演弟弟妹妹,向学生提了一些问题:"制作竹节人都需要哪些材料呢?""制作竹节人的时候哪一步最难?该如何克服?""你准备给自己制作的竹节人取什么名字?为什么给它取这个名字?"有这些问题的支持,学生的思考就有了方向。他们再次回到文中,仔细品读制作竹节人的段落,边读边思考制作的步骤。回到家,很多学生都积极寻找材料,学着制作竹节人。制作过程中,有不懂的地方就主动向长辈请教。第二天的介绍会上,他们积极介绍自己的制作方法。有的说:"我找不到毛笔杆,就用空笔管代替,用细铁丝穿起了它们的脑袋、身子、手臂,所以给它取名为'铁甲大王'。制作'铁甲大王'的过程中,最难处理的是按照一定的长度锯出脑袋、胳膊、腿等,一不小心就会锯坏笔杆。"有的说:"我用废弃的黑色毛笔杆做竹节人,锯的时候总打滑,好不容易在家人的帮助下才锯出了它的脑袋、身子、胳膊、腿。所以我给它取名为'黑武士'。"还有学生用奶茶吸管做材料。她说:"用奶茶吸管做材料,直接用剪刀就能剪出竹节人的脑袋、身子、胳膊、腿,但用线把它们穿

起来后,因为重量不够,它的脑袋啊、胳膊啊、腿啊总是晃来晃去,不够威风。于是,我干脆用彩纸给它裹上一层外衣,为它取名'七彩侠'"……每个真正参与的学生,都置身于真实的制作竹节人的场景之中,产生了强烈的表达欲望。当儿童的表达欲望被激起来的时候,兴之所至,必定妙语连珠;情之所至,必然妙笔生花。

(二)创设解说性语境,关注细节生成

在具体的交际语境中,学生有了表达的主动性,语言就可以"复活"。创设解说性语境,可以让学生充当解说员的角色,解说某个事物、某个事件。为了吸引听众,学生会有意识地观察与事物、事件相关的细节,努力营造出画面感,力求以自己的语言打动人。

学生自己制作了竹节人,又交流了制作竹节人的过程后,教师让他们以小组为单位玩斗竹节人的游戏。没想到毫不起眼的传统游戏学生竟然玩得很开心、很投入。此时若让他们写下玩竹节人游戏的过程,大多数学生会表现出为难的神态,即使动笔写了,大多也只能写出大概情节,关注不到细节,文章也就因此失了特色与个性。为避免出现这种情况,有教师这样布置任务:"刚才大家玩得不亦乐乎。现在,我是你们的听众,我想请大家做现场解说员,把你们刚才斗竹节人的精彩片段通过电台讲给我听,用你的解说把听众吸引住,让听众也有身临其境的感觉。记住哦,一定要有大家参与游戏时的神态、动作、语言的细节描写。"

一听要做解说员,学生来了兴致。他们分小组梳理要解说的内容,提炼关键性情节,精选能够表现这些情节的词语。之后,各小组派代表进行解说。有小组抓住竹节人的动作,进行想象描绘:"双方忽然一定,各自手持棍棒,脸对脸,眼对眼,努着眼不动了。下面的同学伸长脖子,甚至三步并作两步地上了讲台观看。台上的双方,似乎只要谁一出手,对方就'完了'。"这段话既描绘了两个竹节人相斗的细节,又描绘出了观众的动作。教师让该小组将这段解说及时记录下来,一段生动而富有感染力的场面描写便应运而生。这个示范激励了其他小组。马上又有小组解道:"说时迟那时快,'七彩侠'身子一晃,不小心被对方的枪擦破了皮。他跌了个跟跄。但'七彩侠'并不愿认输,只见他再次迎战。此时,右边的'黑武士'持枪直取'七彩侠'头部,'七彩侠'来不及躲闪,'当啷'一声被刺中头部,像被击败的士兵,颓然倒在了地上。"这段解说可谓真实细腻,极具画面感,将竹节人打斗的画面讲得活灵活现。教师对学生的解说给予肯定,告诉他们这段话就是精彩的细节,这些细节能让自己的习作充满吸引力,及时写下来,文章就写好了一半,动作要快,否则灵感就没有了。学生都不愿灵感流失,于是各组完成解说后,纷纷投入了创作。

试想,如果不创设语境就让学生"单刀直入"去写竹节人的活动,对于刚学完课文,接触了一点课文知识,参与了与课文内容有关的少许实践的学生来说,还是有一定难度的。一来学生与竹节人这一传统游戏的距离有点远,二来说与写之间的转换也需要一定的能力支撑。创设解说性语境,提供与学生生活贴近、学生感兴趣的话题。让学生化身为解说员,置身解说语境,学生的参与感就会被激发。他们会用尽心思解说竹节人活动,会调动所有感官去观察、品味、回忆、想象活动中的细枝末节,会用所能调用的自己词语库中的鲜活词语,把人物解说得形象直观,把场景描绘得鲜活有趣,以达到吸引听众的目的。在此基础上,习作便水到渠成。

(三)创设互评性语境,助力深度修改

习作修改是习作教学不可或缺的组成部分。创设互评性语境,能让学生在相互品读、相互推敲、相互评价的语境中,找到修改灵感,发现修改方法,懂得根据不同体裁的内容进行不同表达的道理。

学生写完介绍竹节人的制作经历或解说玩竹节人的过程后,教师将所有的作品呈现出来,分为"制作类"和"游戏类",让学生先分小组讨论,相互评价,发现优点,指出缺点,互助修改本组成员的作品。最后,各小组选取具有代表性的作品或段落进行全班互评,或针对有创意的修改,集中讨论。下面是其中的一个段落:

只见甲的"七彩侠"以绝招"铁爪连环刨"率先发难,可打在"铁甲大王"的铁甲上丝毫不起作用。乙的"铁甲大王"后退几步,随即以"钢爪飞钩"钩住了"七彩侠"的塑料身子。眼见自己受损,"七彩侠"找准机会来了一个"凌空飞腿",踢倒了"铁甲大王"。

教师先肯定了这段描述对细节的精准把握,然后告诉学生还可以改得更精彩。教师没直接告诉他们修改的方法,而是播放了一段足球比赛的解说词,让学生聆听品味。学生很快就发现:要体现出比赛的精彩,语言就要简短有力。段落中的描写虽然细腻,但文字有些拖沓,不能体现出比赛的紧张。如果用短句,更能体现出竹节人相互攻击时的干脆、利落。经过交流、商讨,大家合力修改,呈现以下段落:

"七彩侠"以"铁爪连环刨"率先攻击,"铁甲大王"后退几步,使出一个"钢爪飞钩","塑料人""七彩侠"顿时动弹不得。眼看危在旦夕,"七彩侠"急中生智,一个"凌空飞腿",扫得"铁甲大王"轰然倒地,"七彩侠"大胜!

在解说语境的基础上创设互评语境,让学生在此语境中对习作段落进行互评、修改,最终呈现的作品让所有人叫好。有了示范修改的引领,学生再次回到修改的交流场景中,检查自己的文章,就"读者能否看得懂我的文章""我的描写是否具体、生动""我的细节描写能否吸引人""能否体现比赛的紧张感"等进行不断思考、打磨,再做修改。他们逐渐建立了清晰的读者意识,把自己想要表达的思想、内容表达得更加清晰,同时学会了运用适当得体的表达方式和语言。

校园活动丰富多彩,有精彩纷呈的趣味运动会,有形式多样的社会实践活动,这些都能增加学生的体验,为习作教学提供广阔的空间。教师要有意识地关注学生生活,为学生创设各类贴近生活的交际语境,让学生在习作过程中,始终面向读者,想读者之所想,急读者之所急,突破习作瓶颈,生发习作动机,呈现出有创意的个性表达。

"微写作"与统编教材结合,把指向阅读的写和指向写作的读组合在一起,让儿童在读读写写中提升读写能力。"交际语境写作"与"微写作"相结合,更注重提高儿童解决实际问题的能力,指向儿童创造性思维的发展。近几年,小学语文课堂上掀起一股"创意"浪潮,儿童"创意读写"自然进入公众的视野。本文努力将儿童"创意读写"与"交际语境写作"结合起来,把"创意读写"研究与统编小学语文教材有效融合,明确创意读写发展的目标任务,完善创意读写发展的保障机制。

第四节　儿童创意读写研究述评

"创意读写"是指有创意的阅读与写作。近几年创意读写在小学课堂频繁出现,不仅促进了小学生阅读能力与写作能力的提高,还促进了小学生创意思维的发展。因此,积极开展儿童创意读写研究,对夯实新世纪儿童语文核心素养和培育创新型人才都将具有重要意义。笔者通过对儿童创意读写的检索文献的梳理,力图客观描述我国儿童创意读写研究的现状,分析儿童创意读写研究所存在的问题及成因,提出进一步深入研究的重点、方法和路径,以期为儿童"创意读写"研究的深入开展提供新的视角。

一、研究样本概况

在中国学术期刊网络出版总库、中国优秀硕士学位论文全文数据库、中国重要会议论文全文数据库、中国重要报纸全文数据库中,对2005年以来的文献进行检索。以"创意读写"为主题词,得到63条记录。删除与语文学科无关的,及其他无效文献,最终得到有效文献57篇,其中研究生学位论文共有2篇,比例为3.5%;期刊学术论文55篇,占96.5%。两篇相关研究生学位论文均为2018年,其中一篇指向整本书阅读,另一篇是以二年级为例,让学生用图文的方式为大自然写笔记。可见,对于小学中高年级创意读写的学位论文尚属空白。统计显示,从2014年起"创意读写"引发教育界关注,往后重视程度逐年增大,2018年达到峰值。相关期刊论文全部指向小学阶段,其中没有一篇论文有基金项目。可见"创意读写"在小学阶段属于起步阶段,需要更多的专家学者以及一线教师共同探究。从目前趋势上看,"创意读写"的研究将会受到越来越多教育工作者的关注。

二、研究视角分类

按照全部文献资源的研究类型进行排序统计,发现以下几类资源的研究视角比较突出。超过一半文献的研究内容集中在教学课例设计方面,计33篇,占文献总数的60%;其次是相关创意读写教学策略,计8篇,占文献总数的14.5%;再次是相关课程开发路径(12.7%)、创意读与写的关系(3.6%),另外还有9.1%的文献是其他方面,如创意读写的宣传,学习的感受等。其分布情况见表1-7。

表1-7 "创意读写"研究对象资源分布

研究对象	文献数量	比例(%)
教学课例设计	33	60.0
教学策略	8	14.5
课程开发路径	7	12.7
创意读与写的关系	2	3.6
其他	5	9.1

(一)创意读写教学课例设计

创意读写的课堂案例多样。一些名师身体力行,带领自己的研究团队,开发设计出大量创意读写课例,激发学生的创意。从资源分布看,可以归纳为四类:一类是创意读写的文本形式新颖;二是创意读写的文本内容有趣;三是创意读写的文本情感动人;四是创意读写的文本含义深刻。

创意读写的文本形式新颖。"故事叠加体"是将多个记叙性的故事叠加在一起。"句子串联体"不是简单造一个句子就结束,而是用一个词连续造几个乃至几十个句子,每一个句子还要绘出一张图。还有一种特别的诗,诗是图,图也是诗,常常藏着很多秘密,叫图像诗。图像诗是"立体感"最强的童诗,是童诗中的绘本、电影、戏剧……它将文字描述的意境,通过文字形式的变化,组成具有审美视觉效果的诗。

创意读写的文本内容有趣。创意读写的文本大多超越了传统教材的文本,如"字谜童诗"是先读童诗,猜是哪个字,逐步掌握创作字谜童诗的基本要求:把字形字义藏进去。例如:有教师带领学生一起读蚂蚁、赏蚂蚁,最后给蚂蚁起有创意的名字;有教师带领学生阅读有趣的故事——《左手右手捣蛋鬼》,最后创编左手与右手的故事;有教师把文本与图片、音乐、电影结合起来,让学生在情境交融中,升华读写的创意。

创意读写的文本情感动人。创意读写的文本不仅形式新颖、内容有趣,还传递着浓浓的情感。如《忠犬八公》创意读写课让我们透过狗的视角,看到一种温暖而又凄美的真情,深深地触动了人的思想与灵魂。如《小学生萧红读本》创意读写课,学生用笔替萧红给不在人世的爷爷写信,或问候,或想念,或诉苦,或祝福……学生的情感一次又一次被唤醒,到了不吐不快的程度。《我妈妈》创意读写课则吸引着学生穿梭于图像与文字之间,使妈妈的形象在学生面前变得更为鲜活可感。"我妈妈是个……"这样的语言反复出现,激发了学生表达的欲望。

创意读写的文本含义深刻。看似简单的文本,往往却蕴含着深刻的道理,正可谓大道至简。有教者借助绘本,在导读中适度开展一些情节推想,通过分析,多维度地发展学生的思维。有教者借助小诗,引导学生用反推法创作。二年级的学生也能写出"我想要窗帘,需要羊妈妈""我想要长大,需要等待"这样既充满诗意又富有智慧的小诗。有教者借助学生意想不想的文本让学生提问、欣赏、探究、修改,和学生充分互动,将其情绪调动起来,发现自然之美、生命之美、岁月之美和语言之美。

(二)创意读写的教学策略

在教学过程中,关于如何促进学生掌握语用方法,提高课堂效率,让读写更有"创意"方面的论述颇丰,主要集中在四个方面:一是在课内阅读教学中的实施策略,二是在绘本教学中的实施策略,三是在整本书教学中的实施策略,四是在写作教学中的实施策略。

创意阅读教学的策略。教师在平时的阅读教学中，往往只重知识的灌输，而不善引领学生有意识地去发现教材文本中的创意表达。在课内阅读教学过程中，可以在相似线索中挖掘创意读写方法，在不同形象中提炼创意读写方法，在技巧点拨中升华创意读写方法。要充分挖掘课文中的读写资源，在句式相似处、内容留白处、典型段落处引导学生进行仿写、扩写、续写等。还可以通过语境浸润、文体彰显、互文观照、文本超越等方法培养学生对文本的评价能力和创造精神。

绘本教学的创意策略。绘本阅读在低段学生创意读写中起到了特殊作用，成为打开儿童言语之门的钥匙。适合低段学生的绘本创意读写有主题式、浸润式、迁移式，均取得良好的效果。在三年级学写作阶段，绘本以其丰富的读写资源，成为辅助三年级起步作文的重要材料，可以通过猜测读、补白读、表演读等多种创意读法，激发儿童的表达欲望。教师可以用绘本来打开学生思路，尽最大可能不在形式上限制学生写作，如此一来，让全体学生爱上写作成为可能，甚至让每个学生都写"书"也不是传奇。实践证明，让小学生尝试写出有创意的故事连载书，是可行的。

整本书教学的创意策略。整本书创意阅读需要教师做出理性的思考，在阅读实践中，可以从课程层面规划与设计整本书的特色阅读方式，采取多样阅读的方法，进行创意的表达，促进家校合一的阅读。根据整本书阅读的主题，可以开发相应的活动板块，在每个活动板块中，儿童都要经历想象、游戏、体验，他们不觉得是在写作，而是在体验生活、丰盈心灵、创造人生，"写"成了留住美好的副产品。整本书阅读需要创新评价形式，用创意活动让阅读有趣有味，如以"赛"促读，以"会"促读等，让学生自主选择评价内容，自主制订评价标准，客观公正评价自我，因人而异评价他人。

写作教学的创意策略。丰富多彩的特色活动为创意写作提供更多真实可感的素材，提升创意读写趣味性，多样的活动方式可以丰富创意读写内涵，科学的活动指导可以促进高效的创意读写。将童书阅读与创意写作联系起来，构建"玩、写、读、说、改、写、书"七步创意读写教学法。当然这些方法应灵活选择，并非一成不变。使用"微信体"习作，将习作阵地从课内拓展到课外，从书面延伸到网络，激发学生习作的积极性，在形式多样的"微习作"中切实提高学生的表达能力。此外，还可以使用一些实用的激活创意的小方法，让创意写作的设计更有意思，如源自美国创意写作学习中最为常用的"头脑风暴法"、无限时自由写以及思维导图法等。

(三)创意读写课程的开发路径

随着创意读写课堂的兴起,相应课程的开发越来越受到教育工作者的重视,这将进一步提升创意读写研究的价值。目前创意读写课程的开发主要体现在三个方面,一是绘本创意读写课程的开发,二是整本书创意读写课程的开发,三是创意写作课程的开发。

绘本创意读写课程的开发。加拿大学者佩里·诺德曼在《阅读儿童文学的乐趣》中提到:"一本图画书(绘本)至少包含三种故事:文字讲的故事,图画暗示的故事,以及两者结合后所产生的高高在上的故事。"绘本创意读写点的选择,就是从"文字""图画"以及那个"高高在上的故事"三个层面去挖掘。用整合的方式开展绘本创意读写课程:与国家教材整合起来,统筹规划一二年级的阅读序列;与法定节日整合,选择了一些与法定节日相关的优秀绘本,让学生在绘本中认识节日,在感受我国传统文化的同时与实际生活接轨,写写自己生活中丰富多彩的节日活动;与其他学科多元整合,开拓绘本的学习领域。

整本书创意读写课程的开发。基于整本书共读的儿童"创意读写"课程开发,需要通过教学主体整合、学习内容整合、思维方式整合、媒体技术整合、学科跨界整合等路径,打破传统的语文读写教学局限,让学生在创意纷呈的读写活动中爱上阅读、善于表达。其中根据三年级学情,开发"创意读写起步课程",具体来说,要组建习作共同体,使个体习作集体化;借力合适的阅读文本,达成阅读、写作一体化;采取有效的教学方法,让谋篇布局简单化。

多元化创意写作课程的开发。针对中小学生习作能力普遍低下,缺少写作兴趣,创意严重缺失的现象,不同学段初步建构了创意写作的阶梯课程,如低学段主要进行"童诗创意写作""绘本创意写作";中学段主要进行"童书穿越写作""微电影创意写作";高学段主要开展"项目探究创意写作""应用文创意写作""博客创意写作""毕业创意写作"等。"小学创意写作课程"开发的五大"突围"是:从目标突围,实现课程目标的层次性;从体裁突围,实现课程内容的自主性;从技术突围,实现写作手段的丰富性;从时间突围,实现课程实施的灵活性;从评价突围,实现评价功能的发展性。

三、研究进展评析

通过对检索文献的比较和分析,发现近年来逐渐兴起的儿童"创意读写"研究,取得了不少成果,但也有需要进一步完善之处。

（一）主要成就

一是研究路径不断拓展。儿童"创意读写"始于绘本教学。绘本里的文字不多，辅助以图画，便于学生理解与表达，这是低段学生顺利走向创意读写的重要通道和平台。中高段学生开始进行整本书创意读写，读写水乳交融，学生逐步走向名家名篇的审美鉴赏与创作这条道路。创意读写路径拓展的突破口不是读，而是写，小学创意写作应运而生，并与高校的创意写作结合起来，直指儿童的创意。从教师自编创意写作课程，到语文教科书中习作的创意教学，从课外书阅读中提炼的创意读法，到迁移至教科书的课文阅读，创意读写的研究路径在不断拓展。此外，儿童"创意读写"从"图像诗"到儿童诗，从"微支架"到"微信体"，再到"微表达"，呈现出多元发展的态势。

二是研究视角不断扩大。从研究内容的角度来看，创意读写的研究从语言文字开始，关注作者是怎么表达的，再试着自己动笔学一学。随着图画的介入，学生对画面表现出极大兴趣，总能在画面的细节中发现让人意想不到的内容，在此基础上研究画面颜色的变化、线条的粗细，背景的明暗等，创意的发现将越来越多。在恰当的时候配上音乐，让书中的人物互相对话，让书中不会发声的事物发出声音，还可引入微视频、微电影，甚至微课先行的"翻转课堂"，这些"电声光影"的组合极大扩大了研究的视角，让人耳目一新。从课程开发的角度来看，整合是课程改革的重要形态，儿童"创意读写"不仅注重识字写字、阅读、作文、口语交际、综合性学习等语文课程各板块之间的整合，还注重与其他课程之间的整合。例如，数学教师可用绘本《天天都是星期三》教学生认识时钟，音乐教师可带着学生一起跳舞蹈，语文教师可以引导学生写一写心情日记。此外，更多的研究聚焦生活中的资源，引导学生留心身边事物，捕捉精彩，发现妙趣，并将内心所感表达出来。

三是研究内涵不断深化。"创意读写"是指"有创意地读"和"有创意地写"。"创意写作"源于国外高校中的创意写作课，新课标也有明确要求："鼓励学生在口头交流和书面创作中，运用多样的形式呈现作品，发挥自己的创造性；引导学生成长为主动的阅读者、积极的分享者和有创意的表达者。"在实践经验层面，许多专家、教师都曾给"创意读写"下定义。对于儿童而言，"创意读写"中的"读"与"写"，不仅仅是传统意义上的读文章、写文字，还包括观察、聆听、表演、演说等各种形式的"读"与"写"。总之，"创意读写"旨在让儿童从"乐读、乐写、乐创"走向"会读、会写、会创"。

四是实践效果非常显著。从实践效果来看，儿童"创意读写"研究有效激发了学生读写的兴趣。学生在读写过程中显得更加自信，他们能借助阅读，合理组合材料，不拘形式地表达，大胆地进行创意写作，觉得这是一件好玩的事。这个过程中，师生的眼界更加开阔，知识更加多元，思路不断更新。有教师提出让所有学生爱上写作，让每位学生都写"书"也不是传奇，且在实践中让每位学生尝试着写出一本又一本的书。学生欣赏不同的文本形式，在感受文本形式美的同时，激活了学生的思维，儿童的想象力和创造力被不断地培养、放大，课堂上经常呈现出令人惊叹的创意成果。研究者也收获颇丰，如有位名师不仅主持省重点课题"小学创意写作"，还出版了系列专著《小学创意写作》，并组织教师共同研发出版《小学创意写作》系列读本，被评为"省中小学优秀校本课程"一等奖。

（二）不足之处

一是研究发展现状认识不够深入。 从研究文献来看，绝对数量偏少，即使加上搜索主题词为"创意写作"和"创意阅读"的文献，指向小学阶段的数量也不多。就"创意读写"的文献看，同质化倾向严重，占60%的文献都是一线教师自我开发的创意读写案例，以绘本创意读写居多，整本书创意读写其次。这些案例的开发缺乏明晰的理论视角，主观经验性较多，随意性较大。关于创意读写"前世今生"的系统论述十分少见，目前没有发表在北大核心期刊的文献。从研究文献的作者来看，绝大多数以一线教师与区域教培员为主，只有个别高校专家学者对小学创意读写提出自己的见解，以至于"创意读写"概念的内涵及外延目前还没有统一认识。整体上看，小学创意读写的发展现状还没有引起足够的重视。究其原因，主要有三：一是囿于大多数中小学教师的专业认识及研究水平，难以在理论高度给予系统论述，而专家学者忙于研究高校近几年新设的"创意写作"课程，无暇顾及中小学。二是行政管理的认识局限，没有充分意识到创意读写对学生想象力与创造力的促进作用。三是校本研修的循规蹈矩，把难以用考试评价的"创意读写"视为偏门，让其自生自长。

二是研究任务指向不够明确。 把"创意写作"从美国引入中国的葛红兵教授曾说，为了强调其"创造性"内涵，以突出与传统写作的本质区别，"创意写作"的第一规约是"创造性"，第二规约是"写作"，其本质是"创造性活动"。故儿童"创意读写"要把"创意"放在第一要义，其次才是读写活动。"创意"的背后是"创意思维"，若不关注该点，而仅仅是活动形式的新颖，那么很容易与20世纪末兴起的"读写结合"相混淆。尽管有不少教师提出创意读写教学策略，但大多呈现出以仿创为主的活动模式，误以为"仿创"等同于"创意"，特别是在"是什么""为什么"的问题上，还缺乏研究。许多教师只倾向于个人实践，对于创意阅读与创意写作的关系究竟如何,新背景下小学创意读写背景下的语文教师何为,还存在着空白。这些都导致儿童"创意读写"研究的目标任务不够明确。

三是研究序列组合不够清晰。儿童"创意读写"的深入研究,必然涉及课程的开发。从文献内容来看,尝试做小学创意读写课程建构的教师稀缺,正在探究的多以低段绘本创意读写为主。中高学段的创意读写课程开发,目前呈散点状态,不成体系。如"微电影创意读写课程"的开发,只有几节设计开发的课例,课程的架构还在设计者的脑海中,尚未实施。创意读写的课例开发与教科书的联系不够紧密,导致其序列组合不够清晰。课内阅读的创意读写往往仅呈现为创意阅读,且常常异化为探究性阅读和个性化阅读,不免令人遗憾。课内习作与创意读写开发的课例往往不相匹配,使得学生在创意读写课上侃侃而谈,妙笔生花,到了课内习作课上却仍哑口无言,难以下笔。其实目前语文教材多是单元主题式编排,各单元有较为突出的阅读要素与写作要素,完全可以依托教材有序开发创意读写课例。

四是研究评价机制不够完善。在文献中有研究者提出关注创意读写的评价,这是促进儿童"创意读写"可持续发展的重要机制,但其方法并不能有效评价创意读写活动。如有研究者提出建立多元评价机制,重在引导学生养成良好的阅读和习作方法及习惯。这样的评价机制把创意读写的第一要义"创意"完全放在一边,缺乏针对性的思考。还有研究者提出从"基础""拓展""创意"等十个方面进行规范评价,其中"创意"有两个指标,其他方面有八个指标,在导向性、操作性方面还需进一步的完善。一些勇于创意的教师在实践中总结出"写、读、写、改、展"五步创意读写教学法,或者"玩、写、读、说、改、写、书"七步创意读写教学法,这些教学法背后的评价机制是什么,还需要进一步厘清。

四、未来研究展望

纵观儿童"创意读写"研究的现实状况,特别是文献研究数量的逐年增多,可以预见今后儿童"创意读写"的开发路径将会越来越多,研究领域将会越来越宽,创意读写的内涵与外延将会进一步深化拓展,其中以下两个方面特别值得关注。

一是明确创意读写发展的目标任务。儿童"创意读写"的研究必须放到语文课程改革大背景下来思考,尊重儿童身心发展规律,尊重教育改革发展方向,让学生语文核心素养落地生根。当然,"创意读写"毕竟算是新生事物,很多方面都处在起步阶段,需进一步厘清。"创意读写"是有创意地读与有创意地写,其中"创意阅读"和"创意写作"之间的关系如何?是两者简单相加,还是两者巧妙相融？"阅读"是指向"写作",为后者服务,还是两者互相促进？目前国内外学者对这些方面研究的相关文献有限,只检索到数量很少的几篇论文中提及创意写作与创意阅读的关系,论述"儿童创意阅读"与"儿童创意习作"关系的几乎没有。中小学语文教师迫切需要了解创意读写的"前世今生",明确儿童"创意读写"的目标及任务,否则,在创意读写内容、教学策略、开发路径等方面容易出现变形与异化,与当下信息高速发展的"创意时代"难以匹配。

二是完善创意读写发展的保障机制。儿童"创意读写"在校本化实施的过程中必然与国家课程相融合,故创意读写的课程化趋势不可避免。当下创意读写课程化探索过程中,常常出现主题与内容不相吻合,评价标准与活动目标不一致等现象,甚至相关课程内容设置混乱,缺乏序列性。创意读写发展的保障机制可以由三方面构成:一是创意读写课程内容体系,二是创意读写活动评价机制,三是创意读写的教师发展保障。内容体系可以通过研究语文教材中的单元关键要素,明确创意读写的任务指向,寻找合适素材,采取合理方式,整合教学内容,研究不同学段创意读写的活动模式,研究不同主题、不同类型创意读写在校本化实施过程中的教学策略。评价机制通过形成科学性评价来取代终结性评价,关注学生的发展过程,特别关注学生是否有"创意","创意"如何,有没有更好的"创意",关注儿童"创意读写"与其他课程之间的整合情况。保障机制通过关注不同发展层次的教师实施创意读写的现实差异,促使其积极参与到研究中来。我们不能指望儿童文学作家进入课堂引领学生创意读写,但可寄希望于教师能在日常教学中不断提升自己的创意思维,让实践探究落地生根,进而不断提升学生的创意读写能力。

第五节 全纳视野下的"创意读写"

在解释"创意读写"之前,有必要先介绍一下"创意写作"与"创意阅读"。创意写作作为一个学科,在国际上已经完全成熟。其在1936年创生于美国爱荷华大学,其核心理念是"作家可以培养""人人都可以成为作家"。《成为作家》的作者多萝西娅·布兰德是当年美国创意写作的坚定推动者,她的作品一度风靡全世界,至今仍影响着作家的创作。她说:"写作确实存在一种神奇的魔力,而且这种魔力可以传授。"目前美国有800多所高校开设创意写作专业,常年活跃着2400多个创意写作工作坊,美国专业的编剧、作家百分之八十都有创意写作教育背景。这种机制性的文学创意系统,不仅使20世纪以后的美国文学诞生了反战文学、黑人文学等流派,还使得美国成为全球最大的"创意梦工厂"。创意写作自2009年引入中国,10多年来发展势头迅猛。2011年,中国人民大学出版社翻译引进一套"创意写作书系",进一步推动我国在创意写作方面的探索和实践。上海大学创意写作中心对于创意写作的定义是"人类以写作为活动样式的以作品为最终成果的一种创造性活动"。"创造性"是它的第一规约,"写作"是第二规约。

什么是"创意阅读"呢?从概念上说,"创意阅读"与"创意写作"一并产生。据迈尔斯考证,1837年爱默生在美国大学优等生荣誉学会一次题为《论美国学者》的演讲上,明确提出了"创意写作"与"创意阅读"概念:"于是,有了创意阅读(Creative Reading)和创意写作。"虽然迈尔斯说:"我们并不清楚爱默生的使用这个词的本意",但创意阅读和创意写作"表明了爱默生将阅读和写作视为创造性活动,因为它们激发了人的主动性,而不仅仅是被动地接受文本。"国内学者许道军认为创意写作的本质是致力于"思想与行动相统一""文本研究与创作技巧相结合",而致力于此种目标达成的阅读,即"创意阅读"。创意写作的两大基础理论为"自我发掘论"和"文类成规论",分别是从创意写作者和创意阅读者的视角出发的。显然创意写作离不开创意阅读。一般来说,"写"取决于"读","读"决定了"写",适当的阅读会激发写作灵感,加快写作进程,反之亦然。教师要去发现有利于创意写作的阅读方式,使阅读变成创意阅读。我们结合国内外学者的观点,参照上海大学创意写作中心对于创意写作的定义,把创意阅读定义为:人类以主动阅读为活动样式的,以创意表达为目的的创造性活动。其活动样式是主动阅读,其目的指向创意表达。

创意写作在长期的发展过程中,与创意阅读紧密结合,逐渐形成一套经验与方法。如20世纪30年代,多萝西娅·布兰德在《成为作家》一书中提出"像作家一样读书"理念和"批评式阅读"方法。约翰·怀特海德说:"我教阅读,而且我是按照作家的阅读方法来教的。"阅读与写作的紧密结合为创意读写的产生提供了先决条件。在我国,"创意读写"还没有进入学术讨论的范畴,目前局限于小学阶段,教学内容以绘本居多,发展前景非常广阔。下面,笔者试图从全纳视野角度探讨儿童创意读写的内涵、特征及实现路径。

一、全纳视野下儿童创意读写的内涵分析

(一)儿童创意读写的基本内涵

新课标提出"语文课程应引导学生在真实的语言运用情境中,通过积极的

语言实践,积累语言经验,体会语言文字的特点和运用规律,培养语言文字运用能力"。也就是说要让学生多读多写,日积月累,在大量的语言实践中去体会、把握语言运用的规律。如何在不加重学生学习负担的前提下"多读多写"呢?我们理解的"多读"是指有创意地读,读出更多的内容;"多写"是指有创意地写,写得更有创意。让学生在兴趣盎然中不知不觉"多读多写"。近年来关于创意阅读与创意写作的讨论逐渐活跃,如何进行"创意读写",进而提高学生的阅读水平和习作水平,有不少教师尝试从不同层面解读并实践。

"创意读写"始于绘本的读写结合。最早提到"创意读写"的是浙江的曹爱卫,其在2014年发表了《"最奇妙的……"教学实录》,被认为是趣味十足、富有创意的绘本读写课。曹老师这样定义"绘本创意读写":"是以绘本为载体开展的体现儿童个体创意的读写活动。以读为主,适当结合'写'。"在读写活动中,重在激发儿童的阅读兴趣,教授儿童基本的绘本阅读技能和方法,发展他们的阅读策略、想象力和思考力。有教师认为创意读写是在大量阅读中发现作者创意,或者说发现作者在写作表达上的与众不同之处,进而使自己所写的东西与众不同。显然,前者侧重阅读,后者侧重写作,共同特点都指向"创意"。笔者也曾尝试从师生两个角度定义"创意读写"。对教师而言,是将阅读和习作融合,开展有创意的教学活动;对学生而言,是对文本或其他"材料"有独特的理解,写出富有创意的佳作。

通过梳理以上有关"创意读写"的发展过程,本文结合语用学理论,再次深入分析创意读写在语文学习过程中的动态过程。结合上文,笔者将"儿童创意读写"理解为:整合课内外多种资源,开展体现儿童个体创意的读写活动,以读促写,以写促读,激发儿童读写兴趣,培养儿童的想象力和创造力,让儿童的思考、理解和表达都更有个性、更富创意。儿童创意读写中的"读",不是狭义上的文字阅读,还包含了用眼观察、用耳聆听、用心感受等形式的"读"。儿童创意读写中的"写",不仅指文字表达,还指结合述说、扮演、画画等形式来表达。"读写"相互依存,互为目的,共同指向创意思维的培养,促进儿童创造性表达。

(二)儿童创意读写缘何在全纳视野下

新课标指出:"语文课程致力于全体学生核心素养的形成与发展,为学生学好其他课程打下基础。要面向全体学生,突出基础性,使学生初步学会运用国家通用语言文字进行交流沟通。"其中,"全体学生"是指包括特殊需要儿童在内的每一个儿童,这正是全纳教育的视野。全纳教育发轫于20世纪90年代初期的全民教育思潮,是为了解决全球范围内的基础教育倒退与质量下降问题、实现全民教育而提出的理念。全纳教育关注每一个儿童,要求创设能够满足所有儿童教育发展需要的全纳学校,容纳多样性和差异性,反对歧视与排斥。

首先,每一个儿童的"创意读写"能力都能被开发。儿童有着无限发展的可能,在语言发展的进程中,他们天生创意无限。教师在引导儿童"创意读写"时,可以滋养儿童的语言、发展儿童的思维、丰富儿童的体验、增加儿童的积累,充实儿童的心灵。特殊需要儿童也有其独特的"创意读写"形式,需要我们全体教师共同参与,根据特需儿童的身心特点,发现其语言发展规律,引导他们"创意读写"。

其次,每一个儿童的"创意读写"能力都有差异。我们要充分尊重儿童的主体地位,关注儿童在兴趣、能力和学习基础等方面的个体差异。关注儿童不同的学习需求,鼓励自主阅读、自由表达。关注不同地区儿童的差异,合理安排学习内容,把握学习难度,组织学习活动。我们不能只用一把尺子去评价。对于不同的儿童,除了横向比较,关注他们的差异性,更要纵向比较,关注他们的发展性。在这基础上,引导儿童开展自我评价和相互评价,增强他们对"创意读写"的兴趣与信心。

再次,每一个儿童的"创意读写"都要支持。要根据儿童需求提供学习支持,充分发挥现代信息技术的支持作用,引导儿童在完成任务、解决问题的过程中积累语文学习经验,发展未来学习和生活所需的基本素养。正常儿童的"创意读写"能力培养需要教师精心设计支架,支持他们更有创意的表达。特需儿童的"创意读写"能力培养更需要支持,在形式与内容上设计多重"支架",确保他们能够"创意读写",充分挖掘他们的创造潜能,为获得未来生活所需要的基本读写能力与沟通能力打下坚实的基础。

新课标提出语文课程的核心素养包括四个方面:文化自信、语言运用、思维能力、审美创造。儿童的"语言运用"显然要求读写相互结合,同时指向"思维能力"的提升,其中思维的独创性与批判性是重中之重。"审美创造"直指阅读与写作中的审美。阅读是旧经验的提升和新经验的建立相融合的过程,这个过程又为以后的阅读提供了一定经验。教师只有唤起学生的审美意识,才可能充分挖掘文本内涵,从而培养和提高学生感受美、鉴赏美以及创造美的能力。北师大教授刘锡庆认为作文教学目的在于:"解放人的精神和心灵,把写作主要潜在的想象力和表现力、鲜活而强悍的生命力都尽情地释放出来。"作文教学是中小学语文教学的重要组成部分,美育则可陶冶人的情操,塑造人的心灵,净化人的情感,是学生珍视美、热爱生活、积极向上的重要内容,所以对学生创造能力最集中的培养方式就是作文教学。在社会主义先进文化的熏陶下,用书面语言描述自然及社会生活的美,表达美好的思想和情感,本身就是一种创造的过程。

在上述背景下,儿童创意读写必然在全纳视野下指向材料的阅读,如关注文章的结构安排、遣词造句,选择合适的表达方式、表现手法等,引导学生从模仿走向创造。

二、全纳视野下儿童创意读写的特征分析

通过对儿童创意读写的内涵分析与全纳视野下儿童创意读写的必然要求,结合当下的创意读写活动,我们认为全纳视野下儿童创意读写的基础是开展创意的活动,前提是要给儿童有自由选择的可能,关键在于儿童要展开丰富的想象,最终大胆地表达出来。其具体特征如下:

(一)创意的活动

课内阅读提倡个性化阅读,把自主阅读放在课前,给儿童一个自由想象与讨论交流的空间。可以采取"随文练笔"的方式,可以仿写、补写、续写、改写,将儿童的课文理解与言语实践紧密结合起来,读写融合,互相促进。课外阅读让儿童经历多样化的阅读形式,如立体阅读,让儿童在社区、家庭经历有趣的阅读活动;动态阅读,让儿童将故事情节搬到舞台,通过亲身演绎感受人物形象与故事内容;猜想阅读,让儿童猜想人物的心理或故事的发展与结局,以提升每一个儿童的创造力。

教师要设法设计并组织新颖的活动。事先把精心准备的活动方案发给家长,让家长与孩子一起阅读活动方案,明确活动规则,做好活动准备。接着创设儿童表达的情境,举办特色读写活动,激发儿童的好奇心和求知欲,让他们获得良好的创造体验。在活动过程中,适时介入教师的指导,或说说自己的感受,或画画思维导图,或到台前展示等。活动结束后,将这样的活动过程写下来,让每个学生写出自己独特的见闻与感悟。

(二)自由的选择

"横看成岭侧成峰,远近高低各不同。"自由选择,让儿童创意读写成为可能。选择阅读材料必须坚持与儿童相契合的基本原则,要考虑儿童认知发展特点,与儿童能力水平、生活经验相一致。在此基础上,还应该充分考虑阅读材料的创意价值,如内容是否形象生动,哲理是否引人思考,艺术表现是否丰富多彩等。

对于低学段儿童,可以让他们自由选择图文并茂的绘本,以激发他们的读写兴趣。绘本中精美的画面和简洁的语言相得益彰,很多细节都能让学生有令人兴趣盎然的发现。对于中高学段儿童,这里的创意体现在两个方面:

一是作者如何选择切入点进行观察记录。切入点不同,表达效果就会不一样,有创意的切入点自然会给人耳目一新的感觉。二是作者如何选择材料进行剪辑组合。美国著名创意学大师詹姆斯·韦伯·扬说过,创意就是对旧材料的新组合。不同的组合能表达不同的意思,能有与别人不一样的组合就是创意的集中体现。

儿童创意读写中的"写",也应该给学生有选择的余地,如在难度系数方面可以选择不同的挑战,在完成任务方面可以选择不同的内容,在合作探究方面可以选择不同的对象等。特别在表现形式上可以选择不同的方式,"写"不仅仅指写篇作文,还包括图文结合展示、画思维导图、故事连载、自制绘本等。

(三)丰富的想象

黑格尔说:"如果谈到本领,最杰出的艺术本领就是想象。"《牛津英语词典》给创意下的定义是:"特指文学与艺术,也指作家或艺术家有创造才能或想象力。"在这个定义中,想象力几乎等同于创造才能。可见,在全纳视野下儿童创意读写离不开有创意的想象,教师应根据儿童天生爱想象的特点,让他们展开丰富而奇特的想象。要鼓励学生探究性阅读,因为探究性阅读就是培养学生的想象力和创造力,就是让学生动口、动脑,多角度、有创意地阅读。教师应组织学生展开讨论,想象情节的可能变化,猜想故事的发展与结局,这样既能保持学生持续阅读的兴趣,又能多维度发展学生的创意思维。

根据想象的方式和形成过程,可分为及物性想象、再造性想象、创造性想象及幻想。人们通常都拥有前两种类型的想象,而创造性想象却随着年龄的增长而逐渐消减。作品的撰写需要作者发挥想象力,用最富吸引力的语言将故事构架变得丰满。儿童最不缺的就是创造性想象,他们可以通过创造性想象整合零散的材料,获得未曾经历的故事,加深自己对事物的理解,使笔下的人物与故事充满传奇色彩,甚至可以创造一个属于自己的神奇世界。

(四)大胆的表达

每个人都有想表达的冲动与欲望,儿童更是明显。鉴赏美不是全纳视野下儿童创意读写的最终目的,教师应该引导学生把鉴赏得到的感悟表达出来,这就是创造美。儿童用笔来写文,不仅是一项进行知识和技能训练的学科作业,更是其在独特生命阶段进行自主表达的交流活动,是直抒胸臆、倾吐真情的方式。儿童用书面语言描述自然美和社会生活的美,表达美好的思想和健康的情感,本身就是一种创造美的过程。在创意读写的课堂上,我们可以看到读与写的创意结合,相互交织,使得课堂上学生审美情感一次又一次被唤醒,表达欲望一次又一次被催生,当学生感到不吐不快时,便收获了生花的妙笔。

儿童创意的表达与成人世界的表达往往不一样。首先表现为真实的表达。要放暑假了,一位同学说:"今天是本学期在校的最后一天,我依依不舍地离开校园。"另一位同学说:"放假了,太好了,可以睡懒觉啦!可以痛痛快快地玩啦!"尽管成人喜欢前者的表达,然而后者的表达更真实。其次表现为勇敢的表达。所有的伟大,都源于一个勇敢的开始。正如《皇帝的新装》中的那个男孩,他不顾成年人对皇帝新装的夸赞,大胆地说出自己的想法。只有天真的儿童才会这样直言不讳、无所顾忌地勇敢表达。再次表现为有个性的表达。儿童喜欢表达"有意思"和"没意思",这是个性化的情绪表达。儿童喜欢"胡思乱想",想到了就说,这样才可能呈现出有创意的"奇思妙想"。

三、全纳视野下儿童创意读写的实现路径

(一)提炼创意读写主题

教师根据儿童在小学不同学段中的心理特征及学习基础,将课内外的阅读材料有机融合,打破原有教材的单元框架,可以提炼出全纳视野下儿童创意读写的单元主题。单篇文本进行儿童创意读写往往局限于结构、语言、修辞等,容易破坏单元整体的教育价值。

儿童创意读写的主题应与教材中的单元主题相匹配,或直接借用,或补充拓展,或深化延伸。小学统编语文教材"双线并进"的编排方式为此提供了便利。每一单元都有一个明确的人文主题,一个核心的阅读要素,一个关键的写作要素。例如六上第八单元的人文主题是"认识鲁迅";核心的阅读要素是"借助熟读资料,理解课文主要内容";关键的写作要素是"通过故事写一个人,表达出自己的情感",因此,本单元进行儿童创意读写的主题就可以定为:认识鲁迅。在学习《少年闰土》后可以补充阅读《故乡》里的中年闰土,以及《呐喊》。在学习《好的故事》后可以补充阅读散文诗集《野草》,还可以阅读《从百草园到三味书屋》,感受鲁迅的童年。在此基础上,学生可以进行仿创,也可以从"感受鲁迅"到"感受身边的人",尽情表达自己的情感。

(二)整合创意读写材料

整合已逐渐成为世界范围内课程改革的重要形态,呈现整体性、跨学科性、实践性、复杂性、创新性等特征。新课标指出:"语文课程是一门学习国家通用

语言文字运用的综合性、实践性课程。工具性与人文性的有机统一是语文课程的基本特点。"要体现这样的要求,必须加强课程内容整合,提炼语文知识,解决好"教什么""怎么教"的问题。

全纳视野下的儿童创意读写应注重语文课程各板块之间的整合,注重语文课程与其他课程之间的整合,以及语文课程与儿童生活之间的整合。首先要寻找语文教材中的资源。教师要充分挖掘课本中的读写资源,引导学生仿写、改写、补写、缩写、扩写、续写等。其次要寻找课外阅读中的资源。儿童文学一般是围绕主人公讲述故事,儿童在阅读时不知不觉走进故事,与主人公同呼吸、共命运。教师可以引导学生展开幻想的翅膀,成为书中的一员,进行创意读写。再次要寻找其他课程的资源,如整合美术课程绘制思维导图,整合音乐课程作词谱曲,整合科学课程查找相应资料等。此外,要寻找儿童生活中的资源。教师要指导学生留心身边的事物,捕捉其中的精彩,发现其中的美妙,并将感受到的这份美好用语言文字表达出来。

(三)明确创意读写任务

创意读写可以加深儿童对文本的阅读理解,提高儿童言语表达能力,然而这并不是主要的任务。全纳视野下的儿童创意读写特别关注在文本鉴赏、创意表达、提升思维品质等方面对每一个儿童不同程度的提升。新课标提出要"多角度观察生活,发现生活的丰富多彩,能抓住事物的特征,为写作奠定基础。写作要有真情实感,表达力求有创意"。在此背景下的创意读写,呈现出"以读促写"和"以写促读"的态势。以读促写,不是指把阅读课上成所谓指向习作的阅读课,而是指儿童在创意写作之前,教师有意识地让儿童"读",以促进儿童创意表达。以写促读,不是指在写作过程中促使儿童大量阅读,而是指儿童在阅读过程中,通过精心设计的"写",促进儿童理解文本的创意。

"指向习作的阅读课"与"指向阅读的习作课"混淆了阅读课和写作课相对独立的概念,这不是我们理解的儿童创意读写。儿童创意读写在阅读课堂教学中是为了促进儿童的阅读,在写作课堂教学中是为了促进儿童的表达。该是什么课就上成那种课的样子,让阅读与习作相互促进,却又相互独立。

(四)完善创意读写序列

儿童创意读写应根据新课标要求,围绕教材内容进行适当的拓展与延伸,以培养学生的创新思维。这一过程应注意序列化,使创意读写的内容安排合理有序,有内在的逻辑与规律,以促进学生语文综合素养的提高。从文体角度看,有诗歌创意读写,小说创意读写,散文创意读写等;从内容角度看,有童话创意读写,神话创意读写,民间故事创意读写等;从形式上看,有特色活动类创意读写,补白猜测类创意读写,图像审美类创意读写等。

全纳视野下的儿童创意读写直指学生的创意,从这个角度看,创意思维的训练序列显得很重要。要鼓励儿童多向思维、表达情感、写出个性,各学段应有所侧重。对于低学段的儿童,要充分培养他们的想象力,多进行想象类的创意读写;对于中学段的儿童,要培养他们持续观察的能力,多进行观察类的创意读写;对于高学段的儿童,要培养他们抽象思维的能力,多进行评价类的创意读写。此外,作为一种补充,针对儿童作文情况灵活安排的动态序列很有必要。对于儿童作文中的问题,有针对性地设计相应的创意读写活动,这种看似无序却有序的安排,以生为本,对症下药,不失为一种有效序列。

(五)建立创意反馈机制

儿童创意读写评价反馈的第一步是判断儿童是否有自己的创意,是否突破了自己原有的读写能力。反馈的目的则在于促使儿童对读写活动过程进行反思。教师要摆脱传统枯燥的评价方式,探索多种手段,采取多元评价方式,放手让学生自评自改,引导同伴互相欣赏,鼓励家长积极参与,使各类学生都能有所发展,提高语文综合素养。

儿童创意读写的主体是儿童,却离不开教师的引导。教师应深入了解儿童的读写动机、读写策略、读写过程、读写结果,并结合个体已有的创意读写情况提出有针对性的建议。这是儿童读写走向自觉创意的重要举措,更是在言语实践活动中实现鉴赏与创造的关键环节。教师要从赏识的角度出发,寻找学生读写中的创意,多给学生一些肯定的评价,架起师生之间的信任之桥。在学生创意读写的过程中,教师注重过程性评价,建立反馈的机制,提倡多次评价,适当进行示范展示,让学生根据多次的反馈进行自我调整,以激发更多的创意。

总之,全纳视野下的儿童创意读写是以鉴赏与创造为导向的有创意的阅读与写作,是培养儿童语文核心素养的重要途径,是培养未来社会发展需要的创造性人才的基础。对于儿童读写活动中创意思维的培养,不是一朝一夕就可实现的,需要教师转变教学观念,在课堂内外反复实践,同时努力提高自己的专业素养,自身学会创意读写,给儿童做出良好的榜样。只有这样,儿童的创造力才能获得实质性的提升,以便更好地迎接未来创意社会的挑战。

第二章 儿童"创意读写"价值指向

导 语

  2022版新课标多次提及的"语言经验",成为新一轮课程改革关注的焦点。一线教师要走出误区,正确认识并把握儿童语言经验。首先,儿童语言积累不仅是语言材料的积累,也应是语言经验的积累。其次,儿童语言经验学习可能涉及相关语言知识的学习,但与语言经验学习相比,知识的学习应排在第二位。再次,运用语言文字只是个体语言经验发展的基础,教师要找到儿童语言经验的起点。最后,要让儿童在具体语境中学以致用,尝试有创意地表达,真正提高其语文素养。

  如果说丰富儿童语言经验是提升语文素养的根本,那提升学生思维品质就是语文教学不懈追求的目标。在教学实践中要通过多种方式,整合读写内容,培养学生的高阶思维。延伸式读写整合,可促进学生思维的深度发展;连线式读写整合,可培养学生思维的系统性;比较式读写整合,可发展学生思维的批判性;跨界式读写整合,有利于培养学生思维的创造性。这四种读写内容的创意整合,如果在实践过程中灵活运用,对发展学生的高阶思维能发挥重要作用。

  小学语文课堂在关注思维品质提升的过程中,更应关注学生理性思维的培养与提升,然而当下对学生理性思维的培养是缺失的。以三年级上册《秋天的雨》同课异构教学为例,回顾教学实录,我们发现学生的学习过程目的不清,缺少反思,甚至逻辑混乱。针对现状,教师应特别关注理性思维的三个重要特征,重点关注学生逻辑思维,以提升批判思维为核心,指向创造思维的发展,这样才能有效培养学生的理性思维。

  教育的根本目标是要使学生成为一个完整意义上的人。换言之,教育应着眼于学生的生命成长,故习作教学应着眼于学生的言语生命的成长。尊重学生的个性表达,对其在言语过程中遇到的困难给予切实的帮扶,这亦是保护和发展学生的创造力,促使他们在言语实践中发现完整意义的言语生命过程。

第一节　丰富儿童读写经验

2022版新课标首次提及"语言经验"一词,如"主动积累、梳理基本的语言材料和语言经验。""了解国家通用语言文字的特点和运用规律,形成个体语言经验。""在真实的语言运用情境中,通过积极的语言实践,积累语言经验。"……由此可见,儿童语言经验是新一轮课改关注的焦点。实践证明,有创意表达经验的儿童一定是有丰富语言经验的儿童,同样,有丰富语言经验的儿童才更有可能进行创意表达。故丰富儿童语言经验是进行儿童"创意读写"的必由之路。在教学实践中,笔者发现不少教师对儿童语言经验存在认识上的误区与行为上的偏差。为了儿童"创意读写"活动能够顺利开展,有必要厘清并矫正此类误区与偏差。

一、语言材料积累与语言经验积累

新课标明确要求:"积累课文中的优美词语、精彩句段,以及在课外阅读和生活中获得的语言材料。"一线语文教师虽努力落实这一要求,但效果却不佳,这是因为语言积累不能等同于语言经验积累。语言积累其实并不是新课标的创新,而是各时期新课标的共同要求。新课标中提出的语言经验积累,不是语言积累能替代的。

通常教师会认为语言积累就是多读、多背、多抄、多默,再配合"采蜜集""好词佳句""日积月累"等作业巩固。为了促进学生主动积累,不少教师搭建平台,如开展"成语接龙""诗歌朗诵""美文赏析"等活动,试图让学生积累大量优美的词句段。其实这种"语言搬运工"的做法往往事倍功半,学生遗忘率很高。

以统编教材三年级上册《父亲、树林和鸟》这篇课文为例,富有特点的词语和句子很多。课后有这样一道练习:

读句子,说说加点的部分给你什么感受,然后选择一句抄下来。

(1)父亲突然站定,朝幽深的雾蒙蒙的树林,上上下下地望了又望,用鼻子闻了又闻。

(2)我茫茫然地望着凝神静气的像树一般兀立的父亲。

(3)我只闻到浓浓的苦苦的草木气息,没有闻到什么鸟的气味。

笔者曾听多位教师执教此课,课堂上,教者大多是让学生反复朗读,通过加点的修饰语来感受树林、父亲和草木气息的特点。另外,会让学生把加点的词语记下来,并在练习中用填空的形式反馈。为了夯实语言基础,有学者提出,在课堂教学方面,需要教师通览语文教科书,解析语文教科书,从"数量"的角度进行耐心的"统计",洞悉全套及每册课本中的语言组合因素,有多少个生字难字,多少个二字雅词,多少个四字词语,多少个常用句式和段式,多少种文章结构模式等,从而做到心中有数,有的放矢。这些传统的语言积累,准确地说是语言材料的积累,与语言经验的积累不是一件事情。所谓经验,是指从多次实践中得到的知识或技能。儿童语言经验是指儿童在学习语言并实践的过程中,得到的对语言运用的体验和积累。语言经验积累不是简单指认更多的字、记更美的词句,也不是指背更多的语言材料,而是积累更多的语言运用的经验。

上述案例教学中,仔细揣摩三句加点的词句就会发现,它们的共同之处都是连续使用修饰短语。这是一种学生在日常语言体系中很少用到的表达方式,纵观统编小学语文教材也不多见。针对此类语言表达,如何让学生通过学习,积累相应的语言经验,才是更有价值的教学内容。对于"幽深的雾蒙蒙的树林""浓浓的苦苦的草木气息"这样的语句,可以采用多种形式让学生反复去读,其目的不是为了让学生把这些语言记在心里,而要让学生知道为什么这样描写。

首先,在此处的语境中,如果只用一个修饰语就不能准确地营造氛围感。不管是"幽深的树林",还是"雾蒙蒙的树林",都不如"幽深的雾蒙蒙的树林"的表达准确且丰富。其次,连续修饰的一句,与分两句描写相比,更显意境连贯、一气呵成,如"我只闻到浓浓的草木气息,还夹杂着苦苦的味道",与原句相比,明显拖沓。最后,连续修饰的描写更能突出人物的形象,更好地表达作者的情感。正因为"幽深的雾蒙蒙的树林",才需要"上上下下地望了又望,用鼻子闻了又闻",正因为"浓浓的苦苦的草木气息",所以"没有闻到什么鸟的气味",这都显示出父亲对树木和鸟非常熟悉。此外,为什么不是像树桩一样的父亲,也不是像电线杆一样的父亲,而是"像树一样兀立的父亲",显然,在作者的眼中,此时的父亲已经像树一样,与树林融为一体,成了树林的一部分。总之,在一定的情境中,恰当使用连续性的修饰短语,不仅使表达既凝练又丰富,而且能突出主要人物的特点。这些才是学生应该从这篇课文中积累到的语言经验。

二、语言知识学习与语言经验学习

语言知识在语文科目中的具体体现就是语文知识。对于小学生而言,语言知识学习在很大程度上就是语文知识学习。语文知识是人们在大量的语言运用实践中逐步形成的,故学生应在语用实践中逐步学习并掌握相关语言知识。统编语文教材采用"双线组元"的编排体系,每个单元安排了人文主题和语文要素。双线组元,是以语文知识和能力训练点为教学基本要素编排教学体系。这样的编排,改变了以往语文教材靠教师个人经验自行选择应该教哪些语文知识与能力的现象。不过,同时也给一线教师带来认识上的误区,以为语文教学主要任务就是教会学生学习语文科目中的语言知识。其实不然,事实证明,语言知识学习并不等同于语言经验学习。

有位教师在执教三年级上册《搭船的鸟》时提了这样一个问题:"它的羽毛是翠绿的,翅膀带有一些蓝色"一句能否改成"它有翠绿的羽毛,又带有一些蓝色的翅膀"。结果一连几位学生都不会回答。于是教者说:"这是一个新的知识点,通过变换句子中的词序,可以避免句子的呆板,让句子读起来有跌宕回环的美感。"教者进一步指出,希望学生以后能将这样的词序推敲用到写作中去,让笔下的语句变得更有味道。

笔者认为三年级学生无法听懂这样的语言知识,更不会如教者所愿,能很快在自己的写作中运用这个语言知识。这样的教学无助于学生语言经验的积累。现代语文教学高耗低效的原因,是将语文课上成一门学理性课程,将阅读和习作知识教学作为语文教学的重点,这不仅背离了小学生语文学习的规律,也超出了其语文能力的最近发展区。统编教材中的语文要素大都以语言知识为基础,有的语文要素是语言知识的直接呈现,如"了解说明的方法""体会课文中的静态描写与动态描写"等,属于陈述性语言知识。有的语文要素指向语文学习的具体方法,如"借助关键句理解一段话的意思""关注主要人物和事件,学习把握文章的主要内容"等,属于程序性语言知识。还有的语文要素指向某类学习方法的总和,需要在具体语境中灵活运用,如"运用多种方法理解难懂的句子""学习提高阅读的方法"等,属于策略性语言知识。

不管是哪类语言知识,如果只学不用,或者浅尝辄止,都不会转化为语言经验。正如纸上谈兵的赵括那样,虽然兵法知识非常丰富,但是兵法经验极为欠缺,留下极大隐患,造成严重后果。同理,对于阅读教学而言,学生即使学习各种阅读的方法与策略,仍可能不会阅读。习作教学亦如此,很多学生虽然明了选材、布局、中心主题、表达手法等写作知识及其重要性,却依然难以指导自己的写作行为。这种"知道却做不到"的现象背后,就和儿童缺乏语言运用的经验有密切关系。故不管是哪一类语言知识的学习,如何让学生在实践中运用语言文字,要放在和语言知识的学习同等重要的位置。

笔者不是在贬低语言知识的作用,而是想强调,语言知识固然重要,但对于中小学生而言，如果没有相应的读写实践，没有相应的读写经验积累，学习到的语言知识将难以消化。即使学生能理解概念化的语言知识，也很难转化为读写能力。换个角度来说，如果学生能够在语言知识学习的过程中积累相应的语言经验，则更容易接受新的语言知识。其实，语文知识的学习不总是先学后用，更多的情况下是边学边用，应用语文知识和学习语文知识是相互交织的，如统编语文四年级上册第六单元的"语文要素"中提出"用批注的方法阅读"。学生学习批注方法后，在阅读时能自动批注，应边学边用，积累批注的语言经验，可能需要在后续几个单元的学习过程中反复学习实践，甚至还要将有关方法一直运用几个学期。教师在这个过程中要敏锐发现学生批注所缺少的语言知识，有针对性地进行弥补，使学生形成语言经验，最终使其养成良好的语文学习习惯。

三、运用语言文字与发展语言经验

新课标指出："在语文课程中，学生的思维能力、审美创造、文化自信都以语言运用为基础，并在学生个体语言经验发展过程中得以实现。"可见，运用语言文字只是个体语言经验发展的基础，但并不意味着运用了语言文字就是发展了语言经验。

读写结合是一线教师最常用的语言运用形式。有位教师在执教四年级《白鹅》过程中出示：如果这只鹅会说话，当它厉声大叫时，它会说些什么呢？出示：凡有生客进来，鹅必然厉声叫嚣，好像在对第一次来的客人说："＿＿＿＿。"甚至篱笆外有人走路，它也要引吭大叫，好像在对路人说："＿＿＿＿。"那叫声不亚于狗的狂吠。

该教学环节中，教师让学生展开想象，先说一说，再动笔写下来。学生在运用语言文字的过程中，能感受到白鹅高傲的性格特征，但也就仅此而已。教师如果考虑儿童语言经验的发展，就应该让学生去感受课文作者老舍用词的丰富，启发学生想一想，同样表现鹅高傲凶悍的叫声，除了"厉声叫嚣""引吭大叫"，还可以用哪些词语呢？答案可以是高声大叫、声嘶力竭、大声疾呼、大呼小叫等，这样可以丰富学生的语言积累。接着再让学生想象：如果生人停下脚步，与白鹅对峙，它会如何叫？如果生客快步离开，白鹅又会发出怎样的声音，是如何表现的？让学生写下想象的画面，他才能深刻体会到老舍语言的鲜活生动。从而，学生在语言文字运用的过程中能逐步形成自己的语言经验，即对同类事物的描写，可用不同词语来丰富语言的表达效果。

事实上，已有部分教师有意识地发展儿童语言经验，让儿童充分运用语言文字，但是儿童语言经验发展的效果却不佳，这又是怎么回事？有位教师曾教学《真理诞生于一百个问号之后》一文,学生学完课文之后,教师话锋一转:文中的几个事例都是外国的,是否可以换个来自中国的故事呢?于是列举鲁班发明锯子的故事,让学生练习改写。要求用简洁的文字把故事叙述清楚,并突出鲁班在故事中不断发问的部分。乍看,这个教学环节颇有亮点:既是对文本事例选择的反思,又让学生在运用文字的过程中感受说理文的特点,发展了学生有关说理文的语言经验。其实不然。学生只是依葫芦画瓢,按照文中事例"发现问题——提出问题——解决问题——发现真理"的叙述格式,缩写了"鲁班发明锯子"的故事。且不说"发明锯子"是否属于"发现真理",就说理文的本质特点而言,即如何运用事例来证明自己的观点,并让别人认同自己,学生并没有任何语言经验的发展。教材在课文的后面设计了小练笔:"依照课文的写法,用具体事例说明一个观点,如'有志者事竟成'等"。如何借助这个练笔发展儿童语言经验呢?为了让别人认同自己的观点,首先需要寻找完成三个不同的事例来证明自己的观点。接着提炼出三个事例共同的叙述格式:树立理想——艰苦奋斗——取得成功。然后学生以学过的课文《詹天佑》为例尝试改写,最后举一反三,连续完成三个事例的改写,完成练笔。同样是改写,改写"鲁班发明锯子"更像是缩写故事的练习,而后者才发展了学生说理文的语言经验。

要发展儿童语言经验,教师首先要找到儿童语言经验的起点,要了解他们原有的语言经验基础。如上文提到的课文《父亲、树林和鸟》,其实对于三年级学生而言,他们在低年级已经具有连续修饰的语言经验,如"妈妈递给我一个又大又红的苹果"。句中"又大又红"就是连续使用两个词语来形容苹果。故该课教学重点不是让学生学会连续修饰,而是要学习准确使用连续性叠词或比喻来修饰,以表现人物特点或传递情感。在原有的语言经验基础之上,儿童应尝试这样表达:妈妈递给我一个大大的红红的苹果,我咬上一口,嘴里甜甜的,心里暖暖的,快乐的滋味一直递到心里。其次,教师要寻找儿童语言与课文语言的差距,引导其尝试运用课文的语言或句式去表达。最后,教师要关注儿童之间语言经验的差异,在儿童表达实践中进行有针对性的点拨,从而发展儿童的语言经验。

四、提高语用能力与丰富语言经验

新课标注重考察学生的语言文字运用能力,关注学生的学习过程和学习成果。实践中,不少教师努力在教学各环节提高学生的语用能力,取得明显效果。然而,在提高学生语用能力的同时,也不一定能丰富儿童的语言经验。

有位教师执教三年级下册的小古文《守株待兔》,整节课大体环节如下:先让学生按故事的"起因、经过、结果"列出提纲,再按提纲指导学生朗读课文,读懂意思,读出小古文的味道,接着出示相应的图片,让学生尝试背诵小古文,最后请学生用自己的话说说这个故事。课后,执教老师说课时表示,希望通过此课的教学,能让学生记住这个故事,积累优秀的中华文化素材,并能用自己的话说说这个故事,提高讲述故事的能力。

从效果来看,执教老师预设的教学目标在实际教学中基本达成。同桌互说时,都能比较流畅地讲述这个故事。然而,值得强调的是,提高学生讲述故事的能力与丰富讲述故事的语言经验是不一样的。新课标要求学生"具有正确、规范运用语言文字的意识和能力,能在具体情境中有效交流沟通"。语言文字是人类社会最重要的交际工具和信息载体,学生运用语言讲述故事的目的是与人交流。用什么样的语气,细节讲到什么程度,需要讲述者考虑在具体的语境下,对不同的人讲述所含的不同的变化。学生不仅要能讲述这个故事,还要能清楚讲述的目的,这样才能丰富儿童讲述故事的语言经验。

四年级上册的小古文《精卫填海》一课,课后要求学生"结合注释,用自己的话讲讲精卫填海的故事"。有教师这样创设语境:有外国友人看到我们国庆阅兵式上"新时代、新天津"的彩车上有精卫鸟,他们感到很好奇,不知道这只小鸟有什么故事,为什么会出现在彩车上。请你结合今天学习的小古文,给外国友人讲一讲关于这只鸟的故事。一位学生绘声绘色地讲述,还不忘询问对方:这里你能听明白吗?直到扮演外国友人的教师点头表示肯定,才继续说下去。最后该学生告诉"外国友人",虽然精卫鸟在强大的大海面前显得很脆弱,但它百折不挠的形象却一代一代流传下来,直到今天,我们中国人骨子里依然有着精卫鸟不怕困难、勇往直前的精神。这样的讲述获得在场师生热烈的掌声及"外国友人"的连声称赞。这种有对象感的语境创设不仅能激起学生讲述故事的热情,还能提升学生民族文化自豪感,充分感受小古文的魅力,丰富了学生讲述小古文故事的语言经验。

笔者曾进行多年的"微写作"实践研究,用化整为零的方法提高学生语用能力。如动作描写,从准确使用动词开始,接着分解小动作,练习三个以上连续动作描写,最后要求描写生动形象,具有画面感。再如语言描写,从对话要有提示语开始,接着提示语分解为动作、神态、语气,然后注意提示语位置变化,最后要求写出能表现人物特点的语言。在对统编教材进行单元整合的过程中,笔者与团队教师启动了"跟着教材学写作"项目,如学习了《白鹅》,尝试用对比的手法写一段话;学习了《开国大典》,尝试用点面结合的方法写一个场面等。诸如此类,学生在进行多次有目标、有计划的练习后,语言运用能力与对照班级学生相比,有大幅度提高。可也有个问题困扰着项目组教师:尽管学生掌握了写法,却不知道各种方法什么时候用,用到什么程度,以致"微写作"表现良好的学生,在整篇习作练习时表现仍不够出彩。其实,不能学以致用的根本原因就在于学生仅仅提高了语用能力,却没有丰富自己的语言经验。

总之,丰富儿童的语言经验作为义务教育阶段语文课程的重要内容,与学生语文核心素养的发展相辅相成。儿童语言经验的发展应在与人沟通交流的过程中不断积累。儿童在语言发展过程中,应逐步学会整理自己的语言资料库,促进个体语言经验的形成。教师要鼓励学生在不同的学习生活语境中运用习得的词语,选择准确的句式沟通,并尝试有创意的表达,这个过程就是学生读写经验丰富的过程。

第二节 培养儿童高阶思维

根据布卢姆《教育目标分类学》中的认知领域理论,人们习惯上把"认知过程"中的"记忆、理解、应用"归于低阶思维,把"分析、评价和创造"归于高阶思维。提升学生思维品质是语文教学不懈追求的目标,其中发展高阶思维是当下对创新型人才培养的具体要求,而整合读写内容是培养高阶思维的重要途径。整合读写内容指:教师根据课程标准以及学生的发展需要,遵循语文教学的规律,按照一定的主题针对语文教材补充阅读材料,用不同的方式进行重组,引导学生开展"创意读写"。笔者及团队教师在教学实践中做了以下尝试,探索培养学生高阶思维的途径。

一、延伸式整合,培养思维的深刻性

延伸式整合是指把语文教科书中的节选文章片段与原文或原著整合,也就是将课文放到原文或原著中学习。这种整合方式可以培养学生思维的深刻性。统编小学语文教材中有不少课文节选自小说,如《芦花鞋》节选自《青铜葵花》,《祖父的园子》节选自《呼兰河传》,《草船借箭》节选自《三国演义》等。如果教学时不把课文置身于整本书中,那么不管是对人物形象的认识,还是对小说语言特色的理解,都将是"只见树木不见森林"。延伸式整合既能准确把握课文内容,又能推动整本书阅读,促进学生思维的深度发展,可谓一举多得。

以《少年闰土》一课教学为例,很多教师往往从文章开头的"月夜刺猹图"开始,突显出少年闰土机智勇敢的形象,然后从"盼望闰土、看见闰土"娓娓道来,

最后在"从此没有再见面"戛然而止。如此教学只是囿于教材内容,留给学生的是闰土少年时可爱的人物形象。教学仅停留在体验"童趣"的层面是不够的,还应上升到鲁迅精神与鲁迅文化的层面,这样才能充分彰显鲁迅作品的文学价值。

为了引导学生思考人物形象的意义,学会联系时代背景去分析人物,培养学生思维的深刻性,笔者将本课教学与小说《故乡》中的相关内容进行整合,设计了三个教学环节。第一环节:学完课文请学生猜测"我"后来再见闰土会是什么时候,那时闰土可能是什么样,动笔描写闰土的外貌。第二环节:出示中年闰土的文字描写,"这来的便是闰土。虽然我一见便知道是闰土,但又不是我这记忆上的闰土了。他身材增加了一倍;先前的紫色的圆脸,已经变作灰黄,而且加上了很深的皱纹;眼睛也像他父亲一样,周围都肿得通红,这我知道,在海边种地的人,终日吹着海风,大抵是这样的。他头上是一顶破毡帽,身上只一件极薄的棉衣,浑身瑟索着;手里提着一个纸包和一支长烟管,那手也不是我所记得的红活圆实的手,却又粗又笨而且开裂,像是松树皮了。"请学生阅读并思考,讨论交流:闰土哪些变化出乎你的意料,却又在情理之中呢?第三环节:出示《少年闰土》的结尾,"阿!闰土的心里有无穷无尽的稀奇的事,都是我往常的朋友所不知道的。他们不知道一些事,闰土在海边时,他们都和我一样只看见院子里高墙上的四角的天空。"再出示《故乡》的结尾,"我只觉得我四面有看不见的高墙,将我隔成孤身,使我非常气闷;那西瓜地上的银项圈的小英雄的影像,我本来十分清楚,现在却忽地模糊了,又使我非常的悲哀。"讨论:两处结尾都提到了"高墙",意思一样吗?最后推荐学生去阅读原文《故乡》,阅读短篇小说集《呐喊》,会有更多的发现。

通过这样的引领,学生的思维不再"肤浅化",能跳出"童趣",站在更大的空间,从历史长河的角度充分感受闰土这一艺术形象,了解闰土的不幸命运,也对那个时代这一类人的共同命运有所思考。延伸式读写整合,就是这样将课文放入原有文本的结构中,那是一个更为厚重的结构框架,让学生在读与写的过程中跳出课文本身,产生更多思考,逐渐逼近作品的思维逻辑结构。于是,学生的思维经历了从点到线,由一个情节延伸到整本书阅读,从认识一个人物到对整本书的思考,思维的深度得以拓展。再如从课文《草船借箭》到《三国演义》的阅读,从《景阳冈》到《水浒传》的阅读,开展丰富的延伸式读写实践活动,研究最著名的战役,分析最喜欢的人物等,同样受到学生的欢迎。

二、连线式整合,培养思维的系统性

连线式整合是指选取几个关键学习内容,这几个关键点可以形成一条线,最终形成对某类作品较为完整的认识。这种以点带线,最终形成面的整合式读写,事实上是一种专题式学习。学生通过学习某一作家在不同历史时期的作品,或者对同一时代不同作家某一类型的作品进行组合式学习,对那个时代的发展,对那个作家的思想,将有着系统的认识,从而培养了思维的系统性。

统编小学语文教材中选取了不少陆游的诗歌,我们在教学五年级《古诗三首》时,把其所写诗歌《卜算子·咏梅》《关山月》《秋夜将晓出篱门迎凉有感二首·其二》《十一月四日风雨大作》《示儿》整合在一起。这五首诗歌是陆游不同时期的作品,它们既能反映陆游个人发展的轨迹,又便于学生梳理出南宋的发展脉络,通过作品将作家与时代紧密联结,让学生深刻感受到诗人的爱国情怀。

学生从《卜算子·咏梅》"零落成泥碾作尘,只有香如故"中感受到诗人壮年时期力排众议,坚持抗争的精神,这是诗人坚贞不屈高贵品格的真实写照。读《关山月》中的"遗民忍死望恢复,几处今宵垂泪痕",感受诗人知天命之际被罢黜官职,仍对身处沦陷区的百姓在水深火热之中煎熬的同情。再读《秋夜将晓出篱门迎凉有感二首·其二》中的"遗民泪尽胡尘里,南望王师又一年",看到中原已沦陷整整65年了,那里的百姓已经哭干了眼泪,诗人已过花甲之年,感到极其悲愤。又从《十一月四日风雨大作》中"夜阑卧听风吹雨,铁马冰河入梦来"的诗句,感受将至古稀之年的陆游仍想投身抗战、为国雪耻,然而他不为朝廷重用,只能空怀壮志,于是他把这种豪情壮志放到梦境之中。直至《示儿》这首诗,学生看到一位耄耋老人在临终之前交代遗言,希望"王师北定中原日,家祭无忘告乃翁",至此诗人浓浓的家国情怀表现得淋漓尽致。

经过几首诗的"连线",学生清晰地感受到诗人在不同时期或渴望、或担忧、或悲痛、或失望的心情,然而始终不变的就是那颗拳拳爱国心,从而意识到陆游的诗歌创作情感与其个人的命运以及社会环境密切相关。北宋的遗民"又一年"没有盼来王师,陆游的子孙也没能"家祭告乃翁",过了65年,南宋被元朝所灭亡。为何南宋朝廷显得如此无能?此时,我们出示南宋诗人林升写的《题临安邸》,请学生读后思考,写下感受。学生这才明白北宋的遗民不仅是被遗留,更是被遗忘、被遗弃了。南宋的王师、南宋的皇帝和官员居然还沉醉于西湖歌舞之中,他们醉生梦死,让北宋的遗民苦苦期盼,最终导致灭亡。悲剧就是偏安一隅、苟且偷生的南宋统治者自己一手造成的。最后向学生推荐,那个时代不仅有陆游,还有"至今思项羽,不肯过江东"的李清照,有"醉里挑灯看剑,梦回吹角连营"的辛弃疾,有"人生自古谁无死,留取丹心照汗青"的文天祥,有"怒发冲冠,凭栏处"的岳飞等。

总之,连线式读写整合在多个散点之间形成紧密的联系,最终得出结论,防止思维的"碎片化"。若学生只从孤立的信息中形成观点,则不利于系统性思维的发展。学生将同一事物的不同阶段前后联系起来分析,思维将更加严谨缜密。正如上述案例所呈现的那样,学生对陆游、对南宋爱国诗歌的认识,将更加全面。这样的读写整合,旨在引导学生不要站在局部看问题,而是要用整体的观念去认识问题,让思考更深入,从而有效培养思维的系统性。

三、比较式整合,培养思维的批判性

比较式整合是指将一组同类型文章整合在一起,选取某一个角度进行比较,开展探究式学习。它以小组合作学习为组织形式,以任务链为教学策略,以相近的点为突破口,发现内容之间的内在联系,让学生进行比较和分析,写下自己的观点与评价,从而掌握学习的基本规律,发展思维的批判性。

以《穷人》这篇微型小说的教学为例,笔者在教学时补充《爱之链》《哦!冬夜的灯光》等小说,开展比较式读写整合,希望学生能够在同类作品阅读的基础上,对这类小说的主题构思以及表现手法进行比较分析,从而感知微型小说的特点。具体有如下步骤:课前将补充的微型小说发给学生,请学生在预习环节思考教师为什么要将这三篇文章放在一起共学,通过自主比较生发问题意识。从课堂反馈来看,他们能找到几篇文章的共同点,体裁上都是微型小说,内容上都是讲了有关穷人的故事。接着引导学生发现这三篇文章中的穷人分别来自俄国、美国、英国,为了表现他们的穷困,作者在写法上有什么不同呢?接着引导学生关注三篇文章的结尾处,分别是"我们,我们总能熬过去的""一切都会好起来的,亲爱的,乔依……""可是我绝不感到孤独,那种感觉就像在黑暗中经过灯塔一样",从中分析穷人还有什么共同地方,他们真的很穷吗?学生得出结论:一个人倘若失去了善良、勤劳和希望,那才是真正的穷人。最后请学生以小组为单位,围绕"穷"与"不穷"写下自己想法,凝练出观点。

一般来说,学生初读这三篇文章时不会觉得自己有什么读不懂的地方,如果一定要让其提出问题,很可能造成无病呻吟。如何帮助学生从"知道"到"不知道"呢?我们抛出的问题"为什么把这三篇放一起集中学习",是为了让学生反思自己的"阅读初感",对照文本的结构框架与描写细节,开启自己的发现之旅。虽然这三篇微型小说的作者来自不同国家和不同时代,然而通过比较式读写整合,学生能发现共同点与不同点,接着进行评价分析和抽象概括,发现问

题,寻找线索,逻辑推理,最后成功解决问题。在这个过程中,学生的思维被激活,不再满足于对人物"标签化"解读,也不再表现为单纯寻找阅读理解的答案,他们更重视阅读过程的感受与体验,阅读思维有效突破"概念化"模式。

学生在阅读过程中用比较的方式产生疑问,接着讨论问题,寻找证据,最终进行评估,得出结论。批判性思维贯穿阅读始终,这就是批判性阅读。批判性阅读是一种积极的阅读活动,它强调阅读主体向文本敞开心智,将自己的知识积累和个体经验融入阅读过程,基于坚实的证据、严密的推理来感知、诠释和评价文本,建构有意义的结论。比较活动有求同比较和求异比较两个方向,其中求异比较是科学哲学的核心理念。在批判性思维教学中应该注意引导学生进行求异比较,尤其是同中求异的比较。上述案例正是遵循这样的规律,先进行求同比较,找出几篇文章的共同点,再进行求异比较,比较作者写法上的不同,最后找寻它们背后的共同之处。

总之,比较式读写整合是引导学生横向思维的有效方式,能够让学生认识到不同文章有各自的特点,但也能找到共同点,在比较异同之中把握共性与个性,让思维更独到、更有批判性,从而让语文学习走向深处。

四、跨界式整合,培养思维的创造性

跨界式整合是指用整合的思维重新审视和建构现有的语文课程。这个跨界式整合有三种形式:一是语文课程内部各板块之间的界限,具体表现为阅读、写作、口语交际、识字写字、综合性学习等语文学习领域之间的整合。二是语文学科与其他学科之间的界限,具体表现为语文课程与其他学科课程之间的整合。三是语文与生活的界限,具体表现为语文课程与生活之间的整合,如阅读大自然这本书,阅读生活这本书。跨界式读写整合可以促进学生更加主动地运用语言。由于提供了不同领域之间对话的机会,更多的学生在课堂上会积极有效地参与课堂讨论,有利于培养思维的创造性。

以统编语文教材四年级观察日记为例,我们将四年级科学教科书里的观察日记——《给蚕宝宝记日记》结合起来进行跨学科读写整合。请学生先阅读科学教科书第二单元的观察日记,从中知道蚕宝宝从出生到结茧,共蜕四次皮,最终吐丝结茧,交配产卵,这几个关键期一定要仔细观察,并学会科学的观察方法,留意大小、颜色、形状、声音等变化。再结合语文教科书中的观察日记,先阅读单元课文,其中写了叶圣陶经过一段时间的观察,了解了爬山虎不断向上爬的秘密;法布尔观察了很久,终于发现了蟋蟀筑巢的全过程,以及比安基用日记的形式,记下了燕子窝的变化。学生明白了观察日记不仅要运用科学的观察方

法,还要记录下观察者当时的想法和心情。最后与美术学科相整合,为自己的观察日记配上图画,也可以与信息技术学科整合,在观察的过程中拍摄有代表性的照片,附在观察日记中。这样的跨界式整合,使学生兴趣盎然,不管是观察蚕宝宝,还是观察绿豆芽,抑或天上的云彩,可爱的小动物,他们都有自己的新发现,思维的火花不断迸现,形成各具特色的观察日记。

统编语文教材每个年级都安排了综合性学习单元,这是跨界式整合的最佳时机。以三年级综合性学习单元"中华传统节日"为例,我们发现三年级信息技术教科书中有这样一课:如何搜索图文资料并保存。于是就有了这样的探究:学生先在语文课上确定自己想要研究的传统节日,再在信息课上运用教师传授的网页搜索与文件保存方法,筛选下载有用的资料,并保存下来,最后在美术教师的指导下制作图文并茂的小报,以展示自己的研究性学习成果。此外,有教师尝试用绘本拓展课程,加入了数学阅读、知识学习、绘本创作、绘本表演等活动,改变了原来的课堂模式,拓宽了学生的学习视野,让学生的思维活跃起来。还有教师尝试把导演戏剧与文本阅读整合在一起,充分发挥学生的创造力。

跨界式读写整合中的阅读材料除了常见的本文外,还包括电影电视、照片绘画、图表符号、戏剧表演等视听材料。学生通过与阅读材料对话,获取其中的信息,了解表达的观点,并尝试用图文形式表达自己的想法。具体呈现形式丰富多样,除了常规的习作外,还应该有观察日记、实验报告、研究论文、流程说明、宣传广告等。教师应该选择位于学生"最近发展区"的阅读材料,依托各种材料精心设计丰富的读写活动,引导学生在阅读活动中创造性地使用概括、整合、演绎、推理、评价、反思等解决活动任务。这些形式多样的言语表达,让"套路化"的读写思维无处藏身。学生不断积累表达经验,丰富想象空间,拓展创意思维。

总之,高阶思维的培养关系到学生的全面发展。以上四种途径的读写整合方式,能有效培养学生的高阶思维。一是引导学生用整体的思维认识事物,看待问题;二是引导学生学会纵向比较,站在时间轴上将过去、现在与将来联系起来思考;三是引导学生学会横向比较,用一把尺子衡量事物的共性与个性;四是引导学生创造性地思考,突破思维原有的"套路"。当然,读写整合方式还有很多,不管哪种方式,都应指向儿童高阶思维的发展,只有这样才能称得上是儿童"创意读写"。

第三节　孕育儿童理性精神

建构主义者杰根认为,面向真实世界的学习才是一种"负责任的学习实践",而当前学校教育的症结恰在于"不真实性"。儿童"创意读写"是在语文实践活动中指向语文核心素养之"思维能力",指向儿童理性思维和理性精神的培养,促使儿童学会全面思考问题,学会面向真实世界。

理性思维是一种有明确的思维方向,有充分的思维依据,能对事物或问题进行观察、比较、分析、综合、抽象与概括的一种思维。简言之,理性思维就是建立在证据和逻辑推理基础上的思维方式。语文教育本质上是一种感性教育,需要语文教师具有感性的气质,充满活力和激情,还需要理性地审视,发现文本的独特价值。事实上,小学语文课堂中,师生往往沉浸于教学情境中,在语言文字的品味与运用中不断升华情感,却忽视培养学生的理性思维。下面,笔者结合统编教材三上《秋天的雨》同课异构的教学片段,分析小学语文课堂理性思维的缺失,并提出孕育儿童理性精神的对策。最后,笔者以某版本教科书中的说理文为例,谈谈小学语文说理文读写的误区,希望能给大家一些启示,在使用统编小学语文教材的过程中更好地培育儿童的理性精神。

一、小学语文课堂教学实录片段

一次省级教学展示活动,笔者及团队教师观摩了三年级上册《秋天的雨》的同课异构教学,两节课都紧扣单元要素及课后练习,以课文第 2 自然段为重点段教学,先来回顾一下这两节课第 2 自然段的教学片段:

[教学片段1]

师:为什么说秋天的雨带来了五彩缤纷的颜料呢?

生:有许多颜色。

师:有哪些颜色呢?(生读表示颜色的词语)。这里为什么用"五彩缤纷",而不用"五颜六色"呢? 自己读读这一段,你发现了什么?

生1:五颜六色有点乱。

生2:五颜六色只是颜色多,而五彩缤纷指的是颜色漂亮。

师:看着这些词,脑中浮现出怎样的画面?

生:成熟的水果你挤我碰,个个争先恐后。

师:还有哪个词让你想到了什么画面?

生:一枚枚邮票飘哇飘哇,带来了秋天的凉爽。

师:这些词让我们看到一幅幅动态的画面(出示"缤纷"的古文字,了解其偏旁,解释有动态感),现在再来看看这幅美丽的秋景,还仅仅是说它颜色多吗?

生:不仅仅是颜色多,还很美丽。

师:秋天不仅把黄色给了银杏树,把红色给了枫树,还把颜色给了谁呢?
(生写话)

生:它把米黄色给了桂花树,桂花树摇啊摇啊,引来了秋天的凉爽。

师:这位同学说得怎么样?

生:应该是摇来了秋天的香味,而不是秋天的凉爽。

师:我们先说别人的优点。这句中有颜色,有动作,说得不错。谁再来说。

师:学生们说得很好,你们都关注了句式,来看看句式的特点……

小结:这一段写了秋天的颜色。我们可以取个名字:《五彩缤纷的秋色图》。把这段背下来,这幅画就更值得回忆了。

[教学片段2]

师:我们一起来看看第2自然段,自己读一读,你喜欢其中哪一句。为什么呢?

生:我喜欢"它把黄色给了银杏树"一句。这句把银杏树的叶子比作了小扇子,很美。

师:你来美美地读读。谁再来读?

生:我喜欢"红红的枫叶"一句。枫叶像一枚枚邮票,很有意思。

师:你在朗读时看到了什么呢?

生:看到了火红的枫叶。

师:还有谁来说一说自己喜欢的句子。

生:我喜欢"果树"那句。你挤我碰。

师:它们仿佛在说什么呢?

生:快来摘我呀,又大又多汁。

师:还喜欢别的颜色的吗?

生:"菊花"这句我很喜欢,我来读给大家听。

师:读到这儿,你知道五彩缤纷的意思了吗?

生:是指有很多的颜色。

师:是呀,联系上下文我们可以理解这个词语了。一起找找第2段有哪些颜色?要特别关注这个省略号表示什么意思。

生:这个省略号表示菊花还有很多别的颜色。

师:请大家欣赏这美丽的秋天,你还看到了哪些颜色?然后仿写句子"你看,它把……色给了……,……就像……"

生:它把黄色给了菊花,黄色的菊花像一幅幅活的画,变啊变啊,变出了美丽的秋天。

师:为什么你能说得这么流畅?

生:因为我在家精心准备了。

师:下面给大家一分钟时间,小挑战,看看谁背得多。

二、小学语文课堂理性思维的缺失

两个教学片段的学习任务主要有三:一是以"五彩缤纷"为例,学习联系上下文理解词语的方法。二是想象秋天的雨还会把颜色分给谁,依照第2自然段写一句话。三是有感情地朗读课文,尝试背诵第2自然段。从两节课学生完成学习任务的过程来看,理性思维是缺失的。

(一)思维逻辑混乱

当今社会中,对海量信息的盲从,以及不和谐、不理性的社会现象泛滥,无不与思维逻辑混乱、证据意识缺失直接关联。在教学中则表现为学生把教师和书本当作权威,根本不管其中的逻辑关系。

仿写句子这一学习任务,片段1的教师没让学生明白要仿写的句子到底有什么特点,直接让学生动笔仿写。课后,执教者解释是给学生开放空间,尽可能发挥创意思维。从课堂呈现来看,只有少数几位学生获得赞许,大部分学生在短短两分钟内,来不及完成从构思到写话的过程。在学生汇报完各自的写话后,教师给予肯定,是因为都关注了句式,然后再看句式特点。显然教师的思维逻辑出现了问题。如果学生确实都关注了句式,后面再看句式特点多此一举。事实上,班上有很多学生一开始没能看出句式特点,其写话自然不符合句式特点,那这部分学生怎么办?正因为课堂上教师没有考虑学生的学习需求,导致大部分学生仿写句子的学习任务未能完成。

片段2中,教师给学生铺设两个台阶完成仿写任务,一个台阶是提供一组画面,美丽的秋景图让学生啧啧赞叹,另一个台阶是将提取出的句式呈现出来给学生。课堂上学生没有先动笔写,而是被要求直接站起来说,这是很有挑战的。从发言情况来看,似乎能把握句式特点,却是因为学生课前的精心准备。可见,教师铺设的台阶难以让学生有效仿说,两者之间缺乏思维逻辑。

寻找证据支持是理性思维的重要表现。要培养学生尊重事实和证据的严谨态度,教师首先要尊重其学习的事实和证据,才可能有效培养其理性思维。如果教师想当然认为学生应该学会,而不顾实际情况,这种混乱的思维逻辑将使大多学生手足无措。

(二)思维缺乏反思

在中小学语文课堂上,有许多学生不善反思,具体表现为不会分析评价别人的回答,不易发现学习过程中存在的问题,更没有习惯总结自己成功的经验与失败的教训,渐渐养成了以记忆为主的被动学习方式,这与教师的引导有较大关系。

片段1中,教师让他人来评价某位同学说得怎么样,有意识培养学生的评价反思能力。当有一位女生建议把"引来了秋天的凉爽"改为"摇来了秋天的香味",应得到赞许。这位女生的语感特别好,一个"摇"字与前面"摇来摇去"相呼应,最妙的是把"秋天的凉爽"改为"秋天的香味",让人仿佛感觉到一阵秋风吹来,浓烈的桂花香沁人心脾。但教师对这样精彩的修改无感,一句"我们要注意先说别人的优点"如一盆冷水,浇灭了学生创意的火花。教师要求该生要先说别人的优点,然而自己却没能先评价该生的优点。缺乏反思精神的教师,也很难提升学生思维的批判性。片段2中,当教师询问学生为什么能把句子说得这么流畅时,原本期待学生说自己准确把握句式的特点,不料三年级学生童言无忌:因为在家精心准备了。这不免让教师尴尬。会反思的教师应该想想为什么学生不能在课堂上准确把握句式的特点,而要借助回家后的精心准备?在教育减负的背景下课堂学习效率何在?

语文教师在教学实践中引导学生进行批判性分析时,既要看到学生的优点,也要看到其不足,更要引导学生关注是怎么想的,了解其思维过程。否则无法提升学生的思维品质,更难发展其理性思维。

(三)思维目的不清

思维的根本特点是目的性,即从问题开始,围绕完成某个任务展开。以完成第一个学习任务为例,片段1中的学生已理解"五彩缤纷"是指有许多颜色。教师顺学而导,引领学生一起找到具体有哪些颜色,从而验证学生的判断是正确的。相比较,片段2中的教师没有关注到学习起点,只是让学生直接找自己喜欢的句子,最后来说说自己是否理解了"五彩缤纷"。这个过程没有指向学习联系上下文理解词语的方法,因此学生最终只是理解了"五彩缤纷"的意思,而没学到方法,这样的活动安排就是思维目的不清晰的表现。

在片段1中,教师试图让学生理解"五彩缤纷"不仅指颜色很多,还指这些颜色看起来非常漂亮。该学习目标符合学情,然而安排的学习活动却让学生找不到思维的方向。为什么不用"五颜六色"而用"五彩缤纷"?这个问题难以回答。当有学生发现"五彩缤纷"不仅指颜色多,而且指更漂亮时,教师急不可待地将课件上表示动作的词用红色字展出,问学生脑海中浮现出怎样的画面。从学生的叙述来看,画面似乎动了起来,却失去了颜色。"五彩缤纷"首先是颜色丰富,最后才是动态的美,然而这里为了强调动态美,已经把颜色美抛到一边。最后教师提出"这幅美丽的秋景还仅是说它颜色多吗?"点出它不仅仅是指颜色多,还表达了很美丽。绕了一圈,回到理解的原点,教师未能带领学生完成既定的学习目标。

在开展学习活动过程中,思维目的模糊必然导致理性思维的缺失。教师应当引导学生明确解决的问题是什么,用什么方法让学生把握思维的方向,减少思维的盲目性。

三、小学语文课堂培养理性思维的对策

针对小学语文课堂理性思维的缺失,需要教师特别关注理性思维的三个重要特征,即推理严谨、反思深刻、目的明确,这样才能培养学生的理性思维。

(一)发展学生思维,以逻辑思维为重点

思维的发展和提升是语文核心素养的重要组成部分。思维可以分为直觉思维、形象思维、抽象思维、逻辑思维、创造思维等。理性思维更多的是指后三类,其中逻辑思维的发展是重点,一个没有逻辑思维的学生,其阅读表达必定是杂乱无序的。

以《秋天的雨》为例学习联系上下文理解词语的方法,先要了解学生对"五彩缤纷"是怎么理解的。根据学生的直觉思维,"五彩缤纷"就是五颜六色,表示颜色很多。接着到第2自然段中去寻找相关的颜色,可以圈画出七种表示颜色的词语。再请学生想一想,只有这七种颜色吗?文中有一处省略号省略了更多的颜色。学生一步步感受到秋天色彩很丰富。理解"五彩缤纷"的过程与方法总的而言,即先猜一猜,再到文中寻找证据,证明或修正自己的理解。这就是联系上下文理解词语的方法。

学习至此,只是完成了对"五彩缤纷"第一层意思的理解。那如何理解这个词不仅指颜色多,而且还很美呢?先让学生选择喜欢的颜色,朗读相关句子,想象相应画面,读出喜爱之情。再想象画面中下了一场秋雨,刮来一阵秋风,树

叶、稻田、果实、菊花等又是怎样的情景？在朗读中感受这一幅幅动态的画面。最后以这一自然段的中心句小结：难怪作者一开始就说，秋天的雨，有一盒五彩缤纷的颜料呢！出示相应的图画让学生赏析，以验证并丰富自己头脑中想象的画面。

这样层层推进、步步为营的理解，学生不仅学会联系上下文理解词语的方法，对秋天的五彩缤纷也会有更深刻的理解。学生欣赏画面，反复朗读有关句子，背诵也就水到渠成，避免了课堂上安排学生两分钟背诵的尴尬训练。

从感知到理解，从色彩到动画，从朗读到背诵，从过程到方法，都要有缜密的逻辑思维。语文教学要基于儿童的视角，从儿童的思维特点、认知水平、思考习惯、知识经验等出发，培养其正确的思维程序和科学的思维方法，让其触摸到抽象的逻辑思维过程，学会思维并运用思维，从而促进思维的发展。

（二）提升思维品质，以批判思维为核心

一般来说，可以提升的思维品质有思维的灵活性、敏捷性、系统性、深刻性、批判性和创造性。理性思维更多的指向后四种。许多专家学者相信批判性思维能力是个体适应信息化的社会以及发展创新能力必备的核心能力。对批判性思维教育的关注正逐渐从高校扩展到基础教育领域，培养学生的批判性思维能力成为中小学教师所应该掌握的一项重要的教育技能。学生要在分析评价的基础上得出自己的观点，再进行比较鉴别，最终得出自己的结论。

以仿照《秋天的雨》第2自然段的句式写一句话为例。首先，分析这样的句式有什么特点。"它把黄色给了银杏树……"与"它把红色给了枫树……"这两句话有什么共同特点？共同特点就是需要提取归纳的句式。其次，教师可以出示仿写的句子让学生评价。如：秋天的雨把紫色给了葡萄，摇呀摇呀，摇来了丰收的喜悦。经过比较，学生发现仿写的句子中缺少"……像……"的内容，再试着补上：一串串葡萄像紫色的玛瑙。再次，让学生观察秋景并展开想象，秋天的雨还把什么颜色给了谁。让能力较强的学生先说，大家评价修改。最后，学生动笔写话，全班交流，才会呈现这样的精彩：秋天的雨把粉色给了牵牛花，粉粉的牵牛花像一个个小喇叭，吹呀吹呀，吹来了秋天的凉爽。

课堂上教师要把学生的批判思维放在核心位置，给予学生分析评价的机会，让学生学会评价反思。反思是批判性思维的重要特质，也是批判性思维的本质。学生仿写他人的句子通过评价反思，尝试修改，这就是批判思维闪现火花的时刻。教师要善于捕捉并创造这样的良机，对于评价修改出色的学生要给予大力表扬，切忌冷言冷语。长期坚持下来，学生思维的批判品质才有可能大幅提升。

（三）注重高阶思维，以创造思维为目的

根据布鲁纳的认知理论，人类认知思维可以分为记忆、理解、应用、分析、评价、创造。前三个属于低阶思维，后三个属于高阶思维。理性思维是人类思维的高级形式，培养理性思维，就是注重培养学生的高阶思维，其中培养学生的创造思维是最终目的。

《秋天的雨》第2自然段学完后，能否运用联系上下文理解词语的方法，去理解文中难理解的词语呢？教师要有意识地给予学生应用方法的机会。如文中"勾住"这个词，可放手让学生联系上下文理解。这个词在日常生活中常指衣服被什么勾到、拽住，在文中显然不是此意，而是指小朋友被水果的香味勾住，即被成熟的水果香味吸引住了。可以请学生先谈谈自己闻到水果的香甜气味时会有哪些表现？学生会用力嗅、亲口尝、流口水、驻足看等。这时候教师再适时提问："你们想离去吗？""当然不想！"学生自然就理解了文中"勾住"的意思。

如果说运用方法理解词语是一种再创，那么仿写句子的原创显得更加可贵。现场归纳句式并仿写，对三年级学生有些困难。其实这里"照样子写一写"，更多的是希望学生能展开想象的翅膀，想象秋天的雨还会把什么颜色给谁，在秋风秋雨中又是什么样子？以记忆为主的低阶思维主导下的所谓仿写，与教材要求的仿写初衷大相径庭。其实，学生的想象只要有秋雨带来的颜色，有个性的想象，让人头脑中出现秋天的画面，都应该给予充分肯定。如"秋天的雨把紫红色给了菊花，菊花跳啊跳啊，跳来了众人的围观。秋天的雨把金黄色给了稻田，金黄的稻谷像一串串珠宝，带来了丰收的喜悦。"课堂上有这样创造性的表达，教师都应给予肯定。如果机械评价学生模仿的句式不对，将不利于培养学生的创造性思维。

总之，小学语文教师在备课过程中，要对有关教学环节多思考、多预设，斟酌其对学生理性思维的培养和提升是否恰当，进行有针对性的教学。唯有此，儿童理性精神才能在"创意读写"活动中孕育成长。

四、小学语文说理文读写的误区

说理文的目的在于设法说服对方接受自己的观点、见解和主张。在日常工作与生活中，说理文的应用主要有三大方面：一是撰写论文，二是演讲稿，三是诉状辩护。对大多数人而言，很少遇到这几种应用场景，故对说理文的重视程度并不高，从入选教材的文章比例来看，说理文只占总篇数的4%左右。

虽说思辨不是说理文的专利，但说理文在促进学生的思维的发展与提升方面，确实有举足轻重的作用。事实上，部分教师教学说理文，仅局限于文章讲了什么"理"，是怎么把这个"理"讲清楚的，鲜有提及思维能力的培养和训练，至于这个"理"讲得对不对，是否讲清楚，鲜少提及。笔者试图解析某版本说理文阅读与写作中的误区，期望说理文的"理"能说得更有理。

（一）剪不断理还乱，似是而非——标题

该版本三年级下册习作七是第一篇说理文写作，要求为：在我们周围，经常发生各种各样的事儿。你对哪件事儿想发表一下自己的看法？想好了再写下来。教材中提供的例文《保护蜻蜓》是一篇典型的说理文，文章开头说自己看到小朋友捉蜻蜓的现象很痛心，中间部分写蜻蜓捉害虫的功劳大，文章结尾再次强调要保护"除害飞行家"蜻蜓。一般来说，小学阶段说理文的题目即是作者的观点，如《学会合作》等。这篇例文也是如此，然而这篇例文的问题恰恰出在标题上。

为什么"保护蜻蜓"这个观点有问题呢？例文的逻辑关系是因为蜻蜓捉害虫，所以要保护蜻蜓。乍看这个推理没有问题，可是追问一下，如果说要保护蜻蜓，该如何保护呢？回答通常是不要捉蜻蜓，不要伤害蜻蜓即可，不可能采取建立蜻蜓生态保护区、促进蜻蜓繁衍成功率等保护举措。所谓的保护蜻蜓其实就是不要伤害蜻蜓。故文章的题目应为《不伤害蜻蜓》，这才是作者的真实观点。

笔者在这里不是咬文嚼字，玩语言游戏，而是希望大家明白"不伤害蜻蜓"与"保护蜻蜓"的含义是不同的。这里涉及的并不仅是两个概念，而是两条规则的表达。正如某所学校的学生在这所学校没有受到直接的伤害，就能断定这所学校保护学生的举措很到位吗？不能。准确地说，"不伤害蜻蜓"是"保护蜻蜓"的前提，后者是前者的升级。若是认为"不伤害蜻蜓"就是"保护蜻蜓"，则是夸大了当事人的功劳；若是认为"保护蜻蜓"就是"不伤害蜻蜓"，则是弱化当事人的责任。如果打着"保护蜻蜓"的旗号，却只是"不伤害蜻蜓"的作为，则既夸大功劳，又推卸责任，这显然不妥。

为了让学生准确表达自己的观点，笔者认为在教学时宜快刀斩乱麻，教给学生两种方法。一是自我追问法：追问为什么要这样，怎样才能实现。例如，有学生觉得要保护水资源，先追问为什么要保护，因为地球上水资源很匮乏，再追问怎么样做才能保护水资源，是不污染水资源，还是多栽树，让植被净化水资源呢？第二个问题三年级学生很难说清。这类自己都难理清的就不要写成说理文了。二是联系实际法。论述的观点在实际中能做到什么程度,这是准确表述观点的重要方法。例如:是爱惜粮食还是不浪费粮食?想一想自己生活中是怎么爱惜粮食的?如果仅仅是把自己盛的饭吃完,而不是把洒在桌上的饭粒也吃掉,更不是将电饭锅里每一颗饭粒都盛进碗里、吃进肚里,那么"不浪费粮食"这样的观点表述更符合实际情况。再比如:是节约用水还是不浪费自来水?想一想自己在生活中是如何节约用水的,洗澡的时候"莲蓬头"里的水是一直哗哗流,还是视情况放水?冲马桶是利用生活污水,还是直接用马桶水箱里的水,水箱里是否放两块砖以减少每次冲水量?饭前便后洗手时是把自来水放得小小的,够用就行,还是放水比较随意呢?这样联系实际不仅能准确表达自己的观点,更能让学生实事求是、尊重实际,避免唱高调。

(二)无言独上西楼,说也难休——推理

说理文一大重点内容是要把这个"理"说清楚。该版本小学语文教材在四至六年级共有五篇说理文,加上三年级新国标本教材刚入选的两篇,一共七篇。这些说理文有没有把"理"说清楚呢?现重点分析一下三年级新入选的说理文。

该版本三年级有两篇说理文,分别是三上第23课《珍惜自己》和三下第23课《这不仅仅是个人修养》。三上《珍惜自己》作为小学阶段的第一篇说理文,主要讲了为什么要珍惜自己和怎样珍惜自己。怎样才是珍惜自己呢?文章列举了几条,其中一条是"热爱学习就是珍惜自己。"有些热爱学习的人废寝忘食,因此影响到身体健康,能说这样是珍惜自己吗?显然,"热爱学习"不是"珍惜自己"的充分条件。反过来说,珍惜自己的人一定是热爱学习的吗?回答也是否定的。也就是说,对于不热爱学习的人,不能判断他们是不珍惜自己的。一个人可能不热爱学习,但其特别注重保养、注重健康、注重情绪,难道这不是珍惜自己吗?故"热爱学习"也不是"珍惜自己"的必要条件。既然"热爱学习"不是"珍惜自己"的充分或者必要条件,那么"热爱学习就是珍惜自己"这样的命题就是伪命题。推理应是严肃的,不能进行想当然的臆断。文中还有一句话:珍惜自己绝不是自私自利,不关心他人。这句话的意思是珍惜自己是大公无私,关心他人。这也是经不起推敲的。其实"珍惜自己"与"大公无私、关心他人"是两个截然不同的话题,用跳跃的思维硬是把两者联系在一起,看起来振振有词、立场鲜明,实际缺少逻辑,思维混乱。三下第23课《这不仅仅是个人修养》主要讲了节约是中华民族的传统美德,在今天,被赋予了新的意义。重点论证了为什么要节约及怎样节约。其中怎样节约提出了两点建议,一是节省不必要的开支,不铺张,不浪费。二是要物尽其用。其实现实生活中,大多数普通人都能做到这两点,穷人自不必说。什么样的人会奢侈浪费,不能物尽其用呢?例如一辆豪车开不到十年,行驶正常,也会再换一辆;一个名牌拎包不够,要买很多个搭配衣服用;甚至房产也购上数套,宁愿空置也在所不惜。答案显而易见,一定是相对富裕的社会精英阶层。文章最后揭示谜底:节约不仅仅是个人修养的表现,更是社会文明的表现。按照这个推理,那些奢侈浪费的社会精英阶层是最没有个人修养,最不能代表社会文明的阶层,显然这样的推理是不严密的。笔者认为,节约作为中华民族的传统美德,在新时代被赋予的新的意义应该是节制。消费水准与自己的收入水平相匹配,就是有节制的表现。若收入水平一般,还非要和高收入人群比消费,那才是不和谐现象,会出问题的。对于学生而言,应该不浪费家校提供的一切资源,有节制地使用,无须攀比。

总之,说理文从已知的前提出发,经推理最后得出结论,所列举的事实与结论一定要相匹配,经得住推敲。否则,说理将沦为自说自话式的"梦呓",不能引起大家共鸣,难以令人信服。如该版本四上《说勤奋》一文的结论:"只有一生勤奋,才能有所作为,才能对人民、对社会作出应有的贡献。"五上《滴水穿石的启示》一文结论:"我们要铭记'滴水穿石'给予我们的启示:目标专一而不三心二意,持之以恒而不半途而废,就一定能够实现我们美好的理想。"这两个结论都用了条件关系的关联词。前者使用"只有……才……",表示"一生勤奋"是"有所作为,作出贡献"的必要条件,而不是充分条件,即不勤奋的人很难有所作为,也不能作出应有的贡献。后者使用"只要……就",句中省略了"只要",表示前半句是后半句的充分条件。然而如果理想过于远大,受到其他多个条件的制约,是不可能实现的。从推理的缜密逻辑出发,五上《滴水穿石的启示》一文结论应该改为:"我们要铭记'滴水穿石'给予我们的启示:只有目标专一而不三心二意,持之以恒而不半途而废,才能实现我们美好的理想。"

(三)寂寞梧桐深院,何以相佐——论证

说理文要求运用典型的事例,进行合理的论证,让读者认同文章强调的"理"。如果事例选择不当,或者论证不合理,都将导致"理"的缺失。

正反论证是一种常见的论证方式,在该版本小学教材中首次出现在五上《滴水穿石的启示》中。文章为了突出太极洞里的水滴目标专一、持之以恒,用雨水作为反例来论证。文中有关雨水是这样描述的:"我们知道,雨水是以很快的速度从高空落下来的,它的力量肯定比太极洞里的水滴大得多,但它却不能把石块滴穿。这是什么原因呢?因为它没有专一的目标,也不能持之以恒。"由此得出结论:"目标专一而不三心二意,持之以恒而不半途而废,就一定能够实现我们美好的理想。"事实上，大自然的雨水与太极洞的水滴没有可比性。尽管它们看起来都是下落的水滴，却没有可比性，因为缺少共同的参照系。大自然的雨水如果有理想，应是滋润世界万物，让地球充满绿色与生机，而太极洞水滴的理想是滴穿顽石。两者不存在共同的理想，无法比较优劣。其实如果非要比较，雨水的理想反而显得更加高尚，其发挥的作用更大，造就的世界奇观更多。文中硬是用太极洞水滴的"长处"和大自然雨水的"短处"相比，进而贬低后者，这样的论证没有说服力。应该换例子，重设两个角色：一开始都有着共同的目标与梦想，后来其中一个角色目标专一、坚持不懈，另一个角色三心二意、半途而返，最终前者取得了不起的成就，后者碌碌无为。这才是更有说服力的正反论证。

小学阶段的说理文似乎都与成功有关。例如，《说勤奋》——只有勤奋，才能成功；《滴水穿石的启示》——目标专一、坚持不懈，就能实现理想；《学与问》——要在学中问，在问中学，才能取得更大的成绩；《学会合作》——要学会合作，才能有更大的成就。勤奋、目标专一、坚持不懈、勤学好问、善于合作，这些都是成功的必要条件吗？有没有例外呢？取得成功还有哪些要素呢？这些关于可证伪性的讨论有助于学生批判性思维的形成，助其形成不唯上、不唯书、不唯师、只唯实的思考习惯，从而使论证更具体，更有说服力。如果没有关于可证伪性的讨论，学生将只能接受别人的"理"，而缺乏自己的"理"，不落实地，缺少生趣。

当然，在文学作品中有许多文学性表达，特别是抒情性表达，是没有必要"考据"的。他说"我的血管连着他的血管"，这样的表达和身体结构无关；他说："我饮下满杯的相思"，这和饮酒无关；他说："我将在银河覆舟而死"，这和天文知识无关。然而说理文的"理"是必须要"考据"的。上述三种误区由来已久，笔者希望有更多的人来思考小学说理文的"理"，同时期待统编小学语文教材中，说理文的写作与阅读能够规避这些误区。

第四节 促进儿童全面发展

教育的根本目标就是要使学生成为一个完整意义上的人。换言之，教育应着眼于学生的生命的成长。故儿童"创意读写"应着眼于学生的言语生命的成长。尊重学生的个性表达，对学生在言语习得过程中遇到的困难给予切实的帮助，这亦是保护和发展学生的创造力，让他们在言语实践中发现完整意义的言语生命的过程。下面以习作"小小'动物园'"为例,谈谈如何在言语实践中促进儿童全面发展。

"小小'动物园'"是统编教材四上习作二的内容,要准确把握本篇习作的教学目标与内容,必须先了解小学中学段写人类习作的编排序列。中学段统编教材中,每学期都有一篇习作。三上习作一"猜猜他是谁"要求选择一个同学,用几句话或一段话写一写他,让别人读了能猜出他是谁。三下习作六"身边那些有特点的人"要求抓住一个人的特点写。四上习作二"小小'动物园'"写自己的家人和哪种动物比较像,什么地方像,给家里每个人写上一段。四下习作七"我的'自画像'",写清楚外貌、性格、爱好、特长,可以用事例来说明。

可见,中学段写人类习作从篇幅角度来看,是从三上写一段话到四上写几段话;从内容角度来看,是从三上写出人物的特点,到三下写清楚人物的特点,再到四下通过具体事例来突显人物的特点。故四上习作二"小小'动物园'"的定位是让学生针对每个家人写一段话,展开想象,用几句话写清楚家人的特点。

一、大胆想象,孕育方法

爱因斯坦曾说:"想象力比知识更重要。"想象,是创造的嫩芽。要开发儿童创造的潜能,第一要义就是培养他们的想象力。新课标各个学段都重视写作中的"想象",如第一学段要求写"想象中的事物",第二学段要求能"不拘形式地写下自己的见闻、感受和想象",第三学段要求写"想象作文"。其实学生天生就有很强的想象力,关键是营造氛围,注重激发。

课前让学生看各种各样的动物,唤醒大家对动物的印象。有的学生喜欢的是动物的外形,有的学生是对动物的叫声感兴趣,更多的学生是对动物的性格特点印象深刻。再出示例句和配音,提醒学生其实我们每位同学都生活在一个小小"动物园"里。

小兰说:我的爸爸胖胖的,很憨厚,像_____。(一只熊)

小红说:我的姐姐游泳特别好,在水里像_____。(一条自由自在的鱼)

小明说:我的爷爷很有威严,就像_____。(一只大老虎)

对于写人的文章,学生经过三年级的练习,都知道要抓住人物的特点。这几句话不仅抓住了人物的特点,还展开大胆的想象,把人物和某个动物联系起来,让学生感觉很有趣。在此基础上,请学生展开想象,把自己的家想成一个小小"动物园",家里都有哪些动物呢? 在家人名称的旁边写上动物的名字(如图2-1),再像例句那样用一句话写清楚一个人的特点。

```
         爸爸      妈妈
              ↖ ↗
           "动物园"
              ↙ ↘
         ……       我
```

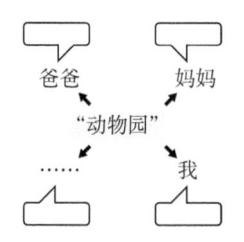

图 2-1　小小"动物园"导图

教师有意识地培养学生的再造想象力,先用贴近学生情感的动物唤醒他们深睡的心灵,唤起学生对动物的深刻印象。再用例句激发学生的想象,让学生再现丰富的生活情景。最后像例句那样写一句话,有效降低了写作难度。学生觉得家里人有的像老虎,有的像孔雀,有的像蜜蜂等,甚至还有学生提出来妈妈有时像狮子,有时像绵羊。他们兴趣盎然,大胆想象,一挥而就。想象的方法,即寻找动物和人之间的相似特点,也蕴含其中,为后面的习作教学做好铺垫。

二、巧设支架,孕育思维

如何把一句话变成一段话,这是本课的教学重点,亦是教学难点。这样的重难点必须给学生铺设台阶,精心设计支架,让学生有法可依,有迹可循,从而降低习作难度,让学生绽放思维的火花。如何突破这个教学难点呢?笔者先出示两名学生写自己家人像兔子的片段。内容如下:

我的妹妹绝对是一只小兔子。她可喜欢吃胡萝卜了。每次吃饭,必须要有胡萝卜,要不吃炒萝卜,要不吃蒸萝卜,哪怕没有炒或蒸,她也要拿一个生的吃掉。她不仅喜欢吃胡萝卜,胆子还很小。只要家里人对她说话声音大一点,妹妹就会紧贴墙角,耷拉着梳着马尾辫的小脑袋,真像一只胆小的兔子。(学生甲)

在我们家,我就是一只小兔子。我不喜欢吃大鱼大肉,平时在家只吃蔬菜,特别是生菜和小青菜。我的性格很像小兔子,很温柔,说起话来细声细气,看到生人从不说话,比较胆小。走起路来,我喜欢一蹦一跳的,奶奶常常跟不上我,便在后面喊:"小兔子,慢一点儿啊……"(学生乙)

让学生找出片段中人和兔子有什么相似特点。学生发现他们都爱吃胡萝卜,都爱吃蔬菜,都很胆小,都喜欢蹦蹦跳跳。让学生知道人和动物的相似点可能不止一处,每一处共同特点要用一两句话写清楚。

接着出示教材中的图文提示,如图 2-2 所示:

图 2-2　统编版语文四年级上册习作：小小"动物园"插图

把图中文字改成横线，先让学生猜想一下，这位妈妈像一只绵羊，可能它们之间有什么相似特点。学生不仅能说出书上的相似点：发型一样，都爱吃素，性格都很温和，还能说出书上没提到的相似点，如：妈妈的肤色和绵羊的肤色很像；妈妈喜欢穿尖角的皮鞋，跟绵羊蹄子的形状有点像；妈妈的肚子有点大，跟绵羊的肚子有点像等。

在学生发散思维的火花中填写思维导图。先填人和动物名称，再写写它们之间的相似特点，如图 2-3 所示：

图 2-3　小小"动物园"思维导图

教师在巡视过程中，发现学生填写思维导图主要有两个方面的问题，一是相似特点写得不够清楚、准确，如弟弟和猴子都爱吃水果。就提醒学生猴子最爱吃什么水果呢？是香蕉。弟弟爱吃香蕉吗？如果爱吃，则把"爱吃水果"改成"爱吃香蕉"，如果不爱吃，则将该相似特点删去。二是相似特点有交叉重复之嫌，如：妈妈像母老虎，相似特点是都很凶，都很有威严。"有威严"是妈妈给别人的感觉，"凶"是一种态度，可能是孩子做了错事时，妈妈表现出来的态度。威严包含着很厉害、比较凶的意思，故两者只保留一个即可。相似特点不拘泥于3个，可多也可少。

支架原本是建筑业的用语，是为了完成建筑任务的一种工具。运用到习作教学中来,是指在学生习作过程中,教师根据学生可能遇到的困难给予可操作性方面的指导,有效降低学生习作难度。我们用学生例文片段与教材导图内容,做了两个支架,让学生的思维发散开来,知道人和动物的相似特点可以从一个到多个。从知道到做到,中间还有一个鸿沟。我们设计思维导图,让学生在一个家人与一个动物之间比较,从声音、形象、饮食、性格等不同的角度,经过积极的思考与联想,找寻他们之间的相似特点。思维导图中的文字是重要信息从学生头脑中"取出"的表现,通过归类和整合,对信息进行二次加工,促进了学生比较思维的发展。这样的过程能让学生对家人有更加全面的认识。

三、对标补差,孕育情感

思维导图能帮助学生理顺思路,导图清楚,学生的思路才会清晰。在此基础上,出示习作的多元评价表。具体如表 2-1 所示:

表 2-1 习作多元评价表

多元评价＼总体要求	书写端正	语句通顺	结构分明	特点清楚	表达真情	积极修改
自我点赞	☆	☆	☆	☆	☆	☆
教师点赞	☆	☆	☆	☆	☆	☆

多元评价表中共有六个方面的要求,其中"书写端正、语句通顺、积极修改"是习作的一般要求。"结构分明、特点清楚、表达真情"是本篇习作的特殊要求。结构分明,即该自然段第一句要写清家里哪个人像什么动物,接下来写哪些地方像。特点清楚,即把思维导图中每个相似点要用一两句话写清楚,不是直接抄提纲。表达真情,即在该自然段的结尾,说说自己对这位家人的情感。

课堂上让学生先用 10 分钟左右的时间描写一个家人,写好的学生对照多元评价表,用修改符号修改后,先给自己点亮相应的星星。接着在实物投影下,师生共同评价一位学生的片段。然后让学生再次修改这个片段。尤其是结构分明,要注意学生写完一个特点后,常常没有句号,一"逗"到底。对于"特点清楚"这个要求,如果有学生举事例,则事例一定要简洁,几句话说清楚即可,不能描写过于具体。最后展示修改后的作品,并要求今天回去把这段话读给家人听,请他们评评写得像不像。

鉴于不少学生会把自己父母想象成大老虎、母狮子等凶猛的巨兽,我们引导学生关注家人可能有的时候脾气很大,像老虎;有的时候对孩子又特别温柔,像绵羊……回忆家人有这种情况吗?让学生感受到其实很多人在不同的时间段往往会有不一样的表现。下一节课可以把没写的家人都写上一段,可以尝试着写他们不同时候像不同动物的表现。最后请学生谈谈生活在这样的动物园里是什么感觉?学生有的说开心,有的说好玩,还有的说家里每天都有希望……其实这就是成长的欢乐与幸福。

习作评价的瓶颈往往在于学生不知道习作评价的标准,更不知道如何才能符合习作评价的标准。教师在习作教学中常常思考的是怎么教学生写,而不是指导学生如何自评与互评。突破这个瓶颈的关键在于评价标准要清楚明确。首先要有针对性。即这一篇习作与众不同的要求是什么,如本篇习作要求几句话写清楚一个特点,而不是通过一件具体的事来突出一个人的特点。其次要有可操作性。学生对照评价标准,一看就懂,一改就对,如是否"结构分明",可对照思维导图看看条理是否清楚,顺序不对的调整一下即可。最后还要有激励性。学生经过积极的修改、调整,能给自己点亮相应的星星,可以获得一定的成就感。教师用同样的标准再次点亮相应的星星,再一次增强学生习作的自信。例如:学生写清楚一个特点,可以在"特点清楚"的下方点亮一颗星;写清楚两个特点,就点亮两颗星;写清楚三个特点,点亮三颗星,以此类推,最后发现一个片段能得到八九颗星,极大点燃了学生写作的激情。

学生在言语表达中不仅对家人,而且对自己也有了更全面的认识。从学生呈现的文字中可看出,他们对家人不同时间段、不同状态下的表现都能给予宽容与理解,知道家人工作的不易,明白家人为自己的付出。最后把习作读给家人听,在一家人的欢笑声中增进了感情。

新课标指出:"语文课程要面向全体学生,突出基础性,使学生初步学会运用国家通用语言文字进行交流沟通,吸收古今中外优秀文化成果,提升思想文化修养,建立文化自信,德智体美劳得到全面发展。"《小小"动物园"》的创作,注重过程性评价与反馈,不仅发展了学生的思维能力,还让学生的情感得以提升,使其在言语实践中发现更多由写作带来的生命成长的意义。

第三章 儿童"创意读写"教学策略

导 语

  本章节主要分为两个部分。第一部分主要讨论借助支架指导儿童"创意读写"的教学策略。统编小学语文教材最为突出的变化是设置了各种习作支架。对于这些习作支架,教师应紧扣教材,识别支架、运用支架,发挥其最佳效能。然而,由于习作支架种类繁多,在指导儿童读写活动方面还处于探索阶段,特别是支持儿童进行有创意的读写活动没有可复制的现成模式,导致设计支架指导儿童创意读写存在一些实践误区。本章节将揭示这些误区,并提出设计支架指导儿童创意读写应遵循的原则,给不同层次的学生提供用得上、带得走的"写作知识",让全体学生都感受到创意读写的美妙。

  本章节第二部分着眼于几种不同类型文本"创意读写"教学策略,分别是诗歌类、小说类、写话类、应用类等。中国是诗的国度,古诗的魅力历久弥新。常见的"三段论"式的教学方式使教和学都无味,无法让学生体会古诗的表达之妙与意境之美。在统编教材新增大量古诗的背景下,如何将古诗教学和创意读写相结合,从而有效提升学生的思考力、表达力和创造力,颇有研究价值。

  在课程整合视域下,高学段小说教学可以打破单篇学习的常态,提升学生创意读写的能力。课堂上,抓住小说文体的特点,把"口语交际""语文园地""习作"和阅读教学有机整合,寻找有效的教学策略。最终综合运用所学,尝试创作属于自己的小说。

  小学低学段看图编故事面临不少现实困境,主要原因在于学生书面语水平发展缓慢。要以观察为突破口,精心设计符合学生认知规律的问题,激发学生的创新意识。唯有这样,才能让学生实现从言语的自发走向语言的自觉。此外,在指导低段学生看图编童话的过程中,不仅要关注学生能否编出故事,还要关注对其在编故事过程中思维方式的引导,并注意学生思维品质的培养。

第一节　借支架进行"创意读写"

统编教材每次习作的编排内容一般由"为什么写""写什么""怎么写""怎么评"四部分组成,较以往版本,有了一定突破,其中最为突出的变化就是设置了各种习作支架。支架,原指建筑中搭建的脚手架,现已成为教育领域一个广泛应用的隐喻,指对一个人的学习施予的有效帮助。这里是指在儿童创意读写过程中,教师为帮助学生而搭建的"脚手架",其在学生现有水平与潜在发展水平之间,一头通向写作知识,另一头通向学生的最近发展区。

一、如何借助支架有效指导儿童创意读写

支架的种类很多,按表现形式可分为:问题支架、表格支架、图文支架、视频支架、范例支架等。按在习作教学中的指导作用可分为:情境支架、建议支架、解释支架、比较支架、评价支架等。新课标提出要减少对学生写作的束缚,鼓励自由表达和创意表达。教师如何借助这些支架指导儿童"创意读写"呢,笔者做了如下尝试。

（一）立足教材,充分运用支架

对于统编教材中设置的习作支架,教师应紧扣教材,首先能识别这些支架,再充分运用支架,发挥出支架的最佳效能。例如,六年级上册习作八"有你,真好"的习作导语中,第一段话是这样表述的:"'有你,真好'是一句让人感到温暖的话。凝视着它,那人、那事、那场景……就会慢慢浮现在眼前。"这段话试图唤醒学生的温暖记忆,营造习作的情境,是一个情境支架。运用这个支架能唤醒学生的回忆,在脑海中搜索、比较、分析,最终确定习作素材。为了充分运用好这个情境支架,我们在课堂上是这样执教的:

同学们,在我们成长的过程中,一定会遇到很多人。我来了解一下,你们用手势告诉我。如果是,就高高地举起手。

有人和你一起看过书、听过音乐吗?

有人和你一起玩过落叶吗?

有人和你一起看过四季的云吗?

在你快乐时,有人和你一起高兴吗?

当你难过时,有人安慰过你吗?

有人和你一起聊过远方吗？

是啊，在生活中我们会接触到很多人（板书：人），有的人时常陪伴着你，有的人你偶尔遇到，有的人和你嬉笑打闹，有的人和你分享过小秘密，现在请把你刚才脑海中浮现出来的那些人的名字告诉同桌，互相交流交流。

在这些人中，谁让你最难忘呢？（生答）

如果此刻请你从他们中选择最让你难忘的一个，你会选谁呢？请将那个人的身份写在练习纸上，比如妈妈、朋友、老师，或是其他什么人。（生写）

上述教学片段，教师没有直接出示教材的第一段话，而是创设了一个拟真情境。学生看着精美的画面，听着提问，在悠扬的背景音乐中用举手的方式与教师进行互动，这样更有利于思绪的发散与聚集，自然而然地确定写谁，并在纸上写下其身份，水到渠成。

"有你，真好"的习作导语，在情境支架之后，又设置了问题支架，一连提出四个问题，引导学生理清写作思路。执教者如果直接把这些问题抛给学生，后者容易受到阅读理解式答题思路的干扰，反而不利于学生捕捉典型事例。怎样用好这个问题支架呢？请看下面这个课堂教学片段：

其实在本学期所学的课文中，也有很多人和事给我们留下了深刻的印象。

如果是《盼》中的小女孩，她可能会对妈妈说——（生：有您，真好，谢谢您给我买了这件淡绿色的雨衣，它给我带来了很多快乐。）

如果是《少年闰土》一文中的少年鲁迅对少年闰土说"有你，真好"，会是因为什么？（生：有你，真好，是你让我看到了一个不一样的世界。）

如果是《月光曲》中的盲姑娘，她会对贝多芬说——（生：有您，真好，您让我真正感受到了音乐的无穷魅力。）

如果是《伯牙鼓琴》中的伯牙，他会对锺子期说——（生：有你，真好，你让我找到了知音，我原以为我这一辈子都不会遇到知音的。）

请大家看看自己刚才写的那个名字，如果他（她）此刻就在你面前，你想用"有你，真好"对他（她）说一句什么呢？请你在练习纸上写一句话。（生写后朗读交流）

为什么要写某个人，觉得有他"真好"？其实这个理由就是文章的中心，全文将围绕这个理由选择合适的材料。教师没有直接让学生回答问题，而是借助最近刚学的课文，启发学生站在文中人物的角度，感受到他们心中觉得有谁真好以及相关理由。引导时，选择哪几篇课文中的人物呢？最好是有大人，有小孩，有男性，有女性，有古人，有今人，有中国人，有外国人。这样才能使学生在考虑问题时更能设身处地地积极表达。在此热身基础上，请学生联系自己的生活,用同样的句式写下自己最想对心目中的"他"说的一句话,学生情动而辞发,提笔一蹴而就。

使用教材中的习作支架进行教学,不能直接把支架抛给学生。只有学生学、缺乏教师教的习作教学是不成立的。教师在认真研讨习作教材的基础上,充分运用教材中的习作支架,需要借助多种手段以及多个阅读材料,让学生换个角度回顾旧知,联系生活,整合思考,以降低表达难度,激发表达欲望,促使有创意的表达成为可能。

(二)围绕目标,适当补充支架

统编教材尽管重视习作支架,然而囿于每次习作教材只有一页篇幅,没有提供足够数量的支架。习作教学中,学生在构思选材、动笔成文、评价修改等各环节往往都需要支架,尤其针对习作中的新要求。例如,六年级下册习作四"心愿",教材提供了一幅导图,希望能发散学生的思维,分别从"对自己""对社会""对别人"三个维度思考,每个维度又提供了三四个具体的心愿内容,接着让学生根据自己想表达的内容,选择一种适合的方式进行表达,写好后再认真读一读,用修改符号修改不满意的地方。教材中的导图为学生思路的打开提供了支架,而具体怎么写,是写一个心愿,还是写三个心愿,是写一个维度的心愿,还是写三个维度的心愿,"一种适合的方式"具体有哪些形式等,习作要求中都没有提及。这就要求教师能够围绕习作目标,适当补充习作支架。

综观教材习作,有两类支架有所缺失,一是指向怎么写的支架,二是指向怎么评的支架。教师补充这两类支架的基础是要有明晰的习作教学目标,如五年级上册习作六"我想对您说",要求从自己想对父母说的很多话中选出几个写成一封信,用恰当的语言表达自己的感受。五年级下册习作一"那一刻,我长大了",要求写一件成长过程中印象最深的事情,把感到长大的那个瞬间写具体,记录当时的真实感受。六年级上册习作八"有你,真好"与前两篇习作一样,都要写事情,融入自己的情感。那么,这三篇习作除了写作对象不同,在写作知识方面差别在哪儿?倘若这个问题搞不清,习作教学目标的制定可能过于随意化、主观化。笔者仔细推敲,认为五年级上册习作六"我想对您说"中的事情要写清楚,印象特别深的地方多说几句。五年级下册习作一"那一刻,我长大了"中的事情要能抓住一个画面定格,写出自己的想法。六年级上册习作八"有你,真好"要能抓住事情中最感人的一个场景,表达自己的情感。因此,笔者教学"有你,真好"时补充了三个支架:导图支架、例文支架和评价支架。具体操作如下。

在学生确定写谁，为什么写之后，教师先出示导图支架——气泡图，中间大气泡是写选择这个人的理由，周围的小气泡是学生所选事例的关键词，可以选择最能表现主题的事、最能打动人心的事和最有说服力的事来写。接着，教师引导学生复习把事情写具体的方法，即抓住人物的语言、动作、表情等。此刻再出示例文支架，给学生比较两个片段。片段一：我躺在床上，迷迷糊糊的，快要睡着了，这时感到有谁为我盖上被子，然后又转身离开。我睁眼一看，那个背影是您，妈妈！我顿时热泪盈眶，被子的一角都浸湿了。片段二：我躺在床上，迷迷糊糊的，快要睡着了，这时感到有谁为我盖上被子，然后又转身离开。我睁眼一看，那个背影是您，妈妈！我心里暖暖的，整个人正好又被暖暖的被子包围，感觉好幸福啊。这里的例文同时又构成了比较支架。通过比较，让学生发现情感的抒发一定要真实自然，不能过于夸大情感，否则会让读者有种不真实感，甚至闹笑话。待学生动笔写好作文后再出示评价支架，本次习作的评价标准除了字迹清楚、语句通顺等常规要求，还应该扣住习作主题中的"真"字，要求真人、真事、真情。在评价环节，全班分享交流的习作亦是一种例文支架，此时例文可能是正例，也可能是反例。

在《认识技能迁移》一书中，作者西格勒和安德森认为：单个的样例阅读不及多个相同或相似的样例，只有在对比强化中才更有利于学习者领悟个中奥妙，实现有效迁移。上述教学案例就是借助例文让学生反复对比阅读，在读中学写，形成知识迁移，写后再读，提升阅读认识，进而提升学生创意表达的能力。

（三）根据学情，精心创设支架

统编教材中有的习作支架过于简单，无法帮助学生顺利完成习作，如五上习作二"漫画老师"中，要求选一位老师用文字"画"出来，先想想你的老师"有什么突出的特点，再选择一两件能突出其特点的事情来写"。其实就是用一两件事写一个人，不同的是，要突显人物身上的"漫画"特征，倘若没有相关支架，学生将无从下笔。再如五上习作一"我的心爱之物"，要求学习本单元课文的写法，围绕自己的心爱之物，写写它是什么样子的，是怎么得到的，为什么会成为心爱之物，把自己的喜爱之情融入字里行间。该单元"交流平台"总结了三种写法：一是本单元的课文都是写事物的，或蕴含着作者浓浓的感情，或引发了作者深深的思考。二是琦君笔下的桂花雨，不仅带给她许多童年的快乐回忆，也寄托了她浓浓的思乡之情，使"我"很受感动。三是《落花生》中，作者借花生朴实无华、用处很多的特点说明做人的道理。看似顺利总结了作者的写作方法，以为学生能在阅读教学中自然运用这些方法，于是觉得大功告成。可是作者为什么要这样用,具体又是怎样用的,如何提炼出合适的模仿支架,很少有教师去进一步探究。这种用传授"陈述性知识"的方法来教学"程序性知识",最终使学生只能模模糊糊地记得借景抒情、寄情于景、托物言志、借物喻人等抽象概念。哪怕能脱口而出,学生仍然不会巧妙运用相关"写作知识"。

对于上述情况,教师应根据学情,精心设计习作支架,给学生提供用得上、带得走的"写作知识"。教师一方面要关注学生的实际状况,对不同能力水平的学生分层设计个性化支架;另一方面要关注学生生活,借助支架指导学生进行符合具体交际语境的创意表达。还是以六年级上册习作"有你,真好"教学为例,教师在最后一个环节设计"我读你猜"的游戏支架,帮助学生进一步打开写作思路。

师:文中的"你"是谁?看哪个同学善于思考,最先猜出来。

师:(出示)有你陪我,我不再感到害怕,非常有安全感。

再出示全段: 还有一次,其他人都不在家,只有我和你。我在写着作业,感到十分寂寞,一转头看见你,心里顿时觉得轻松了,还好有你这个小家伙在。你正在香甜地睡觉,我的心里顿时踏实多了。有你陪我,我不再感到害怕,非常有安全感。

师:(出示)当我站在微风中,欣赏你时,心里满是自豪。

再出示全段: 你的景色美。说到景色,最美的要数东钱湖了。清晨,雾气还不曾散去,东钱湖就像被蒙上了一层朦胧的白纱,若隐若现,格外美丽。湖面绿得清爽,绿得透亮,如同一块玉佩。当我站在微风中,欣赏你时,心里满是自豪。

师:(出示)金桔的香味在你的上空飘荡,你一定很开心吧?

再出示全段: 一走近你的世界,就看见教学楼前的小广场两旁,整齐地摆放着几十盆金桔。每棵树上都结满了果实,枝丫弯垂着,那些可爱的桔子,仿佛一个个金黄色的小精灵正顽皮地在枝头上荡秋千。金桔的香味在你的上空飘荡,你一定很开心吧?从教学楼出来,就是葡萄长廊,只见两旁的葡萄藤像蛇一样盘旋,顺着竹竿爬上红褐色的木架。长长的葡萄藤上,点缀着褐色的小点,那肯定是明年春天长出嫩芽的地方。你一定也格外喜欢这儿,因为在这儿不时有可爱的孩子来做游戏、看书,甚至不久前在葡萄架附近还出现一个可爱的小雪人。有小雪人陪着,即使是夜晚,你也不会太寂寞吧?(师生配合读)

……

这个"读读猜猜"的小游戏不仅使学生学得兴趣盎然,还使其明白了原来这个"你"不仅可以是人,也可以是物,如动物、植物,还可以是家乡、校园,甚至可以是某种精神品质,比如自信、诚实、真诚等。更重要的是,通过游戏支架发展了学生的创造性思维。有研究表明,创造性思维的形式是直觉,源泉是想象,核心是顿悟。课堂上,教师先出示一句话,引起学生的好奇,唤醒他们的直觉思维。当学生处于想猜又不确定的"欲言又止"状态中,教师再出示一段话,让学生通过文字放飞想象,丰富了他们的形象思维。最终,师生共同揭示答案,学生顿悟,问题得以解决,为后续学生佳作的呈现进行了很好的铺垫。此外,支架的内容都是学生熟悉的事物与场景,用第二人称的叙述方式直指学生的创意思维,让不同层次的学生都能感受到创意表达的美妙,使之跃跃欲试,课后特意选择自己的心爱之物作为创作对象,佳作频现。

总之,教师应根据教材,充分用好习作支架,适当补充习作支架,精心创设习作支架。需要强调的是:不管是什么类型的支架,背后都应有相关的习作知识。有专家从写作功能这个维度把习作支架分为"概念支架""程序支架""策略支架""元认识支架",正是对应着习作的陈述性知识、程序性知识、策略性知识、元认识知识。从这个角度,教师借助习作支架进行教学,就是为了让学生在潜移默化中更好地运用习作知识,进而实现"创意读写"。

二、设计支架指导儿童创意读写的实践误区

笔者以"支架"为关键词,检索中国学术期刊网络出版总库2011—2021年的文献,结果显示,近年来,有关支架学习的研究已逐渐成为中小学教育的热点话题。其中2019年处于井喷状态,有361篇相关文献,是2011年的近10倍,在数量上达到顶峰,大部分文献都指向读写活动的支架设计。指向读写支架的种类多、作用大,但在指导儿童读写活动方面还处于探索阶段,特别是支持儿童进行有创意的读写活动没有可复制的现成模式,导致设计支架指导儿童创意读写存在不少实践误区。

(一)读写指导分离

读写指导应有从读中学写的过程,这才符合儿童的心理发展特点。有些教师在教学实践中只从例文中梳理出支架,却未将读与写紧密结合。以三年级上册第五单元为例,通常教师在教学《搭船的鸟》时会抓住翠鸟的外形特点,以及其捕鱼时的动作描写,形成流程图,使学生借助导图支架学会抓住动物的特点来表达,进而在描写自己喜欢的动物时能够用上动作描写支架。教学《金色的草地》一文时,则抓住草地在清晨、中午、傍晚这三个时间段不同的景象,引导学生关注景物的变化特点。教学《我爱故乡的杨梅》时着重抓住果实的形状、颜色及味道的变化。在以上案例中,师生共同讨论形成图表支架,最后教师总结课

堂,希望学生在单元习作中用上这样的支架,写出事物的变化。教师以为从课文中总结出写作支架,可以化难为易,化抽象为形象,减轻学生习作的困难。事实上,这样的写作支架学生只是能够理解识别,教师的教学也止步于此,并没有提供练习的平台,正如一位游泳教练只在岸上对一群"旱鸭"教授游泳技法一样。这种教学只停留在理解的层面。没有反复地练习,就自称通过支架能解决学生习作中的困难,是不能从根本上解决问题的。

(二)写作知识模糊

知识教学使语文教学摆脱了"未可以言传"的落后状态,极大地提高了教学效率,实现了语文教学范式的更新换代。事实上,一线教师普遍缺乏必要的写作知识,特别是对写作序列的理解可能还是混乱的。正因为如此,以支架为"拐杖",把写作知识内化为学生的写作能力与思维方法便显得困难重重。例如,新课标第二学段要求能把自己觉得有趣或印象深刻、受到感动的内容写清楚,第三学段要求能写简单的纪实作文和想象作文,内容具体。对于把事情"写清楚"与"写具体"之间的区别,不少教师语焉不详、含糊其辞。有位教师执教三年级上册习作三"我来编童话",精心准备了各种童话故事的模式支架。从课文《去年的树》中鸟儿三次寻找大树,以及《那一定会很好》中大树的三次变化的情节里提炼出"三次型"童话叙述模式。从课文《在牛肚子里旅行》中红头和青头两只蟋蟀在牛肚子里的旅行故事里提炼出"合作型"童话叙述模式。还从课外拓展的童话故事中提炼出"比赛型""一分为二型"等几种模式。尽管针对每种叙述模式教师都画出相应的结构导图,然而对于第一次写故事的三年级学生而言,是否有必要了解这么多故事叙述类型?如果在三年级上学期故事创编中,学生就能做到让情节一波三折,那等到三年级下学期,以及高年级学生写想象故事时,在情节架构上还需掌握怎样的创作技巧?倘若教者考虑这些,一定会重新调整写作支架的教学。

(三)支架使用单一

在指导学生写作过程中,教师最常使用"气泡图""树形图""鱼骨图""蜘蛛图""结构图"等支架,因为使用这些导图可以辅助学生完成习作。殊不知支架的种类繁多,按支架的功能标准可分为:概念支架、程序支架、策略支架、元认识支架等。按外显形式,有问题支架、表格支架、图文支架、视频支架、范例支架等。按在写作过程中的具体指向,可分为建议支架、向导支架、解释支架、比较支架、演示支架、迁移支架、运用支架、评价支架等。一线教师常用的导图大多属于图文支架,这类支架在学生写作时有一定支持辅助作用,如材料选择、结构安排等。然而,其不可能解决学生写作过程各阶段遇到的问题,如主题提炼、语言表达、评价修改等。一位教师执教六年级上册第二单元习作二"多彩的活动",以《开国大典》为例,指导学生写升旗仪式,教学过程中重点借助结构图,明确升旗前、升旗时、升旗后三个时间节点以及每个部分该描写的内容。这篇习作要求选一次活动写下来,和他人分享自己的经历。结构图确实能有效帮助学生架构文章各部分内容,但问题在于,对于六年级学生而言,不仅要能把握活动类文章的结构,还应该学习点面结合的手法,学习用恰当的方式表达自己的情感,而这些可能遇到的困难却没有相应的写作支架。

（四）缺少语境关联

写作教学应指导学生根据语境学会写作语篇。因为语篇是根据特定语境需要完成特定交际任务的言语作品,语篇的意义"来自语境""通过语境""为了语境"。也就是说,学生习作应该基于某种特定的语境,与假设的读者进行交际。在交际语境中,需要引导学生进行"真实写作",即写作语境和读者在特定状态下是一种真实的存在。有位教师执教三年级上册习作六"这儿真美",先让学生阅读单元课文,找到结构支架,然后出示范文,最后播放一个菜园视频,要求学生用总分结构写出"我家菜园的美丽"。尽管学生能按照视频的内容写出辣椒、豆角、茄子、南瓜等蔬菜,段落也符合总分结构的要求,但是这里的视频支架导致了习作的"不真实"。学生要把这个视频中的菜园向谁介绍呢,这是"我"家的菜园吗？在缺少语境意识的习作课堂上,教师往往一厢情愿,如有位教师执教五年级上册习作四"20年后的家乡",引导学生设计了两个问题支架:一是20年后自然环境发生了哪些喜人的变化？二是生产生活因为科技的高度发达,有哪些惊人的变化？请大胆展开想象。学生的想象要么是水更清、路更宽、楼更高、景更美,要么是智能科技超级发达,家家户户都有机器人保姆,拥有空中飞车,甚至住在空中花园等。这些想象脱离了现实语境,把生活想象成了科幻大片。

（五）禁锢个性自由

新课标提出"关注学生个体差异和不同的学习需求,鼓励自主阅读、自由表达"。教师设计写作支架的初衷是帮助学生克服习作困难,并不是让学生依葫芦画瓢,更不能因此禁锢学生自由表达与有创意的表达。六年级上册习作七"我的拿手好戏",教材提供了一个提纲支架"三招挑西瓜",其中具体写周末和同学郊游时挑西瓜、吃西瓜的趣事,第一个西瓜挑得很好,得到了同学的夸赞,"我"很得意。第二个西瓜没熟,"我"很尴尬——拿手好戏演砸啦！这个支架有情节上的波折,教师指导学生依此例来列提纲,最后写出的作文都"类似",如准备表演翻跟头,第一个成功,第二个摔个狗啃泥;表演唱歌,第一首唱得很好,第二首歌唱破了音;表演魔术,第一次成功,第二次露了馅。显然,选材支架让学生误以为,一定要选择演砸的表演才叫有趣的故事。其实不然,应变换思路:可写先表演成功,博得众彩,再写有人挑战,结果挑战失败,也可以写第一次表演时有点忐忑,第二次表演时充满信心。这样的构思既有波折,也挺有趣。学生应该实事求是,写出当时真实的情形,写出真实的感受,让人读来身临其境,不能为了用支架而生搬硬套、弄巧成拙。

三、设计支架指导儿童创意读写的矫正原则

针对上述这些误区,在教育教学中该如何矫正？笔者认为,设计支架指导儿童创意读写应遵守如下原则。

（一）整体性原则

以读促写,以写促读,读写是一体化的,没有谁的"写"是不以"读"做基础的。从"读"中可以获得有关"写"的知识,形成概念。获得概念的方式有两种,分别是概念形成和概念同化。概念形成,主要采用归纳的方法,是从具体的例子出发,抽取一类事物的共同属性的过程。所谓概念同化,是指在课堂学习的条件下,利用学生认知结构中原有的有关概念,以定义的方式直接向学生揭示概念的关键特征,从而使学生获得概念的方式。概念形成是概念同化的前提,概念同化是概念形成的延展。例如,教学生建立"丑小鸭"故事模型支架,可以事先让学生阅读丑小鸭、灰姑娘、哈利·波特等为主角的故事,找到故事设计的共同之处:一开始主人公都很平凡,甚至遭人歧视;随着情节的发展,主人公遇到的困难越来越大,但每次都能化险为夷;最终主人公脱胎换骨,成为大家瞩目的焦点。学生试着用这样的模型创编故事、评价定稿,最终获得"好故事需要折腾"的概念。正如美国杰里·克利弗在《小说写作教程》中所谈到的"折腾故事"的策略:"渴望＋障碍＝冲突""冲突＋行动＋结局＝故事"。在这个基础上进一步引导学生创编不同主题故事,探究新的"折腾故事"路径,这能让学生经历概念同化的过程。在阅读中学习写作,往往一个材料不够,三个及以上更有说服力,更能让学生获得相关概念。

（二）针对性原则

教师要永远教在"学"的起点上，永远要控制"教"的欲望。学生是有表达天赋的，教师在认真批阅学生习作的过程中，了解学生的真实情况，针对表达中出现的问题，引导学生更好地发挥自己的语言天赋。学生在表达中暴露出的真实困难和缺乏相关的知识支架有关。当下写作教学不是要不要知识的问题，而是教什么知识、怎样教知识、教知识干什么的问题。例如，三年级上册习作六"这儿真美"，要描写一个美丽的场景，需要有三个层面的知识支架：一是学生要清楚"这儿有什么"，这是叙述，要求准确；二是"它们怎么样"，这是描摹，要求清楚；三是"它们像什么"，这是比喻，要求展开联想与想象。如果一篇习作这三个方面都没有问题，就达到了优秀的标准，不要提出过高的要求。如果学生的习作在某一层面暴露出问题，就需要教师引导学生掌握习作程序性知识。程序性知识的获得通常需要包括三个阶段：陈述性阶段、联合阶段、自动化阶段。以习作"这儿真美"为例，第一个阶段是要知道写场景要能写出这三个层次的内容。然而有不少学生尽管知道，还是写得不符合要求。这类学生只是知道，停留在陈述性阶段，在尝试进入第二阶段时没有成功。这需要经过一定量的练习，可能有的学生经过一两次的练习就能达到要求，有的却要经过十多次练习才能进入后续阶段。

（三）过程性原则

习作教学支架是习作教学中的一种支持工具，它的主要功能是为学生提供立意选材、构思起草、评价修改等支持，明确"写什么""怎样写""写得怎么样"，以辅助学生顺利完成习作任务，从立意选材、构思起草、评价修改这个习作过程来看，每个阶段都应该有相应的功能支架。立意阶段有元认识支架、概念支架等，起草阶段有程序支架、策略支架等，修改阶段有策略支架、元认识支架等。具体的表现形式有问题、表格、视频、范例等。总之，支架应该贯穿整个写作过程，不可能只用一种支架就可以包打天下。教师需要根据学生实际情况，灵活设计多种习作支架并进行组合式运用。笔者曾执教三年级下册习作六"我做了一项小实验"，课前设计调查问卷了解学生做实验的经历。课堂上设计图文表格引导学生回忆实验步骤，再结合思维导图学习严谨求实的表达，最后设计"自评修改单"与"星级互评表"，实现对自我的激励与超越。这里有必要强调的是：如果我们要理解知识、学习知识，发现知识与人的关系，在与知识的精神性对话中提升自己的精神世界，那么知识只有作为一个"过程"方能真正发挥作用。可见,贯穿全程的支架并不能作为写作知识学习的终点,而是作为通往终点的一段行程中的辅助工具。学生学习写作知识只是一个过程,而不是一个结果。

(四)交际性原则

纵观我国四十年写作教学的研究,大致经历了由文章写作到过程写作和交际语境写作的转型。写作教学要指导学生注意表达与具体的交际语境相符。在读者固定、交际目的明确的前提下,要考虑作者自己的角色身份是什么,以及在自己的角色身份不变的前提下,针对不同的读者,写作的内容和表达的语气应该发生怎样的变化。从这个原则出发,上文提到教学习作"这儿真美",应该带领学生到校园里走一走、看一看,引导学生真切地发现校园一角的美,启发思考:假设有客人想了解学校的美,该如何介绍呢?这样的活动支架效果远胜于视频支架。教学习作"20年后的家乡",应该通过问题支架,引导学生想想目前自己的家乡还有什么不方便的地方,今后变得怎样才会觉得在家乡生活更加幸福?学生会想到20年后的小学生不再有书面家庭作业,取而代之的是各种综合实践活动,并有大数据实时记录作为综合素质评价的依据;马路不再拥挤,可私家车并没有减少,原来是因为实行了错峰上下班;所有粮副食品、蔬菜瓜果、肉蛋鱼虾都有二维码跟踪,再也没有"三无"产品;守法且信用高的市民将得到政府特别住房补助,拥有豪华舒适的住宅,不守信用的无法享受这项福利,必须为社会做规定时长的义工等。总之,在交际语境写作中,学生应运用语言文字这个最重要的交际工具,使写作成为自己生活的需要。

(五)特殊性原则

知识学习不仅是从外到内的转移和传递过程,而且是学习者在主动建构自己经验的过程。习作教学亦是如此,因为每个人都是独特的个体。通过支架的设计,学生才会乐意打开心扉,充分表达心声,彰显个性特征。每个人的言语能力、学习基础有所不同,这决定了其在读写活动中呈现出与别人不一样的特点。这种特殊性具体表现在两个方面:一是学生表达水平的差异化。二是学生表达内容的个性化。设计支架要求课程设计者对那些超出学生能力的任务元素加以控制,从而使学生将认知资源集中到他们力所能及的任务内容上,并快速地掌握它们。因此,教师在设计习作支架的时候应该考虑分层设计,或者分级设计,确保每个学生能在自己的最近发展区得到提升。对于特殊的学生,教师应当考虑设计"个性化支架""同伴协助支架"等。课堂上,当有学生发表不同的声音时,这往往是创造力的萌芽,教师要引起足够重视。笔者曾执教过一节习作课"围绕热点话题谈观点",其中有个话题是"生二胎好处多还是坏处多",其中大多数孩子都表示生二胎好处多,因为有个玩伴,以后父母老了可以轮流照顾等,不过也有几个孩子坚持认为生二胎坏处多,他们说出了自己的理由,如增加父母养育孩子的负担,以后还要和自己平分父母的房产等。对于不同的观点,只要根据所搜集的资料言之有理,表达清楚,教师都要给予肯定,让学生畅所欲言,在话题支架的引领下,充分表达自己的观点。

总之,教师应根据读写的内容以及学生身心特点,走出误区,遵循相关原则,精心设计支架指导儿童创意读写。相信在潜移默化中,儿童能够更好地运用习作知识,不断提升创意读写能力。

第二节 诗歌类文本"创意读写"

中国是一个诗的国度,无论什么年龄,也不论身在何处,从事什么工作,我们都能脱口而出"春眠不觉晓""床前明月光"……古诗的魅力历久弥新,给我们的心灵以美的熏陶。统编语文教材主编温儒敏教授曾指出,小学阶段有的古诗教学总喜欢来个三段论——知作者、解诗意、想画面,未免太死板,也不得要领。温教授指出的"太死板"意思是说古诗教学的形式可以多样化,古诗教学的内容可以丰富化,古诗欣赏的途径可以多元化。古诗教学的"要领"不仅仅包括知作者、解诗意、想画面,还要指导学生审美,培养学生鉴赏美的能力。如何在古诗教学中让学生有创意地读,有创意地写,并把创意读写融合起来,从而有效锻炼学生的审美能力呢?我们先以统编语文四年级上册《古诗三首》为例,谈谈小学古诗创意读写的教学策略,领略诗歌类文本创意读写教学的价值所在,再以统编语文三年级上册《古诗三首》为例,试图从不同维度的创意比较中感受诗歌的魅力。

一、朗读推进,在韵律中感受意境

我国古诗语言排列整齐、对称,葛兆光先生称之为"汉字的魔方",这是其他国家与民族的语言难以企及的。在课堂教学中,教师借助朗读推进,让学生感受古诗平仄长短的节奏,高低起伏的吟诵,意味悠长的声韵。

(一)感受古诗的节奏美

七言诗一般是"四三",或者是"二二三"的节奏,以后者居多。在借助拼音

读准诗句的基础上,请学生用单竖线标出《雪梅》这首诗的节奏,并试着读一读,感受七绝的节奏。节奏标注如下:

梅雪/争春/未肯降,骚人/阁笔/费评章。

梅须/逊雪/三分白,雪却/输梅/一段香。

根据叶嘉莹先生所说,划分节奏不以意义为单位,而以声律为单位,一般情况下,意义单位与声律单位是一致的,如果不一致,则以声律单位为准。从这个原则出发,"雪却输梅一段香"不能读成"雪/却输梅/一段香",而应把"雪却"连在一起作为一个声律单位,与前面几句诗的节奏保持一致,读起来更能让人感受到诗歌的节奏美。

(二)体会古诗的韵律美

教师请学生给每行的最后一个字注音,看有什么发现。学生发现第一、二、四句的最后一个字(降、章、香)的韵母都是"ang",告诉学生这就是该诗的韵脚。七言绝句的第二句句尾与第四句句尾都有相同或相似的韵母。按照"近体诗"的韵律,《雪梅》属于仄起平收首句入韵式,所以第一句的最后一个字也押韵。同时要提醒学生,韵脚不是一声就是二声,在古诗词里叫"平声"。读平声时悠长一点,就更有韵味了。学生自由朗读时,不仅要注意读出节奏感,还要感受韵脚的韵味。最后教师出示竖版无句读的书法作品,告诉学生古人的诗不是像现在这样横着呈现的,而是竖着的,而且没有句号、逗号。学生眼前一亮,看到一幅技法娴熟、章法完美的楷书版《雪梅》;再出示一幅苍劲有力、棱角分明的隶书版《雪梅》,字里行间流露出一种淡泊于世的气质,清秀不俗。学生欣赏着这样的书法作品,感受每个字不同的韵味与气势,仿佛闻到了浓郁的墨香,纷纷要展示自己的朗读,此时的朗读已融入了古诗的韵律之中。

(三)欣赏古诗的意境美

学完古诗,学生明白了诗人卢钺是既喜欢雪的白,又喜欢梅的香。如果把雪和梅放在一起,才更好看,这就叫"各有其美、相映成趣"。学生跟着教师将这两个词工工整整地写在书上。接着请学生欣赏一幅幅精美的"雪梅"图:有瑞雪纷飞、梅花傲霜斗雪的场景;有清幽淡雅、虬枝苍古的白梅;有枝头散落着的星星点点的花苞,被白雪覆盖着,好似朵朵白云嵌于枝头……十几幅形态各异的"傲雪寒梅图",配着欢快的钢琴弦乐《雪花的快乐》,学生一次次惊叹,仿佛来到了雪与梅的世界,进入了诗的意境,又一次感受到雪梅争春的场景,以及雪、梅、诗"并作十分春"的意境。此时请学生诵读《雪梅》,节奏分明,韵味十足。俗话说"三分诗七分吟",诗的美感唯有调动学生全部的注意力,融合听觉和视觉、情感和思维,运用声音将自己的感受表现出来,才能欣赏到古诗的意境美。

二、任务串联,在活动中习得方法

有效的教学活动,指在真实、完整且有意义的情境中,学生为主体,教师为主导,共同完成由目标驱动的、学习语言文字运用的特定学习任务的过程。《雪梅》一课设计了学习活动单,共有四次活动,每次活动完成一项任务。一是划分节奏、读出韵味。二是借助注释,理解诗意。三是想象画面,探究诗理。四是感受意境,抒发情感。这四项任务环环相扣,形成活动链,层层递进。我们列举三个课堂片段,试图说明如何通过活动,让学生掌握古诗学习的方法。

（一）借助注释,理解古诗大意

一首古诗就是一幅画,在想象画面之前,学生有必要了解这首诗的意思。统编教材中已经对部分难理解的字词提供了注释。学生可以借助注释来理解,看看自己能懂哪一句。如果还有不懂的地方,就打个问号,待会儿可以寻求同学或老师的帮助。

[课堂呈现]

学习活动:借助注释来理解诗的意思。

师:你懂了诗的意思吗？懂几句就说几句。

生:第一句的意思是梅花与白雪在争夺春天,谁也不逊色。

师:诗人写梅花和白雪像人一样在互相竞争,都认为自己是最具早春特色的,互相不认输,挺有意思的。第二句呢？（无人举手）

师:这句中是不是有哪个字词不大理解呢？

生:"费"这个字是"花费"的意思吗？感觉有点说不通。

师:不是"花费"的意思,而是"难以"的意思。评章,指的是评议的文章。费评章,在这里指难以将梅与雪一比高下。

生:那我知道了,这句的意思是,诗人放下手中的笔,一时难以评议梅与雪到底谁是争春的使者。

（课件出示:梅须逊雪三分白　须:(1)等待,停留;(2)虽然;(3)片刻,一会儿;(4)像胡须的东西）

师:这里的"须"指的是什么呢？肯定不可能是胡须吧,说出自己的理由。

生:"须"的意思是"虽然"。

师:那最后两句诗讲了什么?谁来说一说。

生:虽然梅花没有雪那么白,但是雪没有梅花那么香。

学生理解古诗的障碍和对关键字词的不理解有关。一般来说,难以理解的字有两类,一是古今意思不同的字,如"费"字,学生想到的是"花费""消费",与诗中的意思大相径庭。二是该字词的意思很罕见,如"须"字。我们提供字典中的解释,让学生用代入法一一代入,发现"虽然"是最合适的解释。新课标提出要学生能借助工具书阅读浅易文言文。实践证明,小学中学段学生借助注释以及字典中的解释选项,基本可通过自主学习理解古诗大意,遇到较难处教师再加以点拨。

(二)展开想象,感受表达之美

古诗往往运用各种表达方式和表现手法,或直抒胸臆,或借景抒情,或比喻夸张,或动静虚实,或对比衬托,以增强感染力。教师要想引领学生走进古诗这个"大观园"去撷英采华,那么对这些表达方式和表现手法的教学必不可少。

[课堂呈现]

学习活动:写一写自己想到的画面,比如:梅花的样子?梅和雪如何争春?

师:现在请大家再读读这首诗,想一想,看自己能从哪一句中想到什么样的画面?先说给同桌听听。(学生讨论后汇报)

生:我想到梅花与白雪争夺春天的画面。

师:你见过梅花吗?说说它的样子。

生:梅花一般有五片花瓣,颜色有白的、红的、黄的、粉的,特别好看。

师:你喜欢雪吗?如果让你用词语来形容雪,你想到了什么?

生:鹅毛大雪,大雪纷飞,白雪皑皑……

师:梅和雪争夺春天,诗人用拟人的手法把它们都写活了,那我们也能展开想象,想出它们的颜色、形状。你现在就是雪,而她就是梅,你俩争什么,凭什么争,又是怎么争的呢?请在学习单上,将自己想到的画面,用两三句话写下来。

学生笔下的争春情景热闹非凡。练笔展示:

梅花说:"你看看我才是真正的花,充满幽香的花,迎接春天的花,你这小小雪花算是什么花,太阳一出来就消失得无影无踪,竟还敢跟我争夺春天"。雪花不甘示弱:"我是春雪,你知道为什么叫春雪吗?那是因为我的到来,唤醒了春天,同时唤醒了你。你还真以为自己是春天的使者啦,要是没有我,哪来的你呢?"梅花不服气,散发出更加醉人的幽香,而雪变得更白了……如此妙趣横生的创意表达不仅放飞了学生想象的翅膀,让脑海中的雪与梅活起来,更进一步让学生感受到诗中拟人手法的表达之妙。

(三)同伴交流,挖掘内涵之美

本节课学习单上学习活动的设计,都是基于四人小组合作或者同桌之间进行交流。在古诗学习过程中,相对于师生之间的交流,生生之间的交流更为重要,因为这样的交流更容易产生碰撞和共鸣。当产生分歧时,有利于培养学生学会正确地表达以及适时修正自己的观点,以达成共识。

[课堂呈现]

学习活动:同桌交流——从中能体会到诗人什么样的心声?

师:大家一定还记得王安石写过的《梅花》,"遥知不是雪,为有暗香来",你认为王安石是喜欢梅呢,还是喜欢雪?

生:喜欢梅,喜欢梅散发出的阵阵幽香。

师:那《雪梅》的作者卢钺是更喜欢梅,还是更喜欢雪呢?你们自己读一读诗,同桌讨论,说说自己的观点及理由。

(学生自读,同桌讨论,教师巡视,关注同桌两人的观点是一致还是不一致。)

师:有意见不一致的同桌吗?在课堂上勇于发表自己的观点是难能可贵的,老师想听听你们的争论。

生1:我觉得诗人更喜欢梅花。喜欢梅花的香。

师:这是你的理解,老师感觉你也特别喜欢梅花,是吗?

生2:诗人应该两个都喜欢,因为每个特点都写了一个,诗人喜欢梅花的香,喜欢雪花的白。

师:他们两人观点不一样,听他们说的理由还都挺有道理的。其他同桌,你们同意谁的观点?有不同意见或者补充理由的吗?

生:我补充第一位同学的理由,诗人先说梅花虽然没有雪那么白,但是雪却没有梅花那么香,"但是"表示转折,说明诗人更倾向于喜欢梅花的香。

……

学生通过独立阅读,产生感悟,获得独特理解之后,希望能与伙伴交流,展示自己的阅读成果。这时,采用合作学习的方式,激活了学生的思维,为后面互文阅读的介入打下基础。

三、互文阅读，在比较中创意读写

特级教师余映潮认为在古诗课堂教学中，从某首古诗拓展开去，把具有一定相同因素的课内或课外的古诗联结起来进行阅读，将提高课堂教学效率。每个文本都是其他文本的镜子，每一个文本都是对其他文本的吸收与改造，它们相互参照，彼此牵连，形成一个潜力无限的开放网络，以此构成文本过去、现在、将来的巨大开放体系。在古诗教学中，如果围绕一定的主题，通过与多首诗或其他文本的碰撞交融，进行提炼迁移，从而实现课程教学中的互文阅读。

（一）同类别诗句比较中创意读写

把同一类别的诗句放在一起进行互文比较，能够使学生从不同角度去发现其共同的特点，使学生在深入理解古诗之前，就形成了独特的感受与部分共识，从而为后面的学习中学生分析能力与鉴赏能力的提高打下基础。学生自身去寻找同一类别诗句的可行性相对较小，因此，教师要做好引导工作，让学生有自己的表达方式。

在《雪梅》这首诗里，诗人认为雪的"白"与梅的"香"各有千秋。为了唤醒学生对雪和梅的印象，课堂伊始，教师便出示一组有关"雪"的诗句，再出示一组有关"梅"的诗句，让学生进行读诗句猜谜语的游戏。具体内容如下：

第一组：

别有根芽，不是人间富贵花。

六出飞花入户时，坐看青竹变琼枝。

忽如一夜春风来，千树万树梨花开。

第二组：

疏影横斜水清浅，暗香浮动月黄昏。

不要人夸好颜色，只留清气满乾坤。

零落成泥碾作尘，只有香如故。

学生发现第一组中每句都有一个共同的字，是什么呢？"花"字。这引发了学生的好奇心，是什么花呢？此花不是地上长出的花，而是天上掉下来的"花"。此花最大的特点是什么呢？当然是"白"。雪花这个谜底自然就出来了。此时教师引导学生回忆自己看到过这样的雪花吗？在哪儿看到的？当时是什么场景，又是什么感受？第二组诗句中有什么共同特点呢？在第一组猜谜的基础上，学生发现其共同之处在于都有清香的味道，分别从"暗香""清气""香如故"等词语中看出，再结合自己生活实际说说自己看到的梅花。在此基础上让学生朗读《雪梅》，欣赏竖版无句读的书法作品，在灵动跳跃的书法中不仅感受到古诗的节奏与韵味，更明白了诗人卢钺是既喜欢雪的"白"，又喜欢梅的"香"。

引入猜谜和欣赏书法作品等新的读写方式激发了学生的学习热情，使他们产生了丰富的联想，表达着自己对雪与梅的感受，这样的创意读写不仅促进学生对古诗句的积累，还有助于学生对古诗的理解，提高了学生发现美、欣赏美的能力。

（二）同诗人作品比较中创意读写

当下的语文课堂教学，对学生语言的建构与运用颇为用心，而对思维的发展与提升却往往一笔带过。如何在互文比较中激发学生的思维，从而创意表达呢？笔者紧扣"费评章"，借助互文比较，分三步教学。第一步，诗人为什么"费评章"；第二步，大家都来"费评章"；第三步，互文比较"费评章"。

第一步，诗人为什么"费评章"。因为梅雪争春。梅和雪如何争春呢？趁机让学生写写自己想到的画面。有的学生站在梅花的角度写道："你看看我才是真正的花，充满幽香的花，迎接春天的花，你这小小雪花算是什么花，太阳一出来就消失得无影无踪，竟还敢跟我争夺春天？"有的学生站在雪花的角度不甘示弱："我是春雪，你知道为什么叫春雪吗？那是因为我的到来，唤醒了春天，同时唤醒了你。你还真以为自己是春天的使者啦，要是没有我，哪来的你呢？"如此妙趣横生的创意表达不仅放飞了学生想象的翅膀，让脑海中的雪与梅活起来，更进一步让学生感受到诗人"争"字的表达之妙。

第二步，大家都来"费评章"。让学生想象自己就是诗人，并思考更喜欢谁。一石激起千层浪。有学生认为梅花有多种颜色，白的、红的、黄的，粉的等，朵朵花儿都有五片花瓣，特别好看，自身会散发出香气，加上雪的映衬，诗人当然喜欢梅花。有学生不同意这个观点，认为那鹅毛大雪漫天纷飞后，天地一片白雪皑皑，诗人肯定喜欢，否则在诗人眼中就不会出现梅雪争春的情景。有的学生补充，诗人先说梅花虽然没有雪那么白，但是雪却没有梅花那么香。"但是"表示转折，说明诗人更倾向于喜欢梅花的香。如此一来，课堂上出现了"独喜梅花派"与"雪梅共喜派"。学生在争论的过程中思维逐渐深入。

第三步，互文比较"费评章"。对于课堂上出现的两派，大家"费评章"无结果的情况下，适时引入同一位诗人，即卢钺写的《雪梅·其二》，学生自由阅读，从中体会诗人的心声。

雪梅·其二

【宋】卢　钺

有梅无雪不精神,有雪无诗俗了人。

日暮诗成天又雪,与梅并作十分春。

到底支持"独喜梅花派",还是"雪梅共喜派",可借助同诗人作品进行反思性阅读。在诗人的心目中,有梅无雪,有雪无诗,有诗无雪都不是最佳状态,而是诗、雪、梅共存才可达到"十分春"的境界。学生理解《雪梅·其二》的大致意思后,再回到课文《雪梅·其一》中来,看诗人在《雪梅·其一》中到底表达了怎样的情感。学生此时便明白了诗人是两者都喜欢,雪和梅相融才更好看。将同一位诗人作品进行互文比较,给学生一个全息视角,通过以诗解诗的对比,让学生明白在学习经典古诗时不盲目接受别人的观点,而是寻找资料,让自己的判断有理有据。

学生从想象画面到争论表态,最后理性思考,整个过程不仅让学生进一步理解诗人表达的情感,更重要的是发展了学生批判性思维,提升了学生思维品质,创意读写的能力自然也悄然提高。

(三)同主题内容比较中创意读写

每一个诗人、作家写作方法、写作风格都是不同的。互文比较能让学生对比不同作家的作品,使学生的思维得以发散,不会产生思维定式,从而提高学生分析能力,提升个体的创造力。

诗人卢钺喜欢雪和梅,有诗为证。那么别的诗人呢?教师引入王安石写的《梅花》一诗。出示"遥知不是雪,为有暗香来",让学生判断王安石是喜欢梅呢,还是喜欢雪?学生认为王安石喜欢梅,喜欢梅散发出的阵阵幽香。从诗的最后一句可以清楚地看出来。在此基础上,再引入作家吴伯箫笔下的"梅花"。(出示)

迈进后园,蜡梅开得正盛,几乎满树都是花。那花白里透黄,黄里透绿,花瓣润泽透明,像琥珀或玉石雕成的,很有点冰清玉洁的韵致。梅飘香而送暖,梅花开的时候,正预示着春天的到来。二十四番花信风,一候是梅花,开得最早。……

是啊,的确要早。要珍惜清晨,要珍惜春天,要学梅花,做"东风第一枝"。

作家要学梅花,做"东风第一枝"。趁机问学生喜欢梅花什么?请学生写出自己对梅的感受,抒发内心的真情。写完后让学生以小组为形式进行交流。学生通过独立阅读,产生感悟,获得独特理解之后,希望能与伙伴交流,展示自己的创意表达。这时采用合作学习的方式,激活学生的思维,学生纷纷表达自己感受,并说出自己的理由。有的学生赞叹梅的精神,有的学生表达自己对雪和梅的喜欢,更有学生把自己当作雪中的梅,诉说心声……

课堂进入尾声时,再次出示有关梅花的诗句,如:

无意苦争春,一任群芳妒。

已是悬崖百丈冰,犹有花枝俏。

香中别有韵,清极不知寒。

冰雪林中著此身,不同桃李混芳尘。

万树寒无色,南枝独有花。

不经一番寒彻骨,怎得梅花扑鼻香。

与课堂伊始遥相呼应,在悠扬的古筝曲《渔舟唱晚》的伴奏声中,学生回味着自己的言语表达,那若有所悟的样子,俨然成了鉴赏雪梅的小作家。古诗不仅要欣赏,而且要鉴赏,鉴赏就是要在形象感知的基础上进行分析与思考,进一步领会作品所蕴含的意义。这个阶段是由感性认识进入理性认识的阶段,是诗歌审美认识过程的一次飞跃。同主题内容比较就是为了加深理解,为了悟出深意,在理解想象、体验情感有了充分准备的基础上进行有智慧且有创意的表达。

四、深度挖掘,在运用中把握内涵

古诗词是世界上最古老的文学形式,是中华民族文化的精髓,以凝练的语言和丰富的想象抒发出诗人各种真切独特的情感。统编小学语文四年级上册第九课的《古诗三首》除了《雪梅》外,还选编了另两首名家创作的七言绝句,分别是《暮江吟》《题西林壁》。教师通过深入挖掘,针对古诗不同的特点设计出恰当的创意读写活动,不仅能使儿童的情操得到陶冶和升华,还能提高其想象力和写作能力,为儿童的终身发展奠基。

(一)诗中有画,让创意因色彩而更丰富

古诗作为最早出现的文学样式,其创作技巧、社会功能在很大程度上都能反映出一个民族的思想、智慧和文化。新课标指出要面向全体学生,突出基础性,使学生初步学会运用国家通用语言文字进行交流沟通,吸收古今中外优秀文化成果,提升思想文化修养,建立文化自信,德智体美劳得到全面发展。可见,古诗的学习首先是对古诗的理解与热爱,理解之后的消化吸收与创造生成则体现为语言文字的运用能力。在语言运用中把握古诗语言的特点与规律,可

增进学生对中华传统文化的认同感。

《暮江吟》是唐代诗人白居易的写景佳作。"吟",古代诗歌体裁的一种。暮江吟,是指黄昏时分在江边所作的诗。从红日西沉到新月东升,在这段时间里,诗人选取两组景物进行描写,巧妙比喻,创造出宁静和谐的意境,通过吟咏表现出内心深处的情思。全诗语言清丽,格调清新,其写景之微妙,历来备受称道。明代杨慎在《升庵诗话》中这样评价:"诗有丰韵。言'残阳铺水',半江之碧,如'瑟瑟'之色;'半江红',日所映也。可谓工微入画。"这首古诗在教学时,可进行如下的创意读写设计。

[教学片段一:描绘色彩,生成画面]

1. 这首诗中哪两句是写夕阳落照时的江水?

生:前两句。一道残阳铺水中,半江瑟瑟半江红。

2. 好奇怪,明明是残阳照在江面上,却不说"照",而说是"铺",为什么呢?请结合书上的配图,同桌讨论一下。(学生讨论后交流)

生:因为太阳快落下去了,所以太阳光是贴着海面照射的,像有很多光线铺在江面上。

生:我读这句时,好像感觉真的有双神奇的手将阳光都铺在江面上了。

你们不仅观察仔细,而且说得也很好。"铺"这个词很形象,有动感,但又轻轻的,使人觉得秋天的夕阳是那样柔和安闲。

3. 被夕阳照到的江面,显现出红色,没有被照到的,还是原来的青绿色。江水缓缓流动,波光粼粼,诗人抓住两种颜色,一下子就写出那种光与色瞬息万变的景象了!含有颜色的名句还有不少呢。(出示后学生齐读)

接天莲叶无穷碧,映日荷花别样红。

千里莺啼绿映红,水村山郭酒旗风。

绿杨烟外晓寒轻,红杏枝头春意闹。

4. 请大家结合学习单中的注释,先理解意思,再任选一个,抓住其中的色彩,说说心里的感受。(生自由练说后交流)

生:第一句诗中,碧绿的荷叶无边无际,粉红的荷花被衬托得格外美丽,很有诗情画意。

生:第二句诗让我感觉像是电影里的镜头在移动,黄莺在歌唱,很多绿树映着一片片红花,令人心旷神怡。

生:我选第三句。红艳艳的杏花就像很多小孩子一样在枝头闹春呢,这是拟人。

5. 《暮江吟》中夕阳西沉,晚霞映江,好美!其他几个含有颜色的诗句也将

美景描绘得活灵活现,呼之欲出,令人心动!生活中的色彩又何止绿和红,还有哪些颜色?(生答)

请大家回想自己曾欣赏过的某处美景,写一段文字,描绘出不同的美丽。注意,除了关注色彩的不同,你还可以用上拟人,或是镜头转移法。

学生进行创意练笔,师行间巡视指导,写后互评,再选几个和大家共享。

深度学习理论认为:学习不是忙于吸收知识,它应该忙于将知识转换成对正在加工它的学习者来说有意义的东西。创意读写必须讲究"积蓄",否则在表达时仅有写作情趣也是不够的,难以"生成"。紧扣古诗特点,结合儿童的语言应用能力、理解能力和心理特点,激发其具有创造性的思维,应成为此类创意课堂教学设计的重要参照。一个好的教学设计一定是整合学科逻辑和学生认知逻辑的。创意练笔前,教师已经带着学生在理解文本的基础上层层铺垫,并通过多维度训练发散思维,引导学生读出诗中的画面和其中隐藏的韵味。激发学生创意练笔的灵感后,让学生再动笔写,教师适当给予提醒:寻兴趣点,抓关键处,写心中景。这样的教学设计能真正达到提升学生表达素养的功能。

(二)诗中有理,让创意因思考而更生动

在小学古诗教学中,立足文本的语境自然离不开对诗意的理解,但理解之后的消化、吸收和创生则需要恰当的教学策略。学生语文学习是一个由浅入深、由低到高、由模糊到清晰的过程,即实践的过程、体验的过程。而且这个过程不是直线式推进的,是呈螺旋上升的状态。的确如此,古诗教学必须遵循古诗的特点和儿童的认知规律,创意读写存在着阅读、体验和创意相结合的过程。针对不同的古诗,自然需寻找不同的关键点来交流讨论。

《题西林壁》是宋代文学家苏轼的名作。这首诗巧妙地将哲理蕴含在对庐山景色的描绘之中。前两句描述了庐山不同的形态变化,横看崇山峻岭,绵延不绝,郁郁葱葱,侧看则峰峦叠嶂,耸入云端。再从远处和近处不同的方位看,所看到的庐山之山色和气势又不相同。后两句写出了作者深思后发现的原因所在,即"身在此山中"。全诗紧紧扣住游山,借助庐山这一载体,写出独特感受,深入浅出地表达出耐人寻味的哲理。

[教学片段二:用心思考,明晰道理]

1. 此诗描写了庐山的变化多姿,但还藏着一个道理呢,你能找到吗?用笔画出来。想一想,给了自己什么启发?(生寻找后交流)

生:一个人站在山里,如果想一下子看到庐山的全貌,是不可能的。

生:游人所处的位置不同,看到的景物也就不同。

生:这样的观察是不全面的,我们平时的观察可能也不全面。

大家说的都很有道理。身在庐山之中,游人看到的只是庐山的一峰一岭,一丘一壑,都只是局部而已,因此我们看任何事物也都应客观、全面地分析,如果主观、片面,就得不出正确的结论。

2. 苏轼生性放达,为人率真,文风洒脱。这首小诗在数千年后的今天还能激起人们的深思,和其中深刻的寓意是分不开的。(生齐读该诗)

3. 请完成学习单上的内容。

学习单:从下面的成语或诗句中,选择自己最感兴趣的一个,再结合生活中的具体事例,写出某个观点。

A. 滴水穿石

B. 千里之堤,毁于蚁穴

C. 士别三日,刮目相看

D. 欲穷千里目,更上一层楼。

E. 会当凌绝顶,一览众山小。

5. 生思考,选择,创意练笔。写后交流明理。

语浅意深,以物寓理,是苏轼的语言特色。教师在教学过程中可建立模拟情境,并站在儿童的视角上进入情境。引导学生利用基于相应情境认知下的真实感强烈的片段进行当堂练笔,能解决创意写作动机缺失的问题。在评价学生的片段时,重在方向性的指引,鼓励其事和理充分结合写,不要给太多干扰因素,比如句段长不长、词语美不美、用了几种修辞手法等,而是要努力体察学生思考的关键点,以及说理时思路是否清晰到位,进行这样的创意读写才是有价值的。

第三节 小说类文本"创意读写"

课程整合视域下,要求教师从教科书所提供的学习材料和学生的实际需要出发,对教材内容进行重组,有效实现教学目标。在师生共同运用教材、开发教材的动态过程中实现了从"教教材"到"用教材教"的转变。统编小学语文六年级上册第四单元是一个小说故事单元。小说是以刻画人物为中心,通过完整情节和环境描写来反映社会生活的文学体裁,其中人物、情节、环境是小说的三要素。本单元《桥》是亚洲中国当代微型小说,《穷人》是欧洲俄国近代微型小说,

《在柏林》是美洲美国现代微型小说。编排这一单元,旨在引导学生通过阅读不同时代、不同背景、不同地域的小说故事,了解小说的特点,并能学习创编小说。

笔者尝试把三篇小说故事放在一起进行比较阅读,通过比照与鉴别,启发学生进行多角度、有创意的阅读。把单元中的小练笔、口语交际、语文园地、习作整合起来教学,让学生对文本的理解更加深刻,更能把握小说的特点,提高对小说这种文学体裁的审美鉴赏能力,学会创编小说。

一、比较情节,探寻构思之巧

本单元的教学,可以通过对故事情节的比较,发现小说情节构思的秘妙,发展学生的逻辑思维和批判思维。现通过表格对比三篇小说的情节(见表3-1),可发现它们的共同之处:故事不断出现波折,尤其是故事结局让人意外,细细想来,却又在情理之中。

表3-1 三篇小说情节比较

小说	故事梗概	故事结局	意料之外
《桥》	一位村支书在山洪面前,沉稳果敢地指挥村民跨越战胜死亡的生命桥。	洪水吞没了村支书和一位被揪出来的小伙子。	一位老太太来祭奠两个人,她丈夫和她儿子。
《穷人》	一个寒风呼啸的夜晚,桑娜发现邻居寡妇西蒙病死了,决定收养她留下的两个孤儿。	渔夫也愿意收养这两个孤儿。	渔夫不理解桑娜为什么一动不动,她却拉开了帐子。
《在柏林》	一节车厢里,一位后备役老兵的妻子神志不清地数着"一、二、三",被两个小姑娘取笑。	老兵开口解释这一切。	车厢内一片寂静,静得可怕。

具体来说,小说情节创编引人入胜、扣人心弦,可以有三种手法。一是在故事情节发展过程中让主人公命运陡然逆转,如《桥》中的村支书和小伙子牺牲。故事结尾揭示谜底,让读者恍然大悟,原来老汉揪出的插队小伙是自己的儿子,这不禁让人唏嘘不已。再回到文中去看,难怪小伙子被揪出时一言不发,难怪小伙子最后推了老汉一把,要让老汉先走,难怪老汉却反过来要用力将小伙子推上木桥……在读者感慨万端之际,一个大无畏的英雄形象浮现在大家眼前,这样的故事架构,让人暗暗叫绝。二是让人物在故事发展中不断发生意外,如《穷人》中先是邻居西蒙意外病死。接着桑娜意外抱回两个孤儿,在忐忑不安中渔夫在恶劣的天气下终于出海归来。最后渔夫催促桑娜快去抱两个孤儿。这个结局不仅出乎故事中"人物"的意外,也让读者诧异,同时又被深深感动。三

是通过解释来龙去脉，以至于出现意想不到的结果，如《在柏林》中，一位老妇人突然自言自语，两个小姑娘不假思索地嗤笑，一个老头狠狠扫了她们一眼，最后那位后备役老兵的解释，导致全车厢死一般沉寂。

不管使用哪种手法，都需要作者在构思时，不断埋下伏笔，增设疑团或误会，蓄势待发，等"火候"到达，最后可像相声中抖"包袱"那样收尾，给读者出人意料的真相，让读者不由得重新回味情节，从而使文章"出奇制胜"。教学过程中，学生通过不同的情节感受相同的构思，即"意料之外，情理之中"。

"意料之外"需要学生运用发散思维进行创造性构思。可能会发生哪些意外呢？是让读者意外，还是文中的主人公意外，抑或都感到意外？以《桥》为例，有学生提出为什么一定要让村支书和儿子都牺牲？能否重新设计故事情节，在木桥塌掉的一瞬间，村支书带着儿子也成功跨越了这座生命桥……学生通过小组讨论，进行分析比较：哪一种结局更能引发读者思考，让人感到震撼？随着思考的深入，学生思维的批判性得以提升。"情理之中"能促进学生逻辑思维的发展，一连串的意外看起来是突然发生的，其实都环环相扣，如《桥》的故事精心设计洪水从南面来，村庄的东面、西面没有路，只有北面有座窄窄的木桥。这就决定了南面受阻的村民将全部从北面这座木桥撤离，而"窄窄的"决定了后面只能排成一队，按先后顺序依次过桥。后面水越涨越高，由前面的"没腿深"到"齐腰深"，最后木桥开始发抖，接着痛苦地呻吟。这预示着木桥即将倒塌，让读者的心不禁悬了起来。

通过单元小说的故事情节比较，发现情节构思的共同特点，有利于学生在今后的小说阅读中更好地鉴赏小说，领悟其令人拍案叫绝之处，也有利于在单元习作"笔尖流出的故事"中创编时有法可循，促进了学生逻辑思维与批判思维的发展。

二、比较人物，掌握塑造之法

在本单元三篇小说教学中，教师可引导学生对比小说中的主人公形象。《桥》的主人公老支书德高望重、临危不乱，从身份角度，强调他是一名党员。《穷人》的主人公桑娜是穷苦渔夫的妻子，从物质角度，突显他们很贫穷。《在柏林》的主人公老妇人因丧失三个儿子而神志不清，从精神角度，说明她受到严重的摧残。这么特色鲜明的人物是如何被塑造出来的？通过比较，主要方法如下。

一是对人物的正面描写。《桥》中对老支书的描写，重点是他的三次喊话。第一次是对乱哄哄的人们沙哑地喊，要求排成一队，党员排在后边。这正体现了党员吃苦在前、享福在后、全心全意为人民服务的高大形象。第二、三次喊话是对那位小伙子,准确地说是在吼。如果说第二次的"喊"是站在一名党员的角度,第三次的"吼"则是站在一个父亲角度,让人深刻体会到老支书在对人民群众的大爱中,也深藏着一个父亲对儿子的真爱。《穷人》中最突出的是借助对人物心理活动的细致描写突出人物的内心。其中有直接描写桑娜的内心想法的词,如"沉思""自言自语""站在门口想""忐忑不安地想"等;有通过人物的神态展露心理的词,如"脸色苍白""神情激动""心跳得厉害"等;有通过人物的动作传递心理的词,如"惊得从椅子上站起来""不敢抬起眼睛看""一动不动"等;还有通过人物的语言来描写心理的词,如"说话结结巴巴""沉默不语"等。不同的描写手法要结合课后思考题、小练笔,以及"语文园地"板块让学生理解与运用,如"沉默中,桑娜会想些什么呢?联系课文内容,写一写桑娜的心理活动。""试着写一写你忐忑不安或犹豫不决时的心理活动。"这里不仅仅要写出人物内心想法,还要通过相应的神态、动作等描写传递人物的内心。

二是对人物的侧面衬托。《桥》中有三处衬托。一是乱哄哄的人们。人群越乱越能突出老支书的威信。二是有位党员发出"党员也是人"的抱怨。面对冲突,老支书立即化解矛盾。三是那位插在队伍中的党员小伙子。老支书毫不犹豫地将其揪出,体现出极强的党性。《穷人》中桑娜一家非常贫穷,穷到什么程度呢?五个孩子一年四季都没有鞋穿。然而桑娜知道寡妇西蒙去世后,出于爱的本能,把其留下的两个孤儿抱了回来。桑娜原以为丈夫会责怪她,于是做好了即使挨骂挨揍也要收留别人家孩子的准备。小说借助邻居西蒙和渔夫丈夫成功衬托出女主人公身上散发的高尚纯洁的母性光辉。小说《在柏林》里也有这样衬托主人公的角色。两个发出嗤笑声的小姑娘和用眼神制止她们的老头。小姑娘的"笑"与老兵夫妇心中的"泪"形成强烈对比,虽然她们第一次嗤笑被老头的眼神制止了,然而后来还是忍不住再次嗤笑,最终老兵释疑。一般来说,小说中的人物分为主要人物与次要人物,次要人物往往是为衬托主要人物服务的,或正衬,或反衬。该小说单元整合教学可先以《桥》为例,再让学生自主阅读其他课文,熟悉这种塑造人物的方法。

三是对人物的个性描写。小说中的人物个性鲜明,这种个性的彰显要符合当时特定的情境,才能使故事真实感人。该单元三篇小说之后安排了口语交际"请你支持我",要求说服别人支持自己做一件事,如说服妈妈,让她同意你在家里养一只小狗。类似的话题在二年级下册语文园地七已经安排过写话:"如果想养小动物,你想养什么?写写你的理由,试着多写几条。"三年级下册第一单元口语交际"春游去哪儿玩",第七单元口语交际"劝说",分别要求说清楚理由和想法,要求多从别人的角度着想。本次口语交际在说清楚理由的基础上新增一个要求:设想对方可能的反应,恰当应对。看似与小说无关,然而可以和单元小说教学整合起来。《桥》中的老支书是怎么说服人们与其余党员的?《穷人》中的桑娜是怎么说服渔夫收养两个孤儿的?《在柏林》中的老兵是怎么说服两个不断嗤笑的小姑娘的?同样是说服,老支书必须是"吼",老兵是忍无可忍地挺直身板开口。桑娜是先询问鱼打得怎么样,再表达害怕和担心,最后支支吾吾地说邻居死了,死得很惨。三位主人公都抓住时机选择了最佳说服方式。试想,如果作者让他们改变表达方式,老支书支支吾吾地提要求,桑娜面对渔夫吼,老兵对着两个小姑娘战战兢兢地说,都将不合时宜。不同的表达方式不仅符合当时的情境,还有效突显人物个性特征。

学生通过单元整合的学习,掌握上述将主人公栩栩如生地塑造出来的方法,将有利于发展他们的形象思维,提高其思维的敏捷性与灵活性。

三、比较环境,感受烘托之妙

小说中的环境描写是不可忽视的,它可以营造某种氛围,或者推进情节发展,抑或突出人物特点。学生在阅读过程中,通过划出小说中的环境描写并比较,可发现文中三篇小说开头都是环境描写,而且都交代了故事发展的背景环境。《桥》的开头"黎明的时候,雨突然大了……",随即山洪暴发,让人感到十万火急。《穷人》的开头"渔夫的妻子桑娜坐在火炉旁补一张破帆,屋外寒风呼啸……",这是一个海上风暴正起的夜晚,给人一种不祥的预感。《在柏林》的开头"一列火车缓慢地驶出柏林,车厢里尽是妇女和孩子,几乎看不到一个健壮的男子……",这是第二次世界大战爆发的背景下,阴云笼罩下德国的一节火车车厢里发生的故事。为什么车厢里尽是妇女和孩子,几乎看不到一个健壮的男子呢?健壮的男子都去哪儿呢?在层层疑虑中故事拉开了帷幕。

除了开头外,文中小说在情节发展的过程中也夹杂着环境描写。《桥》中的环境描写一次比一次危急,如"水渐渐蹿上来,放肆地舔着人们的腰"和"木桥开始发抖,开始痛苦地呻吟"。环境描写越是危急,越是让人担心,越是能烘托出老支书沉着勇敢、不枉私情的英雄形象。让学生深入文本,找找还有哪些环境描写对表现人物形象起到了作用。《穷人》的第一自然段有这么一句话:"地扫得干干净净,炉子里的火还没有熄,食具在搁板上闪闪发光。"主人公家穷得让人忧心,那么此处描写是否多余呢?显然不是,这里的环境描写能衬托渔夫妻子非常勤劳、善良,为后面她决定收养邻居家的两个孤儿做下了铺垫。《在柏林》中最经典的一处环境描写在结尾:车厢里一片寂静,静得可怕。老兵一番解释的话震住了在场的所有人,也让读者的心揪了起来:老兵刚刚失去三个儿子,自己也要奔赴战场,这一去何时能返回呢……这种戛然而止的环境描写作结尾,让人深思,起到"此时无声胜有声"的作用。

本单元语言园地"词句段运用"提供"关云长温酒斩华雄"的经典片段让大家赏析。该片段并没有直接描写关云长在战场上与华雄大战的情景,而是描写了当时的环境:"关外鼓声大振,喊声大举,如天摧地塌,众皆失惊。"让人无限遐想。其中最后一句"其酒尚温"更是显得关羽斩杀华雄速度之快,突出其武艺之高强。教师可引导学生开展"寻找名著中环境描写"的相关活动。这里的"名著",可以是四大古典名著,也可以是本单元"快乐读书吧"中涉及的成长的故事,还可以是各班级平时开展课外阅读活动时读过的小说。很多小说故事都被制作成了电影,教师可以播放电影中的精彩片段,不仅能激发学生的阅读兴趣,还能让这些典型的环境场景描写深入学生的心灵。

在小说阅读赏析中引导学生关注环境描写,是培养学生直觉思维的好方法。把精彩故事中的环境描写找来读一读,同学之间交流阅读的收获,可提高学生对小说中环境描写的敏感性。有利于学生在自己创作小说时有意识地在故事的首、中、尾处进行环境描写,试着把环境描写和故事氛围、人物形象、情节发展等联系起来。

四、比较表达,尝试创意之作

除了比较小说的三要素外,还可以比较小说的表达方式,便于学生尝试着创作属于自己的小说故事。三篇小说故事的语言风格迥异。《桥》全文五百多字,竟分成了27个自然段,平均每个自然段不到二十字。如第1自然段:"黎明的时候,雨突然大了。像泼。像倒。"三句话才十几个字。大量的短句组成极为简短的段落,要指导学生读出急促、紧张的节奏。《穷人》一文有大量的心理描写,有时平静,有时焦急,有时激动,内心最复杂的第9、10自然段,用了4个感叹号,6个问号,7个省略号,把桑娜当时无比紧张的心理刻画得淋漓尽致。要指导学生根据内心的变化读出不同的语气。《在柏林》运用了反复的手法。其中老妇人反复数着"一、二、三……",两个小姑娘反复嗤笑,都是在为后文蓄势。

作者之所以创作这样的小说,与作者本人的经历与时代背景密不可分。作为阅读拓展的一部分,教师也要引导学生关注。《桥》是为了赞扬先人后己、率先垂范、舍己为人的共产党员。《穷人》是反映沙皇俄国统治下劳动人民的苦难生活和他们的高尚品德。《在柏林》是反映世界大战给老百姓带来的沉重灾难。

如此一来,学生自己创作小说的时候就要先想好创作的目的是什么,想反映什么样的社会情况。在进行拓展阅读时,要有意识地提供同题异构的作品让学生比较。例如,以《桥》为题的微型小说,著名西方现代派文学家弗兰兹·卡夫卡写过,在文中桥是人生的象征或隐喻。美国作家帕梅拉·佩因特所写的《桥》也充满戏剧性。中国现代作家冰心也写过《桥》,表现大洋两岸不同的生活节奏。中国当代作家贾淑玲创作的《桥》又表现出不一样的风格。这样的比较阅读让学生明白,通过同样的题材可以表达不同的创作意图,有利于发展学生的创意思维。

  本单元的三篇小说都是按照时间或者事情发展顺序叙述的。的确,如果我们在创作时,把事件的结局,或者某个最突出的片段提在前边叙述,再回过头来叙述先前发生的事情,这种倒叙的手法就像一把有魔法的剪刀,能让小说增色不少。《阿甘正传》就是一部运用倒叙手法的小说,教师可让学生观看同名经典电影的开场。还有穿插手法的运用,会让读者的阅读视角在频繁切换的画面空间里跳跃,增加文章的画面感,有效推动故事情节的发展,给读者以充分的想象空间。这些不同的叙述方式可以通过"快乐读书吧"的拓展阅读开展探究活动,感受不同的表达方式所产生的不同效果。在叙述的过程中,总会有一些"不约而同"把故事推向高潮。《桥》中老支书与小伙子最后都推让对方先走。《穷人》中渔夫与桑娜都愿意收留两个孤儿。《在柏林》一文中,不懂事的小姑娘与神志不清的老妇人不约而同坐一辆车等。正是有这些精心设计的"不约而同",才会有精彩的故事。

  经过上述整合比较,在学习完"课文、口语交际、语文园地、快乐读书吧"之后,放手让学生展露能力,进行本单元习作"笔尖流出的故事",创作微型小说。他们对故事的情节、人物、环境等设计兴致高涨。设计一个怎样的故事,为什么要设计这个故事,怎样达到预设的效果,哪里是匠心独具之处等,这些问题想清楚后进行小组交流汇报,一个个有创意的故事便能应运而生。教师趁热打铁,设计小说故事接龙活动,学生自己创设一组环境与人物,然后自愿报名,分组创作,轮流接力,每人创作一个章节。小说接龙创作活动中,所有接棒的学生,首先要认认真真读前面的故事,理清人物关系,用心思考故事情节的发展走向,然后再动笔写。

  落笔之后,每一个人不用纠结于自己能写多少字,而要充分展开自己的想象,关注故事的细节。细节描写,也许是描写人物的外貌、神态、动作,也许是描写人物心理,还可能是描写某个建筑物的外形,或是一把武器的样子和威力,甚至是一个魔法是分几步施展的……于是《图书星球的魔法书》《精灵王国的国王》《时空旅行者》等小说陆续"出炉",学生尽情发挥创意,把小说单元的创意读写活动推向了高潮。在本书最后一章,大家可以欣赏到不同类型的孩子在一起共同完成的精彩佳作。

第四节 看图写话类"创意读写"

写作教学贯穿义务教育整个学段,在第一学段以"写话"的形式出现。在统编语文教科书中,"写话"所占的篇幅一般只有半页,甚至只有几句话。从教科书的目录中也可见一斑:课文题目与口语交际内容一目了然,唯独没有"写话"的影子,原来被"语文园地"囊括其中,直到第二学段方才露出真容。如此一来,在课堂教学中,写话教学呈现出教师教得随意、学生写得困难的样态。本节以二年级仅有的两次看图写话课堂教学实录为例,试图分析小学低段看图写话教学的现实困境及有效出路。

一、低段看图写话的现实困境

看图写话在统编低段语文教材的语文园地中以专题写故事的形式出现两次,分别是二年级上册园地七写话"小老鼠历险记"与二年级下册园地四"快乐的一天"。在课堂教学中,呈现出如下困境。

(一)矛盾——口头语与书面语

儿童处于母语学习的最佳启蒙阶段,其在学校进行语文学习的一个主要任务,就是完成口语向书面语的过渡。低段学生以口语表达为主,强调"我手写我口"。如何通过写话完成口语向书面语的过渡,成为写话教学的主要矛盾。

一位教师在教学"小老鼠历险记"时,请学生仔细观察电脑里出现的猫,并思考那是一只什么样的猫。指导学生从猫的动作、语言、神态等角度去观察。其中一个片段如下:

师:你留意到猫的眼睛了吗?

生:睁得大大的。

师:用"瞪"比"睁"更合适,瞪着一双圆溜溜的大眼睛。(板书:瞪 圆溜溜)谁再来说,猫的嘴巴是什么样的?

生:张开大嘴,好像要一口吃掉小老鼠。

师:是呀,这样的大嘴一看就像要吃掉对方。我们称之为"血盆大口"(板

书:血盆大口)

……

教师将一些书面语写在黑板上,并试图用这种方式引导学生从完成口头语向书面语过渡。这个想法颇好,但从当堂反馈来看,实际收效甚微。新课标对低段写话的要求是:"写自己想说的话,写想象中的事物。"学生初学写话时,能仔细观察图画,用自己的话说清楚,教师就应给予肯定,从而带给学生更多的表达自信。如果一味地强调"瞪"比"睁"更合适,强调用"血盆大口",而不是用"大嘴",容易导致学生不知所措,以为自己刚才的回答被否定,而到底哪里不合适,学生又搞不清楚。当学生还没有学会写话,就被要求摒弃口头语,改用书面语,使得低段学生从一开始就对书面表达产生了恐惧心理,而且这种心理很可能贯穿到三年级学作文的阶段。《学记》中所谓"杂施而不孙,则坏乱而不修"说的正是这个道理。

(二)尴尬——无事可编与发挥过度

低段学生看图编故事容易出现两个极端现象:一是茫然无措,没想好写什么。二是脱离情境,出现胡编乱造的现象。如在"小老鼠历险记"的课堂教学中有这样一个片段:

师:看着凶恶的大花猫,小老鼠吓坏了,展开想象,后面会发生什么故事呢?
生:小老鼠赶紧把电脑合上,大花猫就不见了。
师:呃……想一想,后面会发生什么有趣的故事呢?
生:小老鼠吓得叫妈妈,妈妈来了,告诉小老鼠不用怕,这是电脑,不是真的大花猫。
师:有点意思,老鼠妈妈来了。有没有更好玩的故事?
生:小老鼠发了一个气功,打得大花猫哇哇叫,于是大花猫从电脑里跑了出来,开始了猫捉老鼠的游戏。
生:(笑)小老鼠与大花猫互相破口大骂,引来了很多小动物看热闹……
师:这个故事不好玩,有点离谱了。

片段中,学生一开始编不出故事,更不知道怎么编一个故事,在教师的再三启发下,故事是编出来了,学生也觉得好玩,教师却觉得很尴尬,故事编得有点离谱。究其原因,是因为低段学生身体体验与心理体验之间相脱节,这是他们具身认知能力不足的表征。作为第二代认知科学的代表性理论,具身认知理论以"涉身性""体验性"和"嵌入性"为重要特征,关注"身体"与"环境"的交互作用,强调身体对心智或认知的"塑形",关注"感觉——运动"过程及其协调在高水平认知发展中的作用,强调身体、大脑和环境的耦合关系。教师要给予学生创编故事的抓手,调动其已有的生活经验,才能更好地进入故事情境,避免课堂上出现的尴尬。

(三)差距——课程标准与课堂标准

低段看图编童话应该引导学生编到什么程度?这个问题很多一线教师搞不清。正因此,才抱着"法乎其上,得乎其中"的态度,对学生尽量拔高要求,试图用提高课堂教学的要求来促使学生达成课程标准所制定的目标,这是简单易操作的。把中学段的要求下移到低学段,把高学段的要求下移到中学段,以此类推,学生的压力越来越大,最终遏制了学生写作的动力,导致怕写作文的心理成为常态。

教学二年级上册"小老鼠历险记",有教师提出故事的开头就应该交代清楚时间、地点、人物、起因等基本要素,接着引导学生了解故事的基本要素。显然教师忽略了这是第一次看图编故事,这些基本要素学生能记得住吗?即使勉强努力,那一开始想编故事跃跃欲试的心情也消失大半。还有教师请学生细致观察图画,如老鼠被吓时的表情是怎样的?眼睛、嘴巴、四肢的动作会如何?它会怎样说?心里又会想些什么?将这些内容连起来说一说,就可说得具体了。"具体"这个词在统编语文教科书写作序列中第一次出现是在五年级,若是要求低段学生说具体,则无视了学生言语发展的年龄特点,显然不妥。

教学二年级下册"快乐的一天"时,有教师认为童话故事的特点是形式好玩、内容有趣、情感动人、含义深刻,试图用这四个标准要求学生,结果可想而知。还有的教师采用合作表演的方式,要求学生说清楚图中三个小动物会做什么、会说什么、会想什么。如此要求,一幅图要写到一百多字,四幅图写下来,成了一篇近六百字的作文。这样的编故事的课堂水准已经达到了四年级的水平。其实哪怕有个别学生能达到这个水平,也不能证明如此教学是科学高效的,恰恰相反,这完全违背了课程标准。

(四)割裂——模仿与创新

从心理学的角度来看,模仿是人的一种本能,儿童的模仿能力在成年人之上,其成长的每一步都有模仿的痕迹,因为对外界的模仿是他们谋求生命成长的基本方式。写作作为一项基本技能,自然也离不开模仿。有教师给学生提供范文,却又担心学生看后写出来的文章千篇一律,毫无个性,更不用谈创新了。于是,出现了这样一种特别的现象:若不提供范文,学生不知怎么写;若提供范文,可能限制了学生的想象,成文缺乏个性。

例如,教学"小老鼠历险记"时,教师提供一个开头:"一天,小老鼠米娜正在用笔记本电脑上网玩,突然,屏幕出现了一只凶恶的大花猫……"教学"快乐的一天"时,教师提供开头:"一天早上,蝴蝶、蚂蚁、小虫子看到地上有半个鸡蛋壳,可以用这半个鸡蛋壳做些什么呢?"结果全班同学都会使用类似的开头。尽管教师已反复提醒可以不用这个开头,但学生依然如故。提供开头会造成"开篇过于相似"的窘境,如果提供整篇给学生参考,那雷同的文章只会更让教师看得索然无味。

模仿与创新并不是一组对立的矛盾。教师应该引导学生在模仿中有所创新,仿中有创,让模仿与创新相融共生。提倡写作从"模仿"开始,并不是反对创新,而是走向创新的一个重要路径。试想,一方面学生不知道应该写成一篇什么样的作文,另一方面教师却要求学生张扬个性,表达真实的自我。如此将模仿与创新进行割裂,让学生的表达成了无源之水、无本之木,此为当下低段看图编故事的又一大现实困境。

二、低段看图写话的创意表达与思维提升

童话是深受儿童喜欢的文学体裁,如何让低段儿童不仅能编出童话故事,还能编出创意,以提升他们的思维品质呢?笔者进行了以下几点尝试。

(一)借有创意的故事情境培养形象思维

皮亚杰的认知发展阶段理论指出:具体运算阶段(7～11岁)的儿童以形象思维形式为特征,这时的儿童能够进行逻辑推理,但在推理过程中必须有具体经验的支持。由此可见,小学低段儿童看图编童话故事时,首先要能想象出相应的人物形象,接着要让静止的画面在脑海中活动起来,进而产生丰富的联想与想象。看图编童话故事的过程也是儿童形象思维发生发展的过程。通过创设童话故事的情境,可以有效促进低段儿童形象思维的发展。

"小老鼠干什么"写话要求中提了几个问题:小老鼠在干什么?电脑屏幕上突然出现了谁?接下来会怎样?教师在教学时通常会请儿童仔细观察图画,会发现小老鼠在用笔记本电脑,电脑屏幕上突然出现了一只猫。于是写话的开头产生了:一天,小老鼠正在用笔记本电脑上网冲浪,正玩得高兴的时候,突然,屏幕上出现了一只大花猫……"一天的经历"写话要求中提的问题是:小虫子、蚂蚁和蝴蝶用鸡蛋壳做了哪些事情?它们有什么有趣的经历?第一幅图是三只小动物在利用鸡蛋壳做支架,上面放一块木板,它们在一起玩跷跷板游戏。于

是写话的开头可以这样写:一天早上,蝴蝶、蚂蚁、小虫子用鸡蛋壳和一块木板做成了跷跷板,它们在一起开心地玩了起来。

上述两个写话的开头虽然抓住了图意,写清楚了图画上的小动物在干什么,然而缺乏有创意的情境设置,没有激起低段儿童的兴趣,静止的小动物形象也难以在学生脑海中变得活跃。其实"小老鼠历险记"写话内容的吸引人之处在于历险,这样的历险故事需要一个情境带孩子走进画面,走进故事。笔者设计的创意情境是:一年一度的鼠国历险故事大会开始了,每只老鼠都要讲述自己过去一年中遇到的最惊险刺激的一件事,小老鼠灵灵想到上个月那惊魂一幕,于是决定讲述那天的故事——一天中午,我吃完饭用笔记本电脑上网冲浪……如果你就是小老鼠灵灵,要上台讲述自己的历险故事,你会怎么说呢?因为人称的变化,每个小朋友都把自己当作了灵灵,小老鼠的经历仿佛成了他们自己的经历。这样的情境设置可谓一石激起千层浪,小朋友兴奋起来,他们模仿着图画中小老鼠受惊吓的模样,开始互相诉说着当天惊险的一幕。"一天的经历"要写出三只小动物有趣的经历。如果仅仅是教材中图画上的内容,显然缺少情趣。笔者这样设计:森林学校放假了,有三个非常要好的朋友决定外出旅行一天,它们分别是小蝴蝶、小蚂蚁和小青虫。这可以作为写话的第一部分,交代故事背景:学校放假,三个好朋友,外出旅行。创设出一个有趣快乐的情境。放假是让人放松的,好朋友在一起是让人舒畅的,外出旅行更是让人高兴的一件事。在这样的欢乐气氛中,学生开始了自己神奇的想象之旅。

实践中对于前后两种教学情境的设计,后者情境创设下的学生显然思维活跃得多,他们更乐于走进故事。故事情境的创意设计关键在于让图画中静止的事物在学生头脑中活动起来。不能仅仅让学生仔细观察图上有什么,还需要教师设计有创意的故事情境,为学生开展形象思维做好准备。有创意的故事情境能唤起学生头脑中原有的和新的形象,并对形象进行加工,结合联想和想象,画面逐渐清晰、具体、活跃起来,使学生有身临其境之感。学生的形象思维在这个过程中自然得到充分的发展。

(二)借有创意的故事内容培养发散思维

在看图编童话的过程中,低段学生往往囿于教师权威而形成思维定式。课堂上教师引导学生编故事,对于说得较好的同学给予表扬后往往会暗示其他学生要学着说,造成大众思维定式,导致大部分低段学生渐渐丧失自己的思考,养成听教师怎么说,听优秀同学怎么编,就学着照搬的直线定式思维。

发散思维是指围绕一个中心,从不同方面、不同途径、不同角度,经过积极的思考和联想,尽可能广泛地搜集与这一中心有关的各种感性现象、信息资料以及观念、意图,然后找到一个最佳角度、一个最完美的解决问题的思维方法。发散思维需要个体借助联想与想象在头脑中形成一种发散状的模型,能够有效地激发灵感。教师在课堂教学过程中要设计开放性的问题,拓展学生思维的宽度。

"小老鼠历险记"的历险故事内容基本是这样:当小老鼠看见电脑里出现了大花猫,吓得大喊救命。结果不小心碰了鼠标,大花猫消失了,或者老鼠妈妈来了,告诉孩子这不是真的猫,小老鼠才松了口气。这样的故事内容到了学生那儿便成了套路,全班的故事情节惊人相似,使得创编故事已然丢失了"创"字,沦为故事的复制。那么接下来怎样巧妙提要求?为了让学生有话可说,还能有所创意,教师需要给学生建立简单的故事模型,让故事在小老鼠与大花猫之间展开。教师出示小老鼠与大花猫的版贴画,请学生想一想,后面可能会发生哪些让人想不到的故事?有的学生认为大花猫居然从屏幕中冲了出来,有的认为大花猫不能从屏幕里出来。在这基础上继续让学生发散思维,大花猫从屏幕里出来后可能发生什么故事?继而打破猫追老鼠的定式思维,多种故事模型开始出现,如:"面对面"型,老鼠与花猫坐下来谈判争执;"肩并肩"型,老鼠与花猫居然打破常规,成了友好的朋友;"大变脸"型,"花猫"原来是其他小老鼠戴了猫的头饰扮演的……随着不同故事模型的创意出炉,黑板上贴了各种各样的老鼠与花猫的造型。

"一天的经历"写话中提供了四幅图,画面内容基本构成了整个故事。第一幅:他们用蛋壳做了个跷跷板,高兴地玩着。第二幅:他们坐在蛋壳里,用热气球带着飞上了蓝天。第三幅:下雨了,他们把蛋壳当作房子躲雨。第四幅:他们把蛋壳当摇篮,在里面舒舒服服地睡觉。最后用上教材提供的四个表示时间顺序的词,如此串起来的故事完整,但少些趣味。教师让学生看图思考,这三个小伙伴外出游玩,突然看见了半个蛋壳,他们会用蛋壳来玩些什么游戏呢?小朋友们根据图画内容积极思考,有的说可以做跷跷板玩,有的说可以去环球观光,有的说可以捉迷藏,下雨时正好可以躲在里面,还有的说可以当摇篮摇,累了就睡觉。同样的图画,以一个"玩"字串起来,容易引起低段学生的共鸣,使其思维更活跃。此时,教师再请学生展开想象:怎么玩这些游戏,玩的时候会说些什么呢?有的说玩跷跷板时小蝴蝶会为小蚂蚁加油,有的说小虫子和小蚂蚁在空中看到大地上的风光都忍不住大声喊:这里真美啊!甚至还有学生想象小动物们在玩的时候互相展开的对话。

低段学生相对好动,注意力和思维活动难以长时间维持,教师的有效引导非常必要,看图编童话时应给学生想象的空间,当有好的思维火花产生时,及时抓住,不断鼓励点拨,打破思维定式,培养发散思维。

(三)借有创意的故事主角培养独创思维

独创思维是指创造性的思维活动。看图编故事中的"独创"不只是看故事的创意,更主要的是看学生思维活动有无创造性。这有赖于学生对故事的发生发展有一定的把控能力,并运用语言材料进行组合迁移。低学段学生仅凭自身的心智特征,很难在故事情节上做出有创意的设计。如何在看图编童话故事中培养低学段学生的独创思维呢?可借助故事主角的魅力,让他们把自己当作故事主角,或者与故事主角一起展开活动。

"小老鼠历险记"这个故事,可让学生假设:如果自己是小老鼠的好朋友,看见小老鼠受到了惊吓,会怎么帮助小老鼠呢?从保护弱小的角度出发,低学段学生大多都能想出各种办法,或义正词严,或出谋划策,或大声疾呼等。什么办法最好并不是最重要的,重要的是学生凭着直觉与想象,产生了一个又一个主意,体现了思维的独创性。

"一天的经历"这个故事,让学生分组创编,这三个小动物还能用半个蛋壳做什么好玩的事情呢?如果你和它们在一起,会给它们什么建议呢?有的学生说可以把蛋壳做成小船,沿着小河漂流而下,看到许多美丽的风景,甚至在大海上漂泊。有的学生说可以把蛋壳拖到山坡顶上,然后一起坐进去,沿着山坡的草坪滑下来。还有的学生说可以储藏食物,把好吃的东西都放在里面,想吃的时候就进去吃个够等等。

在知识经验储备不充分时,用猜测的办法解决难题是必要的。我们不仅要培养学生一步一步地"推",而且还要培养学生跳跃性地"猜"。猜想是每个人都有的潜在能力,需要在教学中充分重视并挖掘这个潜在能力,发挥其巨大的创造力。学习过程必须以学生为主体,让学习者"在场",以学习者的现实生活为基础,通过体验真实,允许学习者自由畅想。要充分把握和利用低学段学生容易沉浸于童话故事的特点,创造大胆猜想的环境和条件,让低学段学生帮助故事主角出谋划策,以此培养他们的独创思维。

(四)借有创意的故事结构培养系统思维

"系统"一词在《现代汉语词典》中的解释是"同类事物按一定关系组成的整体"。我们身处的世界就是由各种大大小小的系统组成,每个事物都可以视为一个系统。系统,就是相互依存和相互影响的若干因素,为实现共同目标所构成的具有特定功能的集合体。所谓系统思维,就是要根据系统及其基本特性来思考问题。系统思维作为一种思维方式,可以将复杂的事情简单化、抽象的事物具体化。看图编童话的过程,也就是系统思维的运行过程,学生需要把单幅或者多幅图画连成相对完整的有创意的故事,如果某个环节没有编好,必然会影响整个故事的发展及其结局。

编故事活动具有整体性的特征,童话故事有起因、发展、结局,缺一不可,否则故事就不完整。在创意故事活动中培养学生系统思维,首先要考虑整体性。如"小老鼠历险记"这个故事,学生先展开发散思维,在讨论之后、动笔之前,必须明确自己要编一个什么类型的故事,结局是什么。

培养学生的系统思维,其次要考虑层次性。整体的系统,由许多层次的子系统或要素组成,系统与子系统之间有着一定的层次性。学生创编的童话故事由一个个部分组成,每个部分合起来构成"整体"。对于"一天的经历"中三个小伙伴用半个鸡蛋壳玩什么,又是怎么玩的,围绕这个主话题展开思考,每幅画其实就是一个环节,最后整体展示说明三个小伙伴一天玩得很尽兴。

系统思维的第三个特征是相关性。相关性指系统之间的关联性。反复结构往往是童话常用的结构,低学段学生对此并不陌生,因为在低学段教科书中的童话故事大多都呈现出这一特征。例如,《寒号鸟》中,喜鹊不断劝寒号鸟要赶快做窝,寒号鸟总是不听劝告。《蜘蛛开店》一文中,蜘蛛每次卖东西的原因都是觉得织起来很简单,每次招牌上都是"每位顾客只需付一元钱",结果每次来的顾客都让它忙很长时间。《青蛙卖泥塘》中的青蛙每次都吆喝着"卖泥塘喽,卖泥塘",每次来的小动物都先肯定泥塘的优点,再提出不足,青蛙每次都接受小动物的建议等。学生根据平时的语言品读,已初步探知童话故事中反复的表达方法。教学"一天的经历",围绕三个小伙伴用半个蛋壳玩的故事,在了解图意的基础上,教师出示分组创编故事单。

分组创编故事单

(某小动物)说:"我们下面玩什么呢?"

(某小动物)说:"我们可以_____。"

(某小动物)说:"好呀,好呀,我们快玩吧!"

…………

学生编童话故事时,每一部分借助这样的开头,既加强了故事各部分的关联性,又使得故事更加生动有趣。"小老鼠历险记"中可以使用"小老鼠跑呀跑呀……"或者"啊,亲爱的猫先生……"这样的反复结构贯穿整个故事情节。

总之,看图编童话的思维过程是动态的,如果学生思维品质欠佳,容易导致故事内容安排随意、发展混乱,更不可能创编出生动有创意的童话故事。语言是思维的载体。教师在指导低学段学生看图编童话的过程中,关注其思维方式的训练,注重其思维品质的培养,这比童话故事本身更有价值。当然,低学段学生思维品质的提升不可能一蹴而就,每次编故事前,教师须合理安排,科学指导,逐步提升低学段学生思维的整体水平。

第四章　儿童"创意读写"实践路径

导　语

在课程整合视域下，以"创意读写"为主线进行单元整合教学，是基于统编语文教科书"双线组元"的特点，紧扣单元语文训练要素，提升学生创意读写能力的一种整合形式。本章根据教材资源进行整合，提炼出有创意的主题，再以单元为整体，确定课时重点，组织学生积极探究。在读写实践中，借助思维支架，让学生的思维"看得见"，提高其创意表达能力，提升其语文核心素养。

创意读写，对教师而言，是利用课内外多种资源，开展有创意的教学活动；对学生而言，是对文本或其他"材料"有独特理解，能写出真正富有童真童趣的创意性佳作。我们通过实践发现，借助特色活动课程可以有效提高儿童创意读写的能力。

针对习作重难点的制定与突破的研究，目前少有专家学者进行相关探讨，一线教师往往根据习作教材的具体内容凭经验行事。本章从教材中的习作要求及例文出发，深入分析。接着跳出这一篇，纵看这一类，对同一类型习作进行梳理，以厘清习作教学重难点。最后再回到这一篇习作，基于单元整体教学背景，寻求习作教学重难点的突围。从点到线，由线到面，以期指出一条可行性路径，确保学生能一课学一招，有实实在在的获得感。

本章提出要跳出语文教语文，跳出教材看教材。例如，跨媒介学习已成为当下学习的必经之路，本文尝试用微电影引导学生创意微表达，已取得一定成效。

第一节　整合教学范式探索

课程整合已逐渐成为世界范围内课程改革的重要课程形态,呈现整体性、跨学科性、实践性、复杂性、创新性等特征。语文课程整合是指用整合的思维重新审视和建构现有的语文课程。根据语文课程与教学的实际,从微观、中观和宏观三个层面,语文课程整合分为课程内整合、课程间整合、课程外整合三种形态。课程内整合指的是语文课程内各要素之间的整合,具体表现为阅读、写作、口语交际、识字写字、综合性学习等语文学习领域之间的整合。课程间整合是指语文课程与其他学科课程之间的整合。课程外整合是指语文课程与生活之间的整合。

本节分别从语文课程内、课程间、课程外三个层面进行路径开发的阐述,通过课堂教学实践,充分展示儿童创意读写的研究成果。主要体现为以主题或单元教学的方式,开展语文课程整合视域下的儿童创意读写活动。将有创意的阅读和有创意的写作有效结合,以读促写,以写促读,使儿童的思考、理解和表达都更有个性、更富创意。

对于一线教师而言,基于教材单元进行单元整体教学设计,是课程改革发展的一大挑战。"单元设计"可概括为两种不同的单元编制:以"目标——达成——评价"方式来设计的"计划型课程"单元编制;以"主题——探究——表达"的方式来设计的"项目型课程"单元编制。传统的"教材单元"是"计划型课程"的呈现,而"创意读写单元整体教学"是以"主题——探究——表达"的方式,整合单元语文要素,指向"项目型课程"建设。

统编小学语文教材从三年级起,每个单元分别从阅读与表达两个方面安排语文要素。有的单元阅读要素与表达要素高度统一,如三年级上册第五单元有两个语文要素:一是体会作者是怎样留心观察周围事物的;二是仔细观察,把观察所得写下来。阅读为表达提供范例并指向表达能力的培养,两者高度融合。有的单元要素之间并不统一,需要教师在阅读要素与表达要素之间找到连接点,从学生的认知水平和心理特征出发,开展有创意的读写活动,激发学生读写兴趣,培养其想象力和创造力。本节以三年级上册第六单元为例,从"主题""探究""表达"三个方面展开研究,试图探索出以"创意读写"为主线的单元整合教学范式。

一、整合单元教材,提炼创意主题

将本单元的教材资源整合在一起,并渗透到各部分的学习中。这种单元整合的思路使得读写一体化,学生的语文能力将在学习过程中得到有效提高。统编小学语文教材提出一个明确的核心概念:语文要素。所谓语文要素就是语文训练的基本元素,包括基本方法、基本能力、基本学习内容和学习习惯等。语文要素分解到每个单元,具体体现在单元导语中,一般从阅读与表达两个方面各安排一个训练要素。三年级上册第六单元安排了两个训练要素,分别是:借助关键语句理解一段话的意思。在习作的时候,试着围绕一个意思写。这两个单元训练要素包括哪些知识、能力、方法与习惯呢?需要结合本单元阅读课文后面的思考题、小练笔、习作以及"语文园地"等进行综合探究。

本单元第一篇课文《古诗三首》课后练习:"有感情地朗读课文,想象诗中描绘的景色。"第二篇课文《富饶的西沙群岛》课后练习:"选择你喜欢的部分,向别人介绍西沙群岛。"第三篇课文《海滨小城》课后练习:"有些句子很重要,可以帮助我们理解一段话的意思,你能从课文中找出来吗?在课文中画出你认为写得好的句子,抄写下来和同学交流。"第四篇课文《美丽的小兴安岭》课后练习:"如果到小兴安岭旅游,你会选择哪个季节去?结合课文内容说说你的理由。"概括起来,上述课后练习呈现出三个特点:一是向别人介绍自己喜欢的自然风光。二是通过想象感受语言的表达特点。三是根据中心句理解一段话。

本单元除了安排四篇课文阅读,还穿插了四次专题表达,其中三次是小练笔式的书面表达,另一次是口头表达。第一次小练笔安排在课文《富饶的西沙群岛》之后,教材提供四幅图,分别是鱼群、珊瑚、海鸟、海龟,要求从中选择一幅,写几句话。第二次小练笔安排在课文《美丽的小兴安岭》之后:"你的家乡哪个季节最美?为什么?写一段话和同学交流。"第三次小练笔安排在"语文园地"中的"词句段运用":"看到下面的词语,你的眼前会浮现怎样的画面?选择一两个词语写句子。"在要求下方,教材提供了8个ABB式词语。第四次是口头表达,也在"语文园地"中的"词句段运用"板块,要求"用下面的句子开头,试着说一段话"。第一句:"车站的人可真多……"第二句:"我喜欢夏天的夜晚……"这四次专题表达呈现出层层递进的关系。先是围绕一个内容写几句,接着围绕一个理由写几句,然后是围绕一幅画面写几句,最后是围绕一个句子表达一段话。四次专题表达对学生的要求越来越高,第一次是教材提供一幅图,第二次是结合课文的语句,第三次是想象一幅画面,第四次不仅要展开想象,还要用上总分结构的表达形式。

本单元习作"这儿真美"要求:"把身边的美景介绍给别人。写之前仔细观察,这个地方有些什么,是什么样子的。写的时候,试着运用从课文中学到的方法,围绕一个意思写。可以用上这学期新学的词语。"习作内容与前面的课后练习、专题表达紧密相关,即运用本单元学到的方法介绍一幅美景。

综上所述,本单元训练要素包含的知识要点是:认识总起句,了解总分结构。学生应该掌握的学习方法是:借助关键语句理解一段话的意思。学生应该达到的能力是:试着围绕一个意思写一段话或者几段话。在习惯方面,学生应该熟悉总分段落结构并能运用,这样才能培养能力,达到"习惯成自然"的效果。因此,从知识、方法、能力、习惯四个维度再整合,便可提炼出本单元创意读写的主题:围绕一句话写一处优美的景色。不管是阅读教学,还是习作教学,都应该围绕这个主题让学生开展有创意的阅读与表达,以读促写,以写促读。

二、确定教学重点,精心组织探究

提炼出单元整合的主题后,要围绕这个主题确定每篇课文的教学重点。这需要从读写一体化的角度,认真研读教材,让每课教学重点之间既有联系,又有区别,呈现出螺旋上升的态势。

本单元第一篇课文《古诗三首》都表现了诗人对大自然的观察与想象。李白在《望天门山》中描写的景物有:青山、长江、孤帆、日边。苏轼在《饮湖上初晴后雨》中描写了晴天的西湖与雨天的西湖。刘禹锡在《望洞庭》中描写了洞庭湖、月亮、君山岛。每首诗作者都展开了丰富的想象,关键词有:相对出、西子、淡妆浓抹、镜未磨、白银盘、青螺。教学时要让学生充分感受到祖国山河不一样的美,有壮美,有秀美,有动态美,有静态美,故本课教学重点是:想象诗中描绘的景色,感受祖国山河的美丽。课堂上,教师引导学生用整合的方法学习这一类型古诗,以"诗人看到了什么,想到了什么"为核心问题,学生圈画出诗中关键词,在小组中交流自己的发现与感受。

第二篇课文《富饶的西沙群岛》有对美景的具体描写,如海水有各种颜色,珊瑚有各种式样,还有各种各样的鱼群等。这些描写有两个共同特点:一是在语言范式上使用了"有的……有的……有的……"这样的句式;二是作者展开想象,由珊瑚想到了绽开的花朵,分枝的鹿角,由小鱼鼓起气的身体想到了皮球等。描写西沙群岛海鸟那一自然段是总分结构,文中有一处批注:"我发现这段是围绕一句话来写的。"基于上述分析,确定本课的教学重点:能使用总分结构向别人介绍西沙群岛的一处风景。例如,教学"海水""珊瑚""鱼群""海鸟"这几个自然段时,教师要使用总起句来引导学生想象画面,如"鱼成群结队地在珊瑚丛中穿来穿去,好看极了。"学生接着说:"有的……有的……有的……"再如,"海底的岩石上生长着各种各样的珊瑚。"学生接着说:"有的……有的……有的……"可以用文中的语句说,可以提供影像资料让学生观察后再说,还可以鼓励学生展开想象说。这样的教学紧扣课后练习及小练笔,让学生既能充分感受到西沙群岛的美丽富饶,又学会了围绕中心句用列举法把自己的观察说清楚。

第三篇课文《海滨小城》第四、五、六自然段都是总分结构,分别围绕"小城里的每一个庭院都栽了很多树""小城的公园更美""小城的街道也美"来写。抓住这些句子,就能理解相应自然段的意思。在具体描写庭院、公园、街道时,作者都巧妙地展开想象,如"小城好像笼罩在一片片红云中""一棵棵榕树就像一顶顶撑开的绿绒大伞""好像踩在沙滩上一样"等。本课的教学重点为:充分感受海滨小城的美丽。与前一课感受风景美丽的相同之处都是围绕中心句用列举法,不同之处是能说出不止一处的美丽,每一处能用运用想象的手法。这是由段向篇过渡的重要阶段。第四篇课文《美丽的小兴安岭》是在前面基础上,以春夏秋冬的时间顺序呈现完整的文章结构。每一个季节的描写都使用了列举的方法与想象的手法。例如,春天的小兴安岭写了树木、小溪、小鹿,其中小鹿"有的……有的……"本课的教学重点与前一课保持一致:充分感受小兴安岭的美丽。这两课的教学都要放手让学生选择自己觉得最美的地方进行勾画批注、讨论交流。只有熟悉了课文的结构与语言,才有可能顺利完成课后小练笔:"你的家乡哪个季节最美?为什么?"

上述课文的教学重点,将指向阅读理解的课后练习与指向文字表达的小练笔整合在一起。从诗中的一个词,到文中的一段话,再到一整篇文章,课文之间的教学重点呈阶梯状递进。从有观察与想象,到具体的观察与丰富的想象,再到围绕一个中心多方面的观察与想象,让学生展开自主探究活动。教师要鼓励学生在活动中大胆想象,有不一样的画面就与大家分享,如海底有长相奇特的珊瑚、自由自在的海龟等,再如小兴安岭有美丽的小鹿、活泼的兔子等,教师要给予充分的肯定与表扬,以激励学生进一步展开有创意的想象,这是确保创意读写活动持续进行下去的催化剂。

三、搭建思维支架,提升表达能力

学生在阅读教学过程中,即使知道一段话可以围绕开头的一句话来写,也并不意味着能用总分结构写清楚一段话。这是因为能划出总起句、认识总分结构、懂得列举方法、知道想象手法等,都属于写作的陈述性知识。有研究表明,大部分学生即使明了选材、布局、中心主题、表达手法等写作的陈述性知识及其重要性,却难以指导自己的写作行为。这种知道却做不到的表象其实是写作程序性知识缺乏的表现。

程序性知识是一套办事的操作步骤,是关于"怎么办"的知识。学生通过阅读掌握写作陈述性知识,还必须通过各种练习,转化为写作程序性知识。这个转化的过程需要一个凭借,这就是支架。语言的建构与运用是建立在思维的发展基础之上的。借助思维支架,可以让学生的思维看得见,从而及时调整教学内容与教学节奏,确保学生能够有效地建构语言,掌握写作程序性知识。

气泡图是常见的一种思维图示,中间的大圆内写明中心或主题,四周的圈内标出能描述中心内容的关键词,即一级分支。用总分结构把一处场景写具体,可以借助气泡图回顾课文,让学生清晰地看到文本表达的思路。例如,《富饶的西沙群岛》中对鱼群的描写,可以画出气泡图,见图4-1。

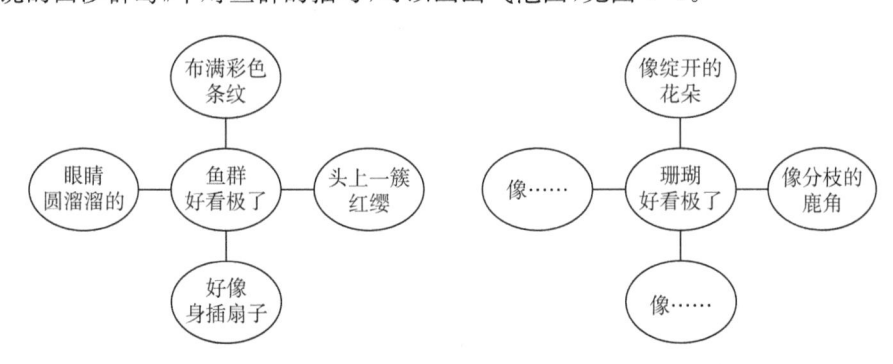

图 4-1 "鱼群好看极了"　　图 4-2 "珊瑚好看极了"

接着让学生欣赏各种各样的珊瑚,依照样子画出气泡图。中间的大圆写上"珊瑚好看极了",一个小圆写上"像绽开的花朵",一个小圆写上"像分枝的鹿角",余下的由学生自主填写,如图4-2。教师把文中的一句话稍作调整,给学生作为开头:海底的岩石上生长着各种各样的珊瑚,好看极了。学生结合"有的……有的……有的……"句式便可顺利写出一段总分结构的话。

气泡图还可以让学生围绕关键词进行描绘,培养学生多角度观察事物的意识。例如,课文《美丽的小兴安岭》中夏天的景色描写,有树木、雾、太阳、野花等。可以画出气泡图(图4-3),其中"野花各式各样"可作为关键词,继续画其他气泡图,还可用"有的……有的……有的……"句式写清楚。课后小练笔"你的家乡哪个季节最美",教师要引导学生从这个季节的气候、景观、社会、文化等多角度去思考,画出气泡图(图4-4)。其中将着重描述的某一方面作为一级分支,并以其为中心再画二级分支的气泡图。

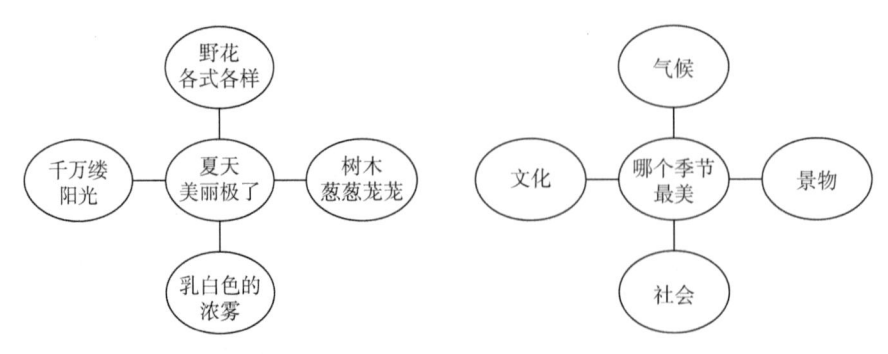

图 4-3 "夏天美丽极了"　　　　图 4-4 "哪个季节最美"

借助气泡图可以帮学生厘清段落结构,迅速把握句式特点。在篇章结构方面可以借助树形图或流程图来帮学生理清文章内容与顺序,如课文《海滨小城》写了海滨小城的美丽,写了哪些内容呢? 可以用树形图画出来(图4-5)。

图 4-5 "海滨小城"

本单元习作"这儿真美"要求试着运用从课文中学到的方法,围绕一个意思写。"试着运用"建立在学生理解的基础上,且尝试着反复练习,才能逐步掌握方法,在习作中才能运用。文章要按一定的顺序来写,这样的方法学生可以在课文学习过程中理解,问题在于学生并没有尝试过练习,毕竟前面的练笔都是片段,到了单元习作才是完整的篇章。此时导图的支架作用不可小觑,它可以让学生的习作思维可视化。例如,"秋天的树林就像一幅色彩斑斓的图画……""一到池塘边,我就被眼前的景色吸引住了……"让学生试着用地点转移的顺序进行镜头的转换。秋天的树林美在哪儿呢? 池塘那儿可能有怎样美丽的景色呢? 师生互动,共同画出思维导图(图4-6、图4-7)。

图 4-6 "秋天的树林"　　　　图 4-7 "池塘的美景"

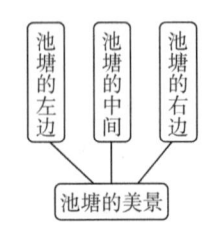

《美丽的小兴安岭》是按照季节变化的顺序来表达,可以用时间流程图画出文章的线索(图 4-8)。在单元习作中要求试着围绕"操场后面的小花园真美……"来写,就可以按四季变化的顺序,让学生回忆小花园在春夏秋冬四个季节分别都有哪些花,最终画出思维导图(图 4-9)。

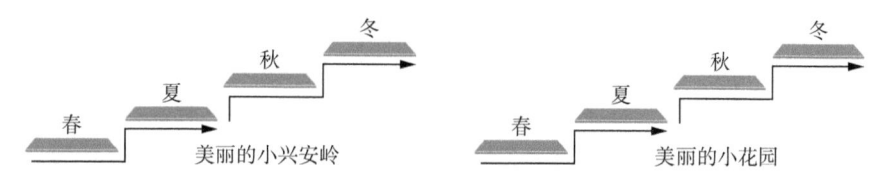

图 4-8 "美丽的小兴安岭"　　　　图 4-9 "美丽的小花园"

在思维导图的帮助下,学生会发现不管是按地点顺序还是按时间顺序,每个部分自成一段,且都能是总分结构。对于印象特别深的地方,用上"有的……有的……有的……"的句式,特别美的地方,还需进行联想。学生从课文中学到的写作陈述性知识,在动笔运用中转化为写作程序性知识,思维导图成了一座不可或缺的桥梁。

根据中年段学生的年龄特征,在实际操作中,可以让学生使用更有趣的方式来绘制思维导图。儿童创意读写中的"读",不是狭义上的文字阅读,还包含了用眼观察、用耳聆听、用心感受等形式的"读"。儿童创意读写中的"写",不仅指文字表达,还指结合述说、扮演、画画等形式来表达,如学习《美丽的小兴安岭》时,可以用小组合作的形式,戴上"春夏秋冬"的头饰,每人介绍一个季节。像这样运用头饰的表演可以在写"学校美丽的小花园"时再次出现。再如学习《富饶的西沙群岛》时,可以用画画的形式表达自己最喜欢的一幕场景。在写其他地方的美景时,进行小组合作,每位组员画一幅画,组合在一起,对学生而言,这种形式不仅是有创意的导图支架,更是有意义的表达方式。在这个过程中,学生的发散思维、逻辑思维、创新思维都得到了长足的进步。

在课程整合视域下,以"创意读写"为主线的单元整合教学范式使"读写"相互依存,互为目的,共同指向创意思维,促进儿童创造性表达。让学生在活动中发现,在发现中反思,在反思中习得。这既是对语文教材的二度开发,也是在逐步构建具有整合特色的"创意读写"课程。总之,以"创意读写"为主线的单元整合教学范式实践过程,打破了现有课程体系各版块"各自为政"的现象,将语言运用与思维、审美、文化紧密联系在一起,有效提升学生语文核心素养。

第二节　开展特色活动课程

很多儿童的习作千篇一律，选材相似、立意相仿、构思雷同、语言乏味，这就是缺乏个性、灵性、创意性的表现。

阅读与习作是语文教学的两大支柱。创意读写，对教师而言，是将多样化的阅读教学和有新意的习作教学有效融合，并结合课内外多种资源，开展有创意的教学活动；对学生而言，是对文本或其他"材料"有独特理解，能写出真正富有童真童趣的创意性佳作。本文发现，借助特色活动课程可以有效促进儿童创意读写，下面精选一些活动案例以飨读者。

一、活动新颖，激发创意读写之趣

随着年龄增长和身心变化，学生爱玩的活动也在不断发生变化，捉迷藏、荡秋千、扳手腕、溜溜球等已不能让学生好奇兴奋，教师可设法组织一些新颖的特色活动，打开活动性创意读写兴趣之门。

近来，我们举办过的"语文特色活动"有：气球动物、瓜子拼图、鸡蛋也会讲故事、瓶子翻飞大比拼、有魔法的制杯超人、开心小卖场、抄默趣、当花生和诗词相遇、我和某某打了一架、同学是多么奇怪的动物、我为老师来配药、搓圆子、厨神争霸、吃货故事节……

★案例一：瓶子翻飞大比拼

活动准备：矿泉水瓶。

活动规则：

1. 分为两场。第一场是"瓶子飞行"，第二场是"瓶子翻跟头"，用大小不同的瓶子反复练。

2. 瓶子飞行：两手各拿一个同样大小的瓶子，装等量的水，同时抛出，使两个瓶子"飞行"后，在左右手交换。如此反复，谁抛接得更流畅，次数更多，就获胜。

3. 瓶子翻跟头：手拿一个瓶子，装适量水。将瓶子高高抛起，让瓶子在空中翻跟头，最后稳稳"站"到桌上。瓶子在空中翻的跟头越多，就越棒！

4. 最后评出优秀的"控瓶魔法师"。奖励：爸爸妈妈带小魔法师去超市挑选爱吃的美味。

学生精彩佳作：

瓶子翻飞大比拼

大家知道什么是"瓶子翻飞大比拼"吗？

"飞"就是两手各拿一个同样大小的瓶子，里面装相同高度的水，然后同时抛出，等两个瓶子飞行后，同时在左右手交换。而"翻"则是拿一个瓶子，里面仍然装水，将瓶子高高抛起，让瓶子在空中翻个跟头，最后竖着稳稳落到桌上。

乍一听，我们都觉得这个游戏有点危险性，会不会砸到人呢？

我回家按照老师的要求练习了。可是，每次练习时，不是瓶子飞出去了，就是瓶子从空中落下来后并没有稳稳地站住，我都有些泄气了。我当时抱着侥幸心理，这么高难度的动作，可能别人也做不起来吧！

然而，事情并不像我想象的那样。当陈嘉宁和孙尤辰上台比赛"瓶子飞行"时，陈嘉宁表现自如，一连弄了三十几个。两个瓶子好像被施了魔法一样，在他手上变得非常听话，轻轻地被抛出，很快又稳稳地落在他的另一只手上，我们都看得目瞪口呆，发出阵阵惊呼。不过，他旁边的孙尤辰则显得有点手忙脚乱，我们都笑了。

"瓶子翻跟头"是同桌之间进行比赛，董芫源成功做了四个，本来我以为我输定了，后来我突然发现好像小矿泉水瓶翻跟头以后更容易站得稳，于是我就跟别人借了一个，哇，我竟然扔了二十七个，顺利打败了董芫源。

原来瓶子能否站住和瓶子的高度、水的多少是有关系的，还有就是要仔细观察，多加练习才能取胜呢！（学生：朱可沁）

这篇文章已不是简单的"起因、经过和结果"之"三步曲"，而是将心理活动贯穿其中，既写自己又不忘定格他人，而且全文没有堂而皇之的套话，而是扎实生动地写出了活动体验。

"童年"是一个人生命中的独特时期，每一个童年个体，都应该是自由的、个性飞扬的。"活动"和"游戏"是这个阶段最典型的文化特征，能解放儿童的身体和感官，让他们有更多鲜活的体验。新课标倡导学生要有"个性化"的表达，即不可"勉为其难"，而要"理所应当"。

马正平先生说："写作是人言语和精神秩序的建构"。的确如此，"读写"应真正走向儿童，而不是吃大锅饭似的一定要让学生怎么读、怎么写。放眼未来，若想真正促进人的言语和精神成长，必须将"创意"作为重要载体，它不是可有可无，而是必须！

此次活动，教师精心准备好活动方案，提前在班级QQ群或微信群内告知所有成员，得到家长的配合，学生准备得会更充分，活动效果也就越佳，自然为之后的"创意读写"做好铺垫,让学生有话可写,且能写出真情实感。

二、方式多样,丰富创意读写内涵

人的创新意识能在特色活动过程中慢慢表现出来。"创意读写"中的"读",不仅仅指读文,还包括读图、读影视、读广告、读舞台、读生活场景等;而"写",不仅仅指写一篇作文,还包括图文结合展示、画思维导图、故事连载、自制绘本等。

创意读写,有外显的形式上的创新和内隐的内容上的创新。形式创新是内容创新的实践表现。举办有特色的读写活动,精心设计良好的教学场,实际上就是在创设儿童尽情表达的情境,目的是为了激发儿童的学习动机、好奇心和求知欲,充分开发学生情商,让他们获得良好的情感体验,感受到写的趣味,开启其创新的思维,从而促进创意读写的有效建构。

★案例二:当花生和诗词相遇

活动准备:花生、创意、古诗句

活动过程:

1. 看老师发的参考示范图(图 4-10),用心品哦。

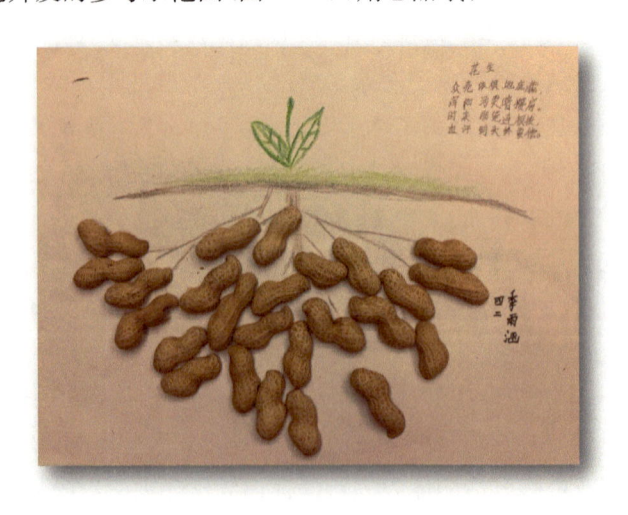

图 4-10 老师参考示范图

2. 三级挑战(三选一):

(1) 初级挑战,可得 5 分:用花生壳、花生仁、花生皮等拼出有趣的图,没有什么诗意,但挺好玩。给图起个名字。

(2) 中级挑战,可得 10 分:拼出好玩的图,给图起名字,再写两三句话在图旁做介绍。

(3) 高级挑战,可得 20 分:创作出一幅有诗意的令人觉得很有意思的作品。这个级别的挑战,需要爸爸妈妈帮忙,和孩子一起找合适的诗句,一起构思。甚至可将花生的造型图先拍下来,然后在电脑上再加工。

3. 不管选择哪种挑战,都需拍照上传至班级 QQ 群。

学生创意作品(图 4-11):

图 4-11 学生创意作品

像这样的创意读写，学生收获很大。读图思考，就是一种有创意的"读"，动手制作，也是一种有创意的"写"。当学生制作出一幅颇有意境的"花生诗"后，其对古诗的理解必定能再上新台阶，再将这样的过程写成一篇作文时，每个学生都能写出不雷同的精彩佳作，特色鲜明，感悟独到。

"创意读写"是为了化"文"为"人"，在符合要求的"大同"中突显个性，避免让读写陷入空洞干瘪、违心乱言的泥潭，丧失原本的教学价值。"创意读写"包含的内容非常丰富，教师不仅要在课程理念上充分彰显，更要在教学过程中积极实践。而学生对特色活动的兴趣格外浓，大多也易操作，可将其作为提升学生创意读写能力的一个重要突破点。

三、指导得法，升级创意读写活动

赞可夫指出："教学法一旦触及学生的情绪和意志领域，触及学生的精神需要，这种教学法就能发挥高度有效的作用。"不过，学生可能因为一味地玩而忽略观察和体验，这时教师的引导作用必须凸显：在活动开始前，可让学生说说心里的期待或忐忑之处；活动过程中选代表到台前展示，让其他学生观察其表情和动作，教师自己还可"变身"，以某个物体的口吻来自述，将活动过程从另一个视野再现；活动结束后，可让学生给某人写一段心里话，让文字因为有"对象感"而更加生动。

教师指导学生通过多种感官交叉活动，进行不断提高的"再创造训练"，使学生创造潜能得到发掘，创造性思维得到发展。学生在积极参与的同时，还能"有法可依"，不仅训练观察力，提高口语交际力，而且发展了创造性思维，培养了创新能力。请看下面这个精彩的活动案例。

★案例三：我为老师来配药

一天，因身体不适，我的嗓子哑得说不出话来，课堂上只能请个嗓音响亮的小助手站在身旁帮我扩音，另外再辅以肢体语言上课。突发灵感，又是一次"创意读写"的好机会。于是，课堂上边讲、边演、边呈现出板书（图4-12），学生兴趣盎然跟着设计。

课后再发指导方案：

亲爱的孩子，今天当你发现梅老师的"动听鹿鸣"变成了"嘶哑公鸭嗓"，是不是觉得很好玩呢！

很多同学已当堂完成精彩图解式作文，

图4-12 板书

很棒！这周作文可以二选一，对哪个最感兴趣，就写哪个。

选择一：我为梅老师配药

选择二：我是神医

关于"我为梅老师配药"——

将所画的"图解式作文"（图4-13）还原成作文：

1. 时间、地点、人物？

2. 梅老师嗓子前后的变化。（注意通过心理活动描写，衬托出梅老师"搞笑嗓音"的变化之乐。）

3. 积极地为梅老师配药，得注明各种配方，用量精确到克。脑洞开得越大越好，大到让梅老师想象不到。如果还能说明这些药是从哪儿来的，那就更好！

4. 注明服用方法、副作用。

5. 再编写出梅老师服用后的效果，以及对你的称赞，或是想要责备你。

关于"我是神医"——

1. 你在何年何月何日成为神医，哪怕是穿越到过去或未来也没问题。在想象世界里，自己可以尽情做主！

2. 给哪几个病人看病的，各有什么不同的方法？

比如：盘古、普罗米修斯、王母娘娘、毛毛虫、大熊猫、鳄鱼、钢铁侠、灰太狼、熊二、美国总统、著名球星、校长、女巫、圣诞老人、海龙王……

3. 有很得力的助手吗？或者是一个经常帮倒忙的助手？

比如：老妈、梅花鹿老师、蜘蛛先生、甲壳虫女士、小机器人、小象波米诺、青蛙弗洛格……

4. 疗效如何？成功？还是失败得令人笑掉大牙？

注意：选择不少于三种病人，而且一定要是不同的人物代表，且用不同的治疗方法。期待各位的精彩大作！

这份指导方案其实就是在不露痕迹地指导学生如何思考，学生读得有滋有味，且情不自禁地边读边整理思路，最后下笔成文。针对不同的特色活动，教师指导的方法不一样，指导有创意，学生才会有更多精彩。

学生精彩片段：

我先用"瞬移6号"把自己瞬移到荷兰

图4-13　图解式作文

的花海中,采了两片玫瑰花瓣,再瞬移回家,用磨粉机把玫瑰花瓣磨成粉,放在阳光下暴晒。我再用"无敌戒指"收集了几滴清晨才有的露珠。接下来得等夕阳了,我用"黑洞制造机"吸了6缕夕阳,放进袋中,又吸了6把春风,也放进袋中。我乘"幻影号"开到幻影之路,采了一片柳叶回家,磨成粉。嗯,再去自家田中取大约6克的稻谷,暴晒,再采一片青菜,三粒玉米,都磨成粉。最后切记,还得采一点彩虹,这些全都得放进胶囊中。(张井源)

教学实践中,以读带写,以写促读,读写与实践、活动等相结合,能充分激发儿童的表达兴趣,发展其想象力、思考力、理解力、构思力和表达力,符合新课标提出的要求:观察周围的世界,能不拘形式地写下自己的见闻、感受和想象,注意把自己觉得新奇有趣或印象最深、最受感动的内容写清楚。

很明显,"不拘形式、想象、新奇有趣"都是在强调习作教学必须走向个性化。而创意读写的"个性化表达",就是让儿童远离成人言语,敢说"梦话",诚说"真话",表达"心声"。巧妇难为无米之炊,教师须巧妙创造机会,让曾经的"噤若寒蝉"隐遁无踪,让儿童写出或奔放夸张,或活泼幽默,或细腻敏感的个性化文字。

特色活动既有课内也有课外,课内可采取"随文读思创"的方式,就文取材,将儿童的语言组织运用和对文本的理解有机结合,交融互促,让小练笔练出大气候;课外又可采用"趣味读书笔记"的涂色圈画批注、"思维导图"训练等来推进创意读写,将自由阅读与自由写作相结合,提升思考力,积淀人文素养。甚至还可创设校内外"美拍美文美篇""品文畅想写心"等语文综合实践课程,进一步为创意读写开辟出更广阔的天地。

总之,创意读写,并不是为了培养学生成为作家,而是针对长期以来儿童写作"失真、失趣、失情"现象,旨在让儿童"乐读、乐做、乐思",并能创造性地表达自我。特色活动课程能为"创意读写"开辟出另一番奇妙的天地,这种写作样态值得进一步探究。

第三节　一课一招突破重点

备课组在共同研究苏教版三下习作五"好朋友的画像"时,发现难以确定该篇习作的教学重难点。翻阅教学参考书,也没有找到对该篇习作教学重难点的表述,只有两条教学要求:一是"阅读例文,学习通过外貌、性格、爱好等方面来写熟悉的一个人"。二是"学习抓住典型特征观察他人,尝试有条理地组织语言表达,初步学习通过典型事例突出人物特点"。通常做法,便是在教学要求里选择部分内容作为教学重难点。上述两条教学要求,哪一条是教学重点或者是教学难点,是否需要调整,判断的依据是什么呢?

笔者试图通过中国基础教育期刊全文数据库寻找答案。搜索主题关键词"重难点",检索出 15281 条结果。在结果中搜索篇名关键词"习作",检索出 0 条结果,即没有一篇文章探讨基于习作教材的重难点分析与制定。在中国基础教育优秀硕博学位论文全文数据库里输入主题关键词"作文",检索出 4704 条结果,在结果中检索主题关键词"难点突破",检索仅发现 3 条结果,其中两篇为初中语文作文教学的研究,一篇是初中英语作文的研究。当在结果中检索主题关键词"突破难点",检索也只发现 3 条有关信息,其中一篇指向小学语文,一篇指向高中语文,一篇指向高中英语。指向小学语文的硕博论文题为《小学高年段基于"语文主题学习"的读写结合实践研究》,只因其在摘要中提到一句"教学实践的运用同时也是研究中需要突破的难点",与习作教学重难点并无实质关系。

一、习作教学重难点的厘清与突围

现实中的习作教学,普遍存在"学生怕写、老师怕教"的现象,该如何突破难点,专家学者还没有这种微观层面研究的成果,或许是给一线教师留下更多的发挥空间。反观其他学科的教学参考书,如数学学科是有明确教学重难点的,语文学科怎么就没有呢?习作教学的重难点该如何制定?

一线教师凭经验教学,缺乏理论高度,深一脚浅一脚,对于哪里要教深?哪里错漏?学情如何?并不能及时把握。绝大部分教师教过即了,而对于学生写得怎么样?重难点是否真的突破?基本无暇顾及。个别一线教师探索意识较强,不满教材中的习作编排,甚至有所摒弃,另立山头,试图重编习作教材,探索习作教学规律。"绘本作文""童话作文""音响作文""活动作文""开放作文"等诸多流派便应运而生,效果究竟如何,还有待进一步审视。下面笔者以苏教版三年级下册习作五"好朋友的画像"为例,试图探讨如何确定习作教学重难点,突破重难点,让学生能够一课一得。

(一)解剖习作教材,初拟重难点

三下习作五中的要求是这样表述的:"你想向大家介绍谁呢?除了写外貌,还要写写他的性格、爱好。这样,别人就更了解他了。"显然这是一篇写人的文章,从例文及提示语来看,要把好朋友的外貌、性格和爱好等写清楚。

教材提供的例文《我的朋友钱方明》,先写了钱方明的外貌,再写了钱方明的爱好。这篇例文值得学习之处为:第一,钱方明的外形特征描写。例文这样写道:"钱方明比我胖,比我高,在班里他是最高的。他喜欢留小平头。眼睛不大,一笑起来几乎看不见眼珠,但视力很好。他饭量大,力气大,连走路都带风。"寥寥数语,写出了钱方明个子高、视力好、饭量大、力气大、速度快等特点。这些特征与下文钱方明是学校足球队的主力队员紧密联系。试想,个子小、视力差、饭量小、力气小、速度慢的人怎么可能当上足球主力呢?外貌描写与兴趣爱好之间要有紧密的联系,这应该是一个教学重难点。第二,例文中的事例与足球主力的身份相匹配。为了突出钱方明是足球主力队员,例文写了这样一个事例:"有一次和外校比赛,他带球连过三人,一脚飞射,踢进了对方大门。从此,我们都叫他'钱(前)三',他听了可自豪了。"如果他仅仅是成功射个空门,或者连过三人,起脚打偏,险些成功,就不能体现出其足球主力的特点。故另一个教学重难点应该是能选择典型事例突出人物的特点。

　　小学中年段学生习作刚起步,对他们而言,模仿是重要的方式。教师要逐步引导学生,让他们模仿范文的语言句式、结构形式、情感表达。那么例文《我的朋友钱方明》有没有什么地方,会导致学生"东施效颦"呢?回答是肯定的。首先,文章内容之间的比例不合理。文章开头是"他叫钱方明,我叫赵学明,我们的小名都叫'明明'。我们不仅住在一个小区,从幼儿园到现在还在一个班呢。"这种拉家常式的开场并不适合全体学生,因为其中的若干巧合不是每个学生都会遇到的。更重要的是,这样的开场白与后面的外貌描写共有 123 字,而突显主人公是足球主力的事例才 58 字。这种头大身子小的"畸形结构"是学生作文中常见的失误,教材中的例文却没有规避,不免遗憾。其次,文章想要写的内容过多且不清楚。《教师教学参考书》中这样解读例文:文章抓住人物的外貌、性格和爱好等三方面内容做介绍。其中"他饭量大,力气也大,连走路都带风"点明了他的性格。后一句解读颇令人费解。"饭量大"指吃得多。"力气也大"是指力量不小,同时与"饭量大"起一个承接的关系。"走路都带风"指走路速度快,俗话说"行如风,卧如弓"。这并不能看出其性格,更不要说"点明"了。习作要求抓住人物的外貌、性格、爱好等方面来写,意味着不仅可以写性格,还可以写爱好,甚至写特长。这些方面如果让三年级的学生都写的话,很可能因内容过多导致都写不清楚。

　　(二)纵比同类习作,确定重难点

　　习作教材深度解析有助于确定这一篇具体写什么内容,却难以判断写到什么程度。要想准确定位,必须跳出这一篇习作,看到这一类习作。中年段每学期都有一篇写人类型的文章。在三年级上学期,学生已经写过习作七"我的自画像",四年级将使用统编教材,有四上习作二"小小'动物园'",四下习作七"我的自画像"。这样一来,中年段写人类型的习作第一篇与最后一篇都是"我的自画像",必须厘清内容之间的梯度关系,以确定教学重难点。表4-1为中年段写人习作一览表。

表4-1 中年段写人习作一览表

教材	习作内容	习作要求
三上(苏教版)	我的自画像	怎样介绍才能给别人留下更深的印象呢?先想想自己有哪些特点和爱好,然后写下来。
三下(苏教版)	朋友的画像	你想向大家介绍谁呢?除了写外貌,还要写写他的性格、爱好。这样,别人就更了解他了。
四上(统编版)	家人的画像	想一想:你的家人和哪些动物比较像?什么地方像?给家里每个人都写上一段。
四下(统编版)	我的自画像	你的外貌有什么特点?你的主要性格特点是什么?你最大的爱好和特长是什么?你还想介绍自己哪些情况?可以用什么事例来说明?

根据表4-1可以发现,中年段写人类习作共同点都是要写人物的外貌与特点。不同点是每一次习作都比前一次略提高难度。具体来说,三上习作七要求先写外貌,再写特点,能写清楚即可。在人物特点上没有具体、详略方面的要求。特点应该包括性格、爱好、特长,三上习作七把爱好与特点分开来表述,稍欠严谨。四上习作二是要把家人与动物联系起来,展开想象。这篇习作安排在阅读策略单元,该单元的阅读策略是多角度思考并提出问题。要求给每个家人写一段,没有写具体、详略方面的要求,强调多角度观察与思考,强调表达得更有趣。四下习作七设置情境,向新来的班主任介绍自己。要写清楚自己的外貌、性格、爱好、特长,并用事例来说明。与四上习作二比较,在从多个角度介绍人物的基础上增加了用事例来说明的要求。性格、爱好与特长这三个方面如果都需要用事例来说明的话,应该注意事例的详略,其中详写的事例要写具体。

从一个角度到多个角度,从一个事例到多个事例,从把事例写清楚到把事例写具体。这形成了中学段写人类型习作的梯度关系图。如图4-14所示:

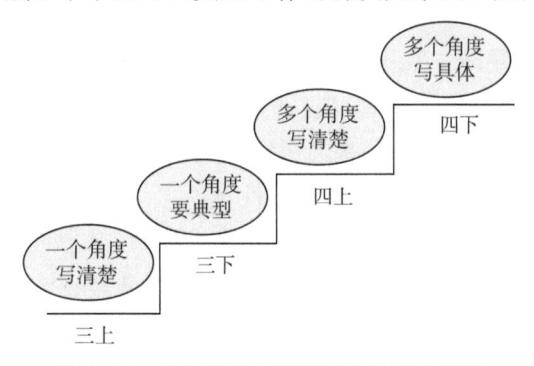

图4-14 中年段写人类型习作梯度关系图

把上图与前面习作教材的"解剖"结合起来,可以确定习作五的教学重点:初步学习选择一件典型事例突出人物一个特点,并把这件事写清楚。教学难点:善于观察他人,抓住与其特点紧密关联的外貌来写。这与本文开头呈现的教学参考书中的习作要求相比,落脚点明确清晰,为后续突破习作教学重难点奠定了基础。

(三)横向勾连整体,突破重难点

确定了教学重难点,要基于单元整体教学设计的背景,习作之前有所铺垫,习作之时有所突破,习作之后有所巩固。

本单元是人物单元,共有三篇课文,分别是《"超级球迷"邓小平》《宋庆龄故居的樟树》《虎门销烟》。在进行本单元阅读教学时,需要重点关注人物的特点,以及文章是怎么写出人物的特点的。其中《"超级球迷"邓小平》一文浅显易懂,按时间顺序,写了邓小平在青年时代、中华人民共和国成立以后、年纪渐老、退休之后四个阶段,是怎么喜欢足球的。每个阶段写了一件事,共四件。文后有这样一道练习题:"你自己或周围的人会对什么着迷吗?想一想哪一件事最能表现"入迷",用一段话写下来。用一段话写清楚自己的爱好,其实这就是单元习作前的热身"。另两篇课文教学完后,也有相应的练习:"搜索一位民族英雄的故事,讲给同学听。"用一个故事突出人物的一个特点,这是单元习作教学重点的前置性学习。

在习作教学中,先出示三年级上册习作七"我的自画像"的几篇优秀学生作品,唤起学生的回忆,当时写了自己的什么方面的特点?是性格方面,还是爱好方面或者某个特长?再把主角迁移到同学中,猜猜他(她)是谁。例如,我们班男生中跑得最快的是谁?谁唱歌特别动听?特别喜欢读书的又是谁……接着让学生学习判断选择一件典型事例来突出其特点,如出示下面六件事:第一,积极报名学校足球队。第二,一次足球比赛,场上飞奔近90分钟。第三,每天放学都喜欢踢一会儿足球。第四,有一次受伤了还坚持比赛。第五,家中藏有许多签名足球。第六,连过3人,成功射门。如果为了突出钱学明足球踢得特别好,那么选哪一件事最合适?如果为了突出其特别喜欢足球,那么选哪一件事最合适?如果为了突出其不轻言放弃的性格,那么选哪一件事最合适?最后可让学生试着把人物特点与外貌紧密结合起来。例如,把"爱劳动"和"爱跳舞"分别与下面两句话连线:第一句为"她有一张瓜子脸,乌黑明亮的眼睛像两颗黑珍珠,眼睛上面有两条柳叶眉,笑起来脸上还有一个小酒窝。"第二句为"我们班有一位卫生委员,他长着一张瓜子脸,一双水汪汪的大眼睛,瘦瘦的,个子不高,你们猜猜他是谁?"让学生说清楚自己是怎么想的。

习作教学后,赏析部分精彩片段,让学生猜猜分别写的是班上的谁,写出其什么特点。建议教师可用持续一周的时间为班上不同的同学画像,每天画一张,进行微表达练习。例如:用一段话描写一位同学的外貌,最后揭示谜底,看谁写得像。或者用一段话写一件事,以突出主人公的某一个特点。总之,语言的习得往往无法一蹴而就,它是一个需要学生在练习中建构的过程,这个过程因人而异。习作水平只有在反复的练习中才能提高,由量变到质变,需要一个很长的过程,非一日可得。在阅读教学中介入渗透,在习作教学时有的放矢,在习作教学后延伸拓展,有效缩短了学生攻克习作重难点的时长,减缓了学生习作的畏难情绪。

第四节 巧用资源跨界读写

新课标指出要让学生"感受不同媒介的表达效果,学习跨媒介阅读与运用,初步运用多种方法整理和呈现信息。设计主题考察、跨媒介创意表达等多种类型的作业,培养学生自主学习和综合学习的能力"。电影作为一种综合艺术,与文学关系最为密切。电影艺术与文学在描绘事物上都不受时空的限制,可以再现和表现复杂的社会生活和人物内心。电影的表现手法,如情节的展开、人物的刻画、细节的表现等等,都与文学异曲同工。通过对台词的咀嚼,可以提高学生的语言理解与表达能力;通过对优秀电影的品读和对电影人物形象的揣摩,可以让学生理解"肖像描写、细节描写、动作描写"等人物塑造方法。电影对再现生活的精益求精的追求,各种镜头,甚至空镜头,都是学生学习环境描写的具体生动的范例。电影独特的"蒙太奇"手法更可以作为学生学习小说、戏剧、诗歌写作手法的最直观的教材。取之不尽的电影素材从生活的各个层面,向学生展示生活的不同面貌,让学生从不同角度来观察生活,并体验生活,使其在实际中做不到的"读万卷书,行万里路"的目标在观影的时候慢慢达成。

电影欣赏与写作相结合,可以在选材立意、叙事结构、人物塑造、语言表达上与电影欣赏相衔接,让学生打开深刻而广阔的写作空间,激发写作灵感,产生无穷的写作欲望,从而下笔成文,自由快乐地宣泄。笔者在教学实践中借助电影资源,引导学生进行创意微表达,取得了较好的效果。

一、借助电影资源进行创意微表达的优势

现实中,要想让学生完全远离各种多媒体不切实际,那么不如改变教学方式,借助影视资源,寻找其中的关键点,通过开展创意微表达活动来提高学生的写作能力。

(一)缓解学生存在的习作畏难情绪

从我国目前小学习作教学的现状来看:小学生怕写作文,对习作课有畏惧心理,习作常出现无话可说、内容空洞、抄袭模仿、缺乏真情等现象。究其原因,很多时候学生没有内容可写,并不是没有生活,而是没有用心观察,然而他们对电影电视、手机网络等却特别着迷。课堂上,提供恰当的电影资源可以有效激发学生表达的热情,解决"无米之炊"的难题,让他们有话想说,有话能说。

(二)解决教师存在的习作教学困惑

每当谈到教学,"体验"与"感悟"是使用频率较高的词汇。然而,若从习作角度反思:当教师要求学生在习作中学会体验生活,于阅读中学会感悟时,自己又有多少阅读与写作的体验和感悟呢?"纸上得来终觉浅,绝知此事要躬行。"选好影视资源,教师可率先进行创意微表达,有了这样的表达体验,再指导学生,就会有的放矢,切中关键处,更易让学生感受到文字的温度和创意的魅力。

(三)弥补教材缺失的关键语用序列

统编小学语文教材相比以往的教材,更注重单元语文要素的落实。尽管每个单元都有表达方面的要素,然而从整册教材来看,八个单元涉及的八篇习作并没有形成明显的序列。教师可借助影视资源开发教材中的隐性小练笔,不仅可以落实单元要素的教学,还能弥补教材缺失的关键语用序列,如五上习作一"我的心爱之物",习作二"漫画老师",从写物到写人如何迁移,仅凭教材中的两次练习,对多数学生而言显然不够。此时,影视资源中的"关键"适时出场,能起到不错的教学效果。

二、借助电影资源进行创意微表达的实践

借助影视作品中的精彩片段,学生能从中学到一些表达技巧。以对话描写练习为例,在影视作品中,有大量人物对话的精彩片段,教师可以分三个层次指导学生进行对话描写。

（一）引导学生留心观察

学生在描写人物对话时，一开始仅仅满足于人物之间分别说了什么。笔者曾让四年级学生看《熊出没》的动画片段，看完后写人物之间的对话。有学生这样写：

熊二害怕地说："这车不会把俺们送到皮贸市场吧？我可不想变成熊皮地毯啊，你快想想办法呀，熊大。"

熊大想了想说："俺们一起撞门，一定能把门撞开！"

熊二高兴地说："嗯，好办法！"于是，它们一起用力地撞门。

这样的描写之所以相对乏味，是因为学生没有注意观察人物说话时的动作、神态与语气。可引导学生再看一遍，特别要留意熊二开始说话时害怕，后来又突然高兴的样子。修改后的对话描写是这样的：

一天，熊大和熊二被光头强关到一辆卡车里，它们非常着急，便一起敲着车门，大声喊道："快放俺们出去！"

熊二绝望地瘫倒在车厢地板上，害怕地说："这车不会把俺们送到皮贸市场吧？我可不想变成熊皮地毯啊，你快想想办法呀，熊大。"

熊大手托着脑袋，眼珠骨碌碌转了几圈，说："唔，有了！"他跳起来，大声地说："待会儿俺们一起撞门，一定能把门撞开！"

熊二听了点点头，咧嘴高兴地说："嗯，好办法！"于是它们一起用力撞门。

对比前后两次微表达，便发现学生的观察能力有了明显提高，能通过刻画人物的动作与神态来体现人物说话的语气。在此基础上，教师可再播放其他影视作品中的一些人物对话，待学生练习反馈后总结：观察人物说话时，先留意说话时的肢体动作，再聚集面部表情，同时听清说话的内容，并感受其说话时的语气，人物形象就会生动可感。

（二）教会学生写出变化

在对话的数量上，可以从一组到多组。在对话的形式上，可以从无提示语到有一个提示语，再到多个提示语。一般来说，学生一开始进行对话描写，提示语有两个特点：一是"说"这个字出现频率较高；二是提示语几乎都放在说话内容的前面。在学生会留意观察之后，教师要教会学生学会更有创意的表达。

首先，提示语中可不用"说"字，有两种替换方案。一是用其他表示"说"的词语，如一字词"叫、吼、喊、问"等；二字词"吟诵、回答、抱怨、念叨、乞求"等；还有四字词"喋喋不休、二话没说、直言不讳、轻描淡写"等。还可直接用动作、神态来替换"说"字。其次,提示语的位置要有前、中、后的变化,在位置变化的过程中,相应的标点也有变化。教师与学生一起创编小口诀:提示在前加冒号,提示在中加逗号,提示在后加句号,对话若无提示语,直接加上双引号。此外,学生应该知道不同情况下提示语分别放在不同位置,创编小口诀:写好对话有提示,提示一般都在前;先闻其声语气急,放在后面更适宜;放在中间顿一顿,解释转折启下文;对话若无提示语,议论纷纷节奏快。还是上述的动画短片,按此要求,学生再次修改后的对话描写是这样的:

"开门!快放俺们出去!"远处传来熊大熊二凄惨的叫声。原来,他们被光头强关到了一辆卡车车厢里,光头强正在驾驶着这辆卡车向森林外呼啸而去。

熊二绝望地瘫倒在地:"这车不会把俺们送到皮贸市场吧?我可不想变成熊皮地毯啊,你快想想办法呀,熊大。"

"唔,有了!"熊大手托着脑袋,眼珠骨碌碌转了几圈,终于跳起来,"待会儿俺们一起撞门,一定能把门撞开!"

"嗯,好办法!"熊二点点头,咧开了嘴。

它们一起用力撞门,这时,车门上的锁栓被地上的石子震得自动开了,可它们还不知道呢。

"再来!"熊大和熊二互相看了一眼,接着使出吃奶的劲向车厢后门冲去。

"啊——"这次,它俩轻而易举就飞出了卡车。"这是咋回事儿呀?俺们咋出来了?"熊二在空中又惊又喜,对着熊大瞪圆了双眼。

(三)鼓励学生写出创意

有些电影画面中出现的动物与植物之间并没有对话,这时可以鼓励学生展开想象,根据情节,并结合观察去推测主人公可能在说什么,这样的微表达更能培养学生的创意思维,如动物纪录片《我们诞生在中国》中大熊猫妈妈"丫丫"与熊猫女儿"美美"之间的告别场景。影片中呈现的是熊猫妈妈深情凝望着熊猫女儿爬树的镜头,尽管没有对话,但学生在前面两个层级训练的基础上,依然能写出这样有创意的对话:

来自大自然的呼唤,终将使母女俩天各一方。丫丫静静地等着,这一天终于到来了。一天午后,丫丫和美美吃得饱饱的,又小睡了一会儿,可丫丫却有些心神不宁。这时美美突然说:"妈妈,我想去爬爬树。"说完,就想一试身手。

"去吧,孩子。"丫丫深情地望着女儿的背影,大声说:"注意安全,动作慢一点,要是遇到有苔藓的树干,一定要抓紧……"丫丫突然感到眼角一阵酸楚,赶紧眨了眨眼睛,努力止住这种酸楚的感觉。

美美走到一棵特别粗壮的大树下,抬起前爪,直起身子,顺势抱住树干,后脚用力一蹬,轻松向上爬了二三米,然后停下来,扭头看妈妈,自豪地喊:"妈妈,我现在感觉爬树是如履平地哦!"

"是的,你刚才爬得多快!注意安全啊!"丫丫脸上露出欣慰的笑容。

对话描写的最终目的,是为了突显主角的人物形象。据说熊猫妈妈认为孩子如果能够爬上树而不会掉下来,那么在遇到危险时就可确保安全,这标志着孩子可以独立生活,也就意味着是妈妈选择离开的时刻。上述片段中,熊猫妈妈的慈母形象与熊猫女儿的调皮模样跃然纸上,像这样彰显人物个性的对话描写就是成功的。

以上就是笔者在教学中借助电影资源进行对话描写的实例。学生不仅学会了对话描写,还丰富了想象力,提升了创意力。

三、借助电影资源进行创意微表达的展望

笔者还借助电影资源指导学生进行动作描写,先用准动词,再写好连续性动作,最后写出个性化动作。心理描写、场面描写等都可依此类推进行创意微表达,在实践教学中成效显著。展望未来,借助电影资源进行创意微表达需要注意以下几点。

(一)注重多重的教育性

电影资源具有丰富的内涵,教师在选择电影资源时要注重其多重教育功能,尽可能选择具有一定的审美价值与人文内涵的优秀电影。看完《忠犬八公》这部电影,学生可讨论八公等待十年是否值得?看完《绿野仙踪》,可探讨真正的勇气是什么?看完皮克斯的《鹬》,可思考真正的成长究竟是什么?逐步引导学生与广阔的世界对话,与自己的心灵对话。

(二)适当迁移拍摄技法

借助电影资源进行创意微表达的优势在于可反复"抓住"各种镜头,如指导学生写到关键处时,可利用特写镜头,将其定格放大,也可利用"蒙太奇"手法,将两组不同的场景进行穿插剪辑,使读者产生深刻的印象。另外,还可利用只有景物没有人物的镜头,让学生尝试环境描写,通过微表达感受故事氛围的营造与悬念的增强等。

（三）剪辑片段建设资源库

在当前统编教材已全面实施的背景下，每个单元指向表达的语文要素呈现出的规律，需要我们在实践中不断反思：每个学生掌握到了什么程度？可能遇到怎样的困难？哪些电影资源能给予点拨……教师应根据不同文本、不同要求、不同目标来巧妙选择影视作品，剪辑好相关片段，设计好交流话题，分学段、分类型建设资源库，以提高课堂教学的实效性。

第五章 儿童"创意读写"全纳发展

导　语

　　正如本书开篇所提,每一个儿童"创意读写"发展都有差异,每一个儿童"创意读写"潜能都能开发,每一个儿童"创意读写"活动都要支持。笔者是这样理解的,也是这样践行的,因此本书最后一章,笔者尽可能从多个维度展示不同儿童的"创意读写"成果。

　　首先呈现的是"跟着教材学写作"系列。我们紧扣统编教材,挖掘创意读写点,让儿童多只眼睛看文本,多些好奇去思考,多些情感去体验,不知不觉就掌握了写作小妙招。该系列已开发100多篇案例,涉及6大类30小类,从一年级上册到六年级下册皆有分布。笔者按年段精选几个案例,展示不同年段儿童的创意作品。其次呈现的是课堂内外开展的创意活动,"青蒜成长记"是在教室开展的创意活动,"校园追绿记"和"上学旅行记"是在校外开展的创意活动,这些活动简单有趣,给儿童带来不一样的思考和发现。接着从儿童常见题材入手,思考家庭"动物园"、名著读后感等能否打开新思路,跳出常规另辟蹊径呢?我们用行动证明是完全可行的,儿童对这样的创意表达特别欢迎。最后可以读到儿童故事接龙作品,其中有同班同学合作的,还有跨地域、通过网络连线接龙合作的。长篇故事接龙的创作,对儿童的创意思维是极大挑战,他们既要关注整体的故事情节和人物的出场变化,还要注重细节刻画,描摹精彩画面。创作之前,笔者都为学生捏一把汗。事实证明,教师的担心是多余的,孩子的潜力是无限的,相信读者阅读完毕也会有同感。

　　尽管我们还做了很多儿童"创意读写"课程的开发,如"统编教材同步作文课""看图写话精品课""小古文精品课"等系列原创品牌课程,囿于本书容量,这里就不逐一介绍。读者如有兴趣,可关注团队的微信公众号"统编语文创意读写",其中能看到全部精品课程。目前笔者研究成果的辐射效应早已突破本校和区域范围内,面向全国的儿童逐步推送了大量优质的创意读写作品和创意读写好方法。笔者相信只要学生用心跟学,一定会在这片写作之林有更多收获。

第一节　跟着教材学写作

一、选择事物,抓住特点

(一) 读写结合点

统编教材一年级上册第 4 课《四季》是一首充满童趣的小诗:

四　季

　　草芽尖尖,他对小鸟说:"我是春天。"
　　荷叶圆圆,他对青蛙说:"我是夏天。"
　　谷穗弯弯,他鞠着躬说:"我是秋天。"
　　雪人大肚子一挺,他顽皮地说:"我是冬天。"

(二) 文字品析屋

从内容上看,《四季》这首小诗通过对春天的草芽、夏天的荷叶、秋天的谷穗和冬天的雪人这几种代表性事物的描述,表现出四季特征。

从形式上看,小诗采用拟人手法,采用固定句式"我就是春天/夏天/秋天/冬天"以及排比的形式,使语言亲切生动,读起来朗朗上口。

作者在这首小诗中,主要通过"代表事物+拟人手法"的方法,表现出四季的特征。代表事物是:春之草芽,夏之荷叶,秋之谷穗,冬之雪人。在描述这些代表事物时,作者主要从"形状"和"动作"两方面进行描述。形状上,草芽是"尖尖的",荷叶是"圆圆的",谷穗是"弯弯的"。动作上,谷穗"鞠着躬",雪人"挺着肚"。从形状到动作,语言富有变化,读起来也很有趣。

那么,写一首属于自己的小诗《四季》,有什么好方法呢?

1. 选择有代表性的事物

春天有哪些花? 哪些小动物? 春天的天气如何? 夏天有哪些植物、动物呢? 秋天的天空什么样? 秋天有哪些庄稼丰收呢? 冬天的天气又怎么样? 植物们有哪些不同的表现? 我们还能和爸爸妈妈、小伙伴来玩个"头脑风暴"的小游戏,比一比,看谁想到的和四季有关的代表性事物更多。谁想的多,说明谁就爱观察。等想到后,再试着从不同的角度去说说它们的特点。

2. 乐于想象写出四季特点

创作从模仿开始,但这种模仿不是简单地照搬。我们可以保持原有的结构,将了解到的每个季节的代表事物进行词语的更换,再试着从形状、动作、色彩、形状、等不同角度进行表达。注意,尤其要发挥自己的想象力哦,将四季中不同的事物当作人来写,进行创意表达,完成填空:_____(　　),他对_____说:"我是_____。"

(三)创意写作林

有几位小诗人在了解了春夏秋冬分别有哪些代表性事物之后,也创作出了有趣的小诗呢,现在我们就一起来欣赏他们的小诗接龙吧。

四季(其一)

梨花雪白,她对蜜蜂说:"我是春天。"(学生:高焕)

大雨哗哗,他对青蛙说:"我是夏天。"(学生:李黄浩)

落叶飘飘,他对大地说:"我是秋天。"(学生:赵云锋)

梅花点点,他对游客说:"我是冬天。"(学生:彭若涵)

四季(其二)

燕子叽叽,他对诗人说:"我是春天。"(学生:徐富雨)

西瓜圆圆,他对小朋友说:"我是夏天。"(学生:姜紫兰)

石榴红红,他张开嘴说:"我是秋天。"(学生:王阳)

雪花飘飘,他对大地说:"我是冬天。"(学生:胡萌洁)

创作《四季》小诗是不是很简单?

当我们仔细观察,用心思考,快乐想象,同样也能让笔下绽放出一首首美丽的小诗。你也来试一试,做个小诗人吧!

二、展开想象,预测创编

(一)读写结合点

在统编教材三年级上册第12课《总也倒不了的老屋》中,有以下段落:

"好了,我到了倒下的时候了!"它自言自语着,准备往旁边倒去。

"等等,老屋!"一个小小的声音在它门前响起,"再过一个晚上,行吗?今天晚上有暴风雨,我找不到一个安心睡觉的地方。"

老屋低头看看,吃力地眯起眼睛:"哦,是小猫啊。好吧,我就再站一个晚上。"

第二天,天晴了。小猫从破窗户里跳了出来:"喵喵,谢谢!"

(二) 文字品析屋

《总也倒不了的老屋》是一篇童话,同时也是预测单元的第一篇课文。学生一边读故事,一边预测接下来的情节,对这个故事特别感兴趣。

课文中的老屋已经年迈破败,但是每当它想要倒下的时候,都会出现一个小动物来寻求它的帮助,而善良的老屋也慷慨地帮助了它们,一直没有倒下去。

而以上的情节在文中反复出现,一开始是小猫,接着是老母鸡,最后是小蜘蛛。每当老屋说"我到了倒下的时候了",就会有一个小动物出现。每个小动物都会说"等等,老屋"。当小动物要离开老屋时,它们便会用自己独特的叫声和老屋道谢,比如:小猫——"喵喵,谢谢!"老母鸡——"叽叽,谢谢!"

但是仔细比较,又会发现文中对老屋描写的语句特别有意思。当小猫出现时,老屋是"低头看看,吃力地眯起眼睛";当老母鸡出现时,老屋是"低头看看,墙壁吱吱呀呀地响";当小蜘蛛出现时,老屋是"低头看看,眼睛眯成一条缝"。虽然看似都不重复,但其实都表现出了老屋年迈的样子,实际上是相互关联的。学生也可以借助课文中反复出现的情节,预测还会有谁来寻求老屋的帮忙,自己创编一段故事。在创编的时候我们可以按照以下步骤进行:

1. 联系前文,预测情节

联系前文,我们发现每个小动物遇到的困难不一样,希望老屋坚持不倒的时间也不一样。

小猫需要一个可以安心睡觉的地方,所以请求老屋再站一个晚上;老母鸡需要一个可以安心孵蛋的地方,所以请求老屋再站二十几天;小蜘蛛需要一个安心织网抓虫的地方,所以请求老屋再站一会儿,老屋直到课文的最后也没有倒下。小动物遇到不同的困难,需要老屋坚持的时间也不一样。因此,我们大胆预测还会有谁来寻求老屋的帮忙,先想想它可能遇到了什么困难,需要老屋再坚持多久呢?

2. 借助反复,构建句式

我们可以借鉴课文中反复出现的句式结构,来建构我们自己创编的故事段落:

老屋说:"＿＿＿＿＿＿＿＿"

"＿＿＿＿＿＿"一个小小的声音在它门前响起,"＿＿＿＿＿＿＿＿＿＿＿。"

老屋＿＿＿＿＿＿：" 哦,是＿＿＿＿＿。好吧,＿＿＿＿＿＿＿＿＿＿＿。"

(多长时间以后,小动物从老屋的哪里出来):"＿＿＿＿＿＿＿＿＿＿＿。"

（三）创意写作林

有几位小作家展开丰富的想象续编了这个故事,现在我们就一起来欣赏欣赏吧。

1. 老屋说:"再见! 好了,我到了倒下的时候了。"

"等等,老屋!"一个细细的声音在它门前响起,"再过一个星期行吗? 我被猎人的箭射伤了,可是我找不到一个安心养伤的地方。"老屋低头仔细看了看,说:"哦,是小鹿啊。好吧,我就再站一个星期。"

一个星期以后,小鹿的伤养好了。它蹦蹦跳跳地从破了洞的门里跑了出来。"多谢了,老屋。"小鹿说完便"哒、哒、哒"地跑走了。（学生:陈隽逸）

2. 老屋说:"再见! 好了,我到了倒下的时候了。"

"等等,老屋!"一个小小的声音在它门前响起,"请再站几天吧! 我找不到一个安心唱歌的地方,因为我一唱歌就会引来猎人。"老屋把眼睛眯成一条缝,说:"哦,原来是百灵鸟啊。好吧,我就再站几天吧。"

过了几天,老屋问百灵鸟:"你唱完了吗?"百灵鸟说:"没有。要不我给你唱首歌吧。"老屋觉得这很有意思,就说:"好吧!"百灵鸟的歌一直没唱完,老屋到现在还在那儿一边听歌一边晒太阳。（学生:冯炜庭）

3. 老屋说:"再见! 好了,我到了倒下的时候了。"

"等等,老屋!"一个极小的声音在它门前响起,"请再站一个晚上吧。外面下雨了,我的翅膀不能被雨水打湿,可是我找不到一个可以安心躲雨的地方。"老屋的眼睛眯成一条缝,说:"哦,是小蝴蝶呀。那你就在我这里住一个晚上吧。"

第二天一早,小蝴蝶从破窗户里飞了出来,对老屋说:"谢谢你,老屋。"说完就展开翅膀飞走了。（学生:韩皓轩）

4. 老屋说:"再见! 好了,我到了倒下的时候了。"

"等等,老屋!"一个小小的声音在他门前响起,"再过七天行吗? 我想变成一只美丽的蝴蝶,可是我找不到一个安心变身的地方。"老屋低下头,眼睛眯成一条缝,说:"哦,是可爱的毛毛虫啊。好吧,我就再站七天。"

一个星期以后,毛毛虫变成了一只美丽的蝴蝶。它钻出茧子,轻轻扇动着翅膀,对老屋说:"谢谢,谢谢!"（学生:祁子沭）

三、想象画面,诗心烂漫

(一)读写结合点

统编教材四年级下册第三单元第12课是一首现代诗——《在天晴了的时候》,其中第一小节内容如下:

> 在天晴了的时候,
> 请到小径中去走走:
> 给雨润过的泥路,
> 一定是凉爽又温柔;
> 炫耀着新绿的小草,
> 一下子洗净了尘垢;
> 不再胆怯的小白菊,
> 慢慢地抬起它们的头,
> 试试寒,试试暖,
> 然后一瓣瓣地绽透;
> 抖去水珠的凤蝶儿,
> 在木叶间自在闲游,
> 把它五彩的智慧书页,
> 曝着阳光一开一收。

(二)文字品析屋

本单元是现代诗歌单元,教材内容从整体上进行了设计:主题以"母爱"和"自然"为主,教学任务以收集诗歌和创作诗歌推进展开。这篇课文是本单元的最后一篇,来自于戴望舒创作的一首现代诗歌,整首诗体现了真实与想象的融合,借用生动形象的语言描绘了雨后天晴的景象。在第一小节,诗人依次描写了雨后的小路、小草、小白菊、凤蝶等景物,观察细致独特,语言灵动有趣,想象富有诗性。那么,该怎么进行仿写呢?

1. 想象画面,入自然之境

诗人笔下,雨过天晴后的小径上,泥路湿润,小草翠绿,蝶飞花美。你可以选择自己喜欢的方式读读诗句,说说画面。然后借助悠扬的音乐和精美的画面,再现天晴后山林小径的美景。在此基础上,再进行充分的诵读,把画面和感受通过有感情地诵读表现出来。

2. 揣摩语言,品修辞之美

在这一小节中,"炫耀着新绿的小草""不再胆怯的小白菊"和闲游的"凤蝶儿"。一连串拟人手法的运用,让雨后天晴的景象充满了生机。"抖去水珠的凤蝶儿,在木叶间自在闲游,把它五彩的智慧书页,曝着阳光一开一收"一句运用美妙而贴切的比喻,巧妙地表达了诗人悠闲的心态,写活了雨后的景物和诗人的心理感受。我们创作诗歌时,也要像诗人这样,恰当运用比喻、拟人等修辞手法,赋予诗歌想象之美。

3. 创设情境,拓思维之作

在感受画面玩味语言的基础上,我们还可以再结合生活体验想一想:雨过天晴,你来到了这条小径,会看到什么样的景象呢?还要不断地放开思路,继续想一想,如果是天亮的时候,看到的景物如何?天黑时呢?下雨时呢?下雪时呢?还有你想去哪儿走一走呢?

请你选择一个情境,仿照书上的形式,用上修辞,大胆地写一写吧。

(三)创意写作林

我们通过反复诵读,体会语言的特点,并想象画面,进而联系自己的生活进行诗歌仿写。有几位小作家对这次的诗歌创作充满兴趣,快来欣赏他们的创意小诗吧。

> 在天晴了的时候,
> 请到小径中去走走:
> 躺在树叶上的小水珠,
> 闪着五彩的光芒。
> 天空中美丽的彩虹,
> 投映在它的身上。
> 鸟儿从巢里跑出,
> 呼朋引伴地歌唱。
> 小蜗牛趴在枝干一动不动,
> 沉醉于空气的清香。
>
> (学生:沈奕辰)

> 在天晴了的时候,
> 请到小径中去走走:
> 小水珠挺起圆圆的肚皮,
> 好像是在等待阳光的照耀。

鸟儿展开了翅膀，
在青山绿水间飞翔。
花儿露出了笑颜，
张望着这清新的世界。

（学生：赵晓琳）

在天亮了的时候，
请到大海边去走走：
大片的云朵，
镶上了金色的亮边。
夺目的朝霞，
染红了微蓝的天。
无边的大海，
穿上了红色的衣裙。
波涛摇呀晃呀，
舞出了一首浪漫的华尔兹。

（学生：王笑然）

在起风了的时候，
请到树林中去走走：
被指挥的树叶，
既在舞蹈，
又在伴奏，
它们摇摆着身体，
唱着动感十足的歌。
蒲公英有个决定，
起风时选择离开出走，
风儿没有让她失望，
助它一臂之力去追逐自由。

（学生：李心平）

在下雨的时候，
到树林里去走走：
雨滴坐着滑梯，

在草叶间跳跃。
水花溅起舞蹈，
在空中跳着芭蕾。
一对鸟儿依偎在巢里，
似乎在悄悄细语。
赤着脚，走在润湿的泥地上，
小脚印上留下数不清的，
欢声笑语。

（学生：王梓淇）

四、细节描写多角度，人物特点更鲜活

（一）读写结合点

在统编教材五年级下册第13课《人物描写一组》中，有这样一段文字：

起初，小嘎子精神抖擞，欺负对手傻大黑粗，动转不灵，围着他猴儿似的蹦来蹦去，总想使巧招，下冷绊子，仿佛很占了上风。可是小胖墩儿也是个摔跤的惯手，塌着腰，合了裆，鼓着眼珠子，不露一点儿破绽。两人走马灯似的转了三四圈，终于三抓两挠，揪在了一起。这一来，小嘎子可上了当：小胖墩儿膀大腰粗，一身牛劲儿，任你怎样推拉拽顶，硬是扳他不动。小嘎子已有些沉不住气，刚想用脚腕子去钩他的腿，不料反给他把脚别住了。小胖墩儿趁势往旁侧里一推，咕咚一声，小嘎子摔了个仰面朝天。

（二）文字品析屋

这段文字主要通过动作描写，鲜活地表现出了小嘎子机灵、动作灵巧的特点。比如小嘎子抓住小胖墩儿动作不灵活的弱点，"围着他猴儿似的蹦来蹦去"，想要把小胖墩儿转迷糊，以寻找进攻的时机。另外，小嘎子"钩他的腿"，想使巧招取胜等。一连串的动作描写，让读者感受到了小嘎子的聪明灵巧。

统编教材五年级下册第五单元语文学习要素为："学习描写人物的基本方法来具体表现人物特点。"本单元的《人物描写一组》《刷子李》这两篇文章中出现的人物都给我们留下了深刻的印象。要写好一个人物，写好人物的特点，不仅需要细致的观察，还需要了解一些写人的基本方法，学会多角度描写，人物特点才能更鲜活。

1. 精选素材，刻画人物形象

为了深入、全面地刻画人物形象，就要精选典型事例。事例的选取，一定要与人物的性格特点吻合，选择事例的切入点越准确，对塑造人物的帮助才越大，人物形象才可能被塑造得越丰满，从而给读者留下的印象就越深刻。我们平时要做个有心人，多观察身边的人，等到了写作时，才能精准选择写作素材。

2. 恰当描写，突出人物特征

要想把人物写得栩栩如生、活灵活现，就得运用动作、语言、心理、神态、外貌等多种描写方法。尤其是细节描写，最能反映一个人的思想、情感等，因此要把人物细微的动作及其变化写具体。我们不仅可以对人物进行语言、动作、外貌等正面描写，还可以通过适当描写周围人物的表现，来衬托出主角的特征。恰当进行侧面描写，有时能起到锦上添花的表达效果。

（三）创意写作林

请欣赏下面这些精彩片段。

1. 他灵活地使用着锅铲，菜在锅里来回地滚动，仿佛这些菜听他的话一样，自由地反转滚动。菜煮好了，被整整齐齐地放在碗里，摆成了一个圆圈，他用苍老的手把菜端到了桌上，孩子们发出了惊叹的声音。他又回到厨房里，过了一会儿，厨房里发出了"哗啦啦"的声音，又一盘菜端上饭桌。很快，一盘盘美味的菜肴被潇洒地摆在餐桌上。在孩子们啧啧称赞时，他露出了欣慰的微笑。（学生：臧宏）

2. 他那大手，在足球比赛中的用处可大了。他就像一个高大的巨人，守着"山洞"，那炯炯有神的眼睛死死盯着飞来的足球。一个飞扑，守住了！漂亮！敌人立刻反攻，再将球踢了过去。哈哈，他也不甘示弱，立刻起身，虽然他的体重超标，但这不影响他守门的责任，他双腿一蹬，朝着球跃过去，用他顽强的意志和惊人的力量抱住了球。（学生：彭振嘉）

3. 吃完晚饭，我骑着自己的专属代步工具"平衡车"来到了小广场。妈妈用眼神示意我下来，我眨眨眼，一脸懵地下去了。妈妈双眼亮晶晶的，眉飞色舞，嘴角微微上扬，小心翼翼地把她的脚放到我的平衡车上。只听"嗖"的一声，平衡车自己跑了出去，妈妈差点摔了一跤，还好我及时扶住了她，但妈妈不甘心，又跑过去和平衡车较劲儿。"过来帮我扶着！"她不甘心地命令道，"不信，我驾驭不了你！""好嘞！"我像个奴仆一样赶紧跑去扶住"女王"的手臂。她伸出脚，快速地放到平衡车上，慢慢地向前移动，速度由慢到快，越来越快。终于，她很自然地撒下我的手。"哎,你慢点,等等我呀!"我无奈地对她说。"嘿嘿嘿,你看我学会了吧!"她两眼放光,脸上洋溢着胜利的喜悦,向我招手。然而很快,"哎呀——"我循声望去,妈妈正一屁股跌坐在地呢!(学生:戴晨薇)

最后我们再来欣赏一篇完整的范文。

爱"变脸"的冯老师

冯老师长着一张可爱的包子脸,一个"配套"的糯米团子般的身子,一对"看穿人心"的眼睛,一张能说会道的嘴巴,这些足以让我喜欢上这位老师,但最让我为之着迷的是,冯老师有着独特的技艺——"变脸"。

课前,冯老师和同学们在教室里有说有笑,不时露出她标志性小兔牙。"叮铃铃……"上课铃声响了,冯老师的"微笑"以迅雷不及掩耳之势变成"严肃",她快速把围在自己身边的同学"赶"回座位,开始上课。等新课学完,课堂接近尾声时,冯老师和同学们聊起了历史,原本严肃的课堂气氛又变回到轻松愉快的聊天模式。

冯老师开始批改作业了,哎,她要开始表演"变脸了"。果然,很快她的脸色就暗沉下来,就像马上要下起暴风雨。"杨小壮——",冯老师生气地喊道。讲台下的同学们看没有喊到自己的名字都长呼一口气,拍拍自己的心口,心里默念:幸好,幸好!紧张的气氛被"叮铃铃"的下课铃声打破,冯老师陡然站了起来,面容从黑红转成粉红,阳光般的笑容又闪现到脸上。她淡然地说了声"下课,同学们再见!"

天哪,冯老师就是一个被教书而耽误的变脸戏剧演员啊!(学生:陈欣)

五、听音乐,想画面

(一)读写结合点

在统编教材六年级上册第22课《月光曲》中,有这样一段文字:

皮鞋匠静静地听着。他好像面对着大海,月亮正从水天相接的地方升起来。微波粼粼的海面上,霎时间洒满了银光。月亮越升越高,穿过一缕一缕轻纱似的微云。忽然,海面上刮起了大风,卷起了巨浪。被月光照得雪亮的浪花,一个连一个朝着岸边涌过来……皮鞋匠看看妹妹,月光正照在她那恬静的脸上,照着她睁得大大的眼睛。她仿佛也看到了,看到了她从来没有看到过的景象,月光照耀下的波涛汹涌的大海。

(二)文字品析屋

这段文字描写了皮鞋匠和他的妹妹被贝多芬美妙的琴声所陶醉。文章没有具体描写音乐声多么的悦耳动听,也没有直接描写贝多芬创作时的陶醉模样,而是从侧面通过幻觉描写让读者充分感受到乐曲的美妙。

作者在此段文字中,主要通过"实在事物+人物联想"的方法,衬托出了音乐的神奇魅力。实在事物指的是人物、月光,而联想到的景色变幻:月亮升起,海面平静;月亮升高,穿过微云;风起浪涌,月照浪花。其实这也是《月光曲》的旋律特点:从轻松舒缓,到渐快渐强,再到高昂激越。

我们可以选择一首自己喜爱的音乐,静下心来听一听,展开联想,把想到的情景写下来,就是一段令人心动的文字。那么,听音乐,想画面,写美文,有什么方法可循?

1. 将事物与联想相结合

在这段文字中,实在事物是什么,联想到的景色是什么,上文已提过。的确如此,这段描写对全文来说起到锦上添花的效果。贝多芬即兴创作的《月光曲》,的确是从实实在在的人和事中受到启发,才抑制不住内心的激动,用美妙的琴声表现了高超的琴技,尤其表现了他对偶遇知音的感动。如果一味去正面赞美贝多芬卓越的才华,反而起不到这样的效果。

2. 联想时视角交错进行

再回到文中第9自然段,对皮鞋匠产生的幻觉描写中,先是出现一个场景,场景中有大海和月亮,接着聚焦在水天交接的地方,然后分别描写天上的月亮和月光照耀下的大海,视角上下交错进行。由此提炼出的表达方法是:先营造一个场景,接着聚焦一个点,然后从这个点开始按照一定顺序描写。当然,我们可以像文中这样视角上下交错,也可以按远近、高低、左右等视角顺序进行描写。

另外,这段在描写完皮鞋匠的幻觉之后,又将他的目光落在妹妹身上,看到妹妹也陶醉了,妹妹仿佛也看到了月光照耀下的波涛汹涌的大海。这种从幻觉回到现实,接着又从现实展开联想重新进入幻觉的虚实交错式写法,也是值得我们借鉴的。

(三)创意写作林

有几位小作家听了音乐后展开联想,现在请欣赏他们的"创意读写",从中揣摩观察聚焦点,并注意写作顺序。

同样的曲子,会有不一样的联想——

1. 听着轻音乐《雪花的快乐》,我不由得闭上双眼,眼前仿佛出现了一片一片晶莹雪白的雪花从天空中落下来的场景,有的在楼房上跳舞,有的在冲着小朋友们微笑,有的在路面上寻找降落的地方,不一会儿地面上白花花的,住上了成上千万的小雪花。我睁开眼,看到正在听音乐的张致远,他的脸庞挂着微笑,好像看到自己身边围着一群跳舞的小雪花。我又闭上眼,恍惚间感觉有一个可爱的雪人笑眯眯地向我走来。(学生:许婉妍)

2. 当音乐响起那一刻,我仿佛来到了一朵云上,往下一看,下面一片雪白,整片森林都已经被雪花盖住了。云上有许多的雪花精灵,它们找好合适的位置,风婆婆便把它们带下去,风婆婆也把我带下去,我落在厚厚的雪被上,就像落在白色的毛毯上,十分舒服。伙伴们别提有多开心了,在森林里跳啊!闹啊!在雪花地上打滚……当我睁开眼,看到徐锦睿的脸上也露出开心的笑容,想必他也在想象的世界中和小雪花们玩得正欢吧!(学生:郭冰倩)

3. 《雪花的快乐》那优美的旋律令我喜欢。我仿佛看见:小雪花们带着瑞雪兆丰年的祝福纷纷扬扬地落下来。大树上,小雪花们正在枝条上跳着优美的华尔兹;田地里,小雪花们正在为土地盖上一床雪白的被子;屋檐下,小雪花们静静看着屋中一家人和和美美地度过一天;街道上,小雪花们被可爱的小孩子堆成一个个大雪人。每一朵小雪花都十分快乐。想到这儿,我看看沈蕊雪,她嘴角含笑,仿佛也变成了一朵快乐的小雪花,在风中幸福的飘舞,飞翔……(学生:刘锦媛)

不同的曲子,带来的联想更加丰富——

4. 课堂上,我们听了一首轻音乐。在悠扬的乐曲声中,我眼前仿佛出现了一片茂密的森林,小鸟在蔚蓝的天空中唱歌、跳舞。我轻轻走了进去,欢快活泼的小动物们围着我唱起了歌。我摸摸它们的小脑袋,跟随着树叶指引的方向继续往前走去。突然风婆婆把我带到了空中,在空中,两只小鸟热情地向我打招呼,邀请我欣赏大森林的美景。这儿有高山,有流水,还有各种活泼可爱的动物。随着一串"叮咚"的流水声,我离开了那美丽的大森林。再见,小鸟们!再见,风婆婆!再见,大森林!(学生:沈蕊雪)

5. 听着这首钢琴曲,我仿佛看到一场倾盆大雨,劈头盖脸地砸下来。天地之间扯起了千万道水帘,就像千万条瀑布从天上直泻入间,地面流水浑浊,滚滚流淌,卷着枯枝败叶向低处涌去,最后汇集成一片,真有汪洋大海之感。不一会儿,雨过天晴,经过暴雨的洗礼,空气格外清新,天边出现了一道艳丽的彩虹,把大地点缀得格外瑰丽。(学生:潘慧)

6. 轻音乐《菊次朗的夏天》流淌在我的房间里。我静静地听着,好像看见一轮红红的太阳慢慢从东边升起,一位小女孩蹦蹦跳跳地走出房间。太阳发射的红光,照射在人间的每一个地方,也照在小女孩的脸蛋上,把她的脸蛋照得通红通红。她在门口跳起了轻快的舞蹈。随着太阳越升越高,天气也越来越热,小女孩跳累了,又有点困了,于是爬上自己的小床,慢慢睡着了。(学生:许婉妍)

打开音乐,尽情放飞自己的想象,是一件非常快乐的事。

六、创编小古文,原来这么好玩

(一)读写结合点

统编教材六年级上册第21课《文言文二则》中的《书戴嵩画牛》全文如下:

蜀中有杜处士,好书画,所宝以百数。有戴嵩《牛》一轴,尤所爱,锦囊玉轴,常以自随。一日曝书画,有一牧童见之,拊掌大笑,曰:"此画斗牛也。斗牛,力在角,尾搐入两股间。今乃掉尾而斗,谬矣。"处士笑而然之。古语有云:"耕当问奴,织当问婢。"不可改也。

(二)文字品析屋

这则小古文是北宋文学家苏轼的作品,文章围绕唐朝画家戴嵩画的《斗牛图》,刻画了杜处士和牧童两个特点鲜明的人物,讲述了一个有趣的故事,揭示了"耕当问奴,织当问婢"的道理。

全文不到一百个字,语言凝练,故事生动,内涵深远,是一篇能让读者感受中华传统文化魅力的佳作。你们一定听过"小学生学语文,一怕文言文,二怕写作文",想必古文和作文是语文学习道路上的两大"拦路虎"吧。其实当古文与作文相遇,也会擦出不一样的火花哦!想象着你能学着古人的样子,衣带飘飘,玉树临风,出口成章,那场景是何等潇洒翩跹啊?此刻,你是不是也心驰神往了呢?

创编小古文,其实"内含玄机",让我们走进它,一探究竟!

1. 在仿写中习得文言范式

对小学生而言,小古文的创作不必长篇大论,小步前行,斟酌一字一句,寻找趣味,降低进行小古文创作的难度。

比如小古文《放风筝》中的"青草地,放风筝,汝前行,吾后行。"你可以进行这样的仿写:"绿茵场,儿疾走,汝前行,吾后行。"

再如小古文《芦花》中的"水滨多芦荻。秋日开花,一片白色,西风吹来,花飞如雪。"如果我告诉你,春夏秋冬分别对应着东南西北风,"如"可以替换成"像""似""若"等,你是不是也可以信手拈来呢?果然有学生这样仿写:"校园多桂花,秋日开花,一片金黄,西风吹来,花飞若雨。"

经过以上这些小练笔,当你再仿写《书戴嵩画牛》时,便会轻松啦!

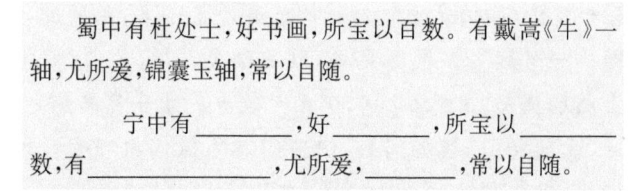

> 蜀中有杜处士,好书画,所宝以百数。有戴嵩《牛》一轴,尤所爱,锦囊玉轴,常以自随。
>
> 宁中有_____,好_____,所宝以_____数,有_____,尤所爱,_____,常以自随。

比如,有一位学生观察了街上乞丐乞讨的场景,摇头晃脑,吟诵起来:"宁中有乞丐,善乞讨,讨钱以数百,常日,俯首撑地,耸肩翘股。见此,人皆有恻隐之心,珍藏一碗,尤所爱,凡上街乞讨,常以自随。"这篇小古文创编富有生活气息。

2. 在想象中丰盈人物形象

我们曾学习过小古文《司马光》,结尾简洁精炼,一言以蔽之:"众皆弃去。光持石击瓮破之,水迸,儿得活。"

小古文的语言虽精炼,却不妨碍我们结合文字去想象。以这篇为例,可以想象"当小儿失足坠水中后,众小儿是如何表现的呢?"学生便尝试着用小古文进行补充想象。有人这样补充:"一儿速推缸,无果,因缸太沉;一儿踮脚捞,无果,因水太深。众儿惊慌失措,大声呼号。惟光心静如水,皱眉沉思。"

在众小儿的不同表现中,司马光临危不惧、勇敢机智的形象不禁更清晰。同样,当你仿写过《书戴嵩画牛》第一自然段后,也可结合生活,展开想象,顺藤摸瓜,接着创编第二自然段,就更有创编小古文的满足感了。到时小伙伴之间比一比,看谁写的人物形象最饱满。

3. 在理解中锻炼进阶思维

小古文简约而不简单,可以说是微言大义。作者往往在文末抒发情感,阐明事理。比如小古文《孔融让梨》,仅用短短 27 个汉字,便深刻地阐述了孔融礼让的道理。你可以通过补白父亲的话,来提升自己对这篇古文的理解。比如,有人这样补充:"吾儿为何取小者?"……"不愧为吾儿,日后定成大器!"再比如在学习了统编教材现代文《大禹治水》后,可再去诵读小古文《大禹治水》,这样对理解故事背后的含义有帮助。

《书戴嵩画牛》一文中也有对道理的深刻诠释:"耕当问奴,织当问婢。"意味三百六十行,行行出状元,我们遇事应向某一领域的专才去请教。所以我们在对这则小古文进行创写时,也可以对创写的事情有一句话的评价。

（三）创意写作林

有几位小作家尝试着仿创了这则文言小故事,现在我们就一起来欣赏他们的独特表达吧!

1. 宁中有一才子,亦伯是也。好作词。有诗集一本,尤所爱,以纸抄之,装为册,长以自随。一日读之。同窗见之,驻足聆矣。毕,笑曰:好诗!另一人不以为然:此词上阕已提及"玉珠"此词,下阕可改也。才子笑而然之:有理!由是观之,不耻下问,真理也。"耕当问奴,织当问婢",但词亦可旁人改也。才子自此进步矣。（学生:尹海容）

2. 宁中有刘吃货,好美食,所品美食以百数。有夹心巧克力数枚,尤所爱,口袋装之,常以自随。一日食糖,有一师弟见之,展以笑颜回之,有疑,曰:何以?回曰:此物已过期,汝怎尝乎?笑而然之。古语有云:进食应看保质期矣,不可改也。（学生:玉玺瑞）

3. 宁中有一弟子,好作词,所书以百数。有《课时》一卷,有所爱,包以塑料,长以自随。一日毕之,予师改之,扼腕叹息乎,曰:此题非难也,解之需以三步。汝怎至此?乱矣!弟子默之。古语有云:灵活学之,则融会贯通。不可抛之。（学生:王亦伯）

4. 宁中有才女尹海容,所文已百数。有《老师不在的时候》一文,尤为妙,白纸黑字,印于报上。一日分发日报,有其同窗见之,附掌而曰:"尹才女真乃神童也!不出三日便又一篇佳作登刊了!"说罢,落首细细品之,少选间又惊呼出声:"此文章甚妙,甚妙!不但绘其态,而又书其色,吾不如你也!"尹海容淡笑而摆摆手,曰:"非也!小女仍有不足之处,还请多多包涵之。"今人有言:"谦虚使人进步。"由是观之,此话不假。（学生:许佳瑞）

5. 宁中有刘弟子,好乐曲,所曲以百数。有大和语一首,尤所爱,常听而吟其旋律。一日吟此曲,学友闻之颦而摆首,曰:此曲丧也。曲善,妙在其音律当正,今乃速急而不雅致,此曲差矣。弟子笑而不语。古语有云:人各有所好。不可忘也。（学生:刘若怡）

6. 宁中有王先生,好手机,所宝以数计,有iPhone X一机,尤所爱,硬膜金壳,常以自随。每逢归家,卧于床上,看手机。日中时,起而饭。饭后又归室卧,执手机,或仰面大笑,或愁眉苦脸。一日,正观赏,忽捧腹大笑。而手不稳,机坠面,只闻一声惨叫,曰:"嗟乎,痛矣!"随即复引,又视之。古语有云:"书犹药矣。"而王先生却为"手机如药矣。"此非佳俗兮。（学生:徐欣媛）

"仿写小古文"在小古文学习与写作创新之间架起了一座桥,两者相辅相成,相得益彰,同时也能培养你习作的创新意识和创新能力。古文之美,美在境界,美在情操,希望你能借助这样玩转古文的形式,进行文言文创意读写,进一步感受到文言文的美,享受到多元创作的快乐。

第二节 课堂内外皆精彩

案例一:青蒜成长记

学期过半,我在教室的后边开辟一小片植物园,让学生亲自栽种和照顾某种植物,并亲眼看到某种植物的整个生长过程。根据季节,限于场地,决定选择种蒜,况且蒜也易活。于是在班上布置,大体规定了每个学生所带盆子的大小和种蒜的颗数。孩子们已经兴奋不已。

蒜很快就种下去了,个个满怀期待。

火火几乎在每一次课间都端着栽有蒜的小花盆。我问他为什么,他说怕有人玩耍时不小心伤害到它。厉清扬常常用一个小塑料瓶从家里带淘米水来为蒜浇水,还告诉我这是妈妈教他的,说是淘米水有营养。

陈嘉婧因为自己的蒜盆被别人不小心踢破而伤心哭泣,但很快就有同学愿意送她一个小花盆,还安慰她不要那么伤心。可爱的许纳微在自己的蒜盆上贴了一行字"许纳微的后花园"。甚至有一次刘奇对我说:"教室里太吵了,蒜听到了可能会影响生长。"我的心里漾起一丝感动,没想到小小的一盆蒜在孩子的心中就是一座小花园呀。

普普通通的青蒜谁都见过,可又有谁对那小小的蒜如此在意呢?很多孩子如此珍视蒜,原因很简单,因为那是他们自己种的。

孩子们的表现超出了我的预期,他们的热切期盼也带动了我。我每天进教室都会先扫一眼后面成排的蒜苗,有时还蹲下身去看一看,比一比。同时,我没忘记让学生及时记下蒜的生长情况,确保能知道蒜的成长节点和过程,为后面写作文做准备。

记得是10月12日班上所有同学一起种下蒜的,等到11月中下旬,那几十盆蒜中,长得最高的蒜已有四十五厘米了,写作文的好机会来了,个个有话可写,不吐不快,纷纷从不同角度,采用不同方法,抒发了不一样的心声。

小青蒜成长日记

小作者：葛昕玉

10月12日　星期二　晴

今天,我和妈妈吃完午饭后,就从阳台的柜子里拿出一个花盆,到外面去找些泥土,然后把它放入花盆里。我们先从口袋里拿出几个蒜头,把它们一个个有序地插入花盆里,再适当地浇了些水。中午,我把种好了的蒜头放到教室后面的地上,我暗暗祈祷着:"大蒜你啥时候能长大呢,我真想看看你长大的样子。"

10月20日　星期三　晴

一个星期过去了,我到教室后面观察我种下的大蒜。我惊奇地发现,大蒜的中间长出了黄绿色的小苗,绿色与黄色搭配起来,真是美丽极了!于是,我拿来尺子量了一下,哇,原来蒜苗已经长了5厘米高了。看到这些长高的小苗,我心里充满了成就感。

11月9日　星期二　晴

上午,我又到教室后面来看自己种的大蒜,发现他已经有一根木筷那么高了。我迫不及待地拿出直尺量一量,是28厘米。我高兴极了,连忙再给它浇一些水,晒一晒太阳。在太阳的映照下,大蒜显得更精神了。

我对大蒜说:"大蒜,大蒜,你在这么好的环境下,快快成长吧。"

经统计,发现以这种观察日记的形式来写的学生在班上占大约五分之一,另外还有不少孩子选择以自述的方式来写,这更符合孩子的心理特征,写出来的作文也很生动。

当然,不可否认,在长时间等待的过程中,个别孩子对蒜的照顾失去了耐心,我就抓住契机让孩子们看懂蒜的心声。在蒜的成长后期,我将两盆蒜端到讲台上给学生观察比较两盆蒜的区别,大家很快发现,其中一盆青翠挺拔,另一盆干枯发黄,接着我用两种不同的语气和神态分别模仿两盆小蒜说出心里话,做了一回小蒜的代言人,给了孩子们很大的启发,于是作文中也出现了下面这样的童话故事。

蒜苗的故事

小作者：程彦博

在一所美丽的校园里,有一个与众不同的班级。同学们不种花不种草,每人都种了一盆青蒜。每天早晨,同学们走进教室时,青蒜们个个挺着嫩嫩的身子,争先恐后地迎接主人们,教室里洋溢着一片生机。

但是,不是所有的青蒜都那么开心。一天,蒜苗青青垂头丧气地向身边的苗苗诉苦:"苗苗,你看看我的主人,从来不给我浇水,也不给我晒太阳,还总是对我说一些他的烦心事。你看,我现在骨瘦如柴,怎么能跟你们比呢?"青蒜苗苗转过身来,骄傲地说:"我的小主人可尽责啦!他每天至少给我浇一次水,定时给我晒太阳,下课还跟我说说心里话。你看看,我多健康啊!"青青仔细打量起苗苗来。果然苗苗长得刚健、挺拔,给人一种积极向上的感觉。青青真是羡慕极了。苗苗想了想说:"你太不了解你的主人了,主人跟你说那些不开心的话是把你当成他的朋友啊,你这样不理他,他当然也不会理你了。"青青明白了,原来是自己的态度让主人失望了,才会受主人的冷落。从此以后,每当主人从青青身边走过时,它总是热情地跟主人问好。主人渐渐地开始关注起青青来,并且尽心尽责地照顾它了。

又过了几天,教室里的蒜苗们又长高了,变得更加茂盛了。它们簇拥在一起,活像一片齐刷刷的小竹林。一阵风吹过,蒜苗们跳起了欢快的舞蹈。它们有的舒展双臂,有的弯腰触地,有的左右摇摆……它们和小主人们一起快乐幸福地成长。

这位小作者不仅巧妙地引用了老师的一些语言,而且还适当进行了拓展,比如主人和植物之间的情感互动,是本次习作练习中写得比较特别的一篇。

试想,若学生没有亲身经历为期约一个月的"培植青蒜"活动,没有教师的启发和引导,如何能写出这样生动的作文呢?更重要的是,学生不仅仅写出了佳作,而且留下了与这件事有关的宝贵记忆,获得了有益的启发。

案例二:校园追绿记

真实故事再现

走在校园里,突然惊讶:什么时候,在校园的各个角落涌出了那么多的绿呢?细细一数,竟有十多种。

上课的时候,我便问:"同学们,今天老师在校园里发现了十几种的绿色,你们相信吗?"

几十个小脑袋一齐摇。这些小马虎啊,真是缺少一双会发现的眼睛,看来这次实践活动搞对了。"不相信?那我现在就写给你们看!不过,等你看了老师写之后,要在校园里把这些绿都找出来,能吗?"

"能!"同学们异口同声。

我在黑板上依次写下十二种绿:新绿、浅绿、嫩绿、深绿、绿得发亮、绿得逼你的眼、绿中晕染着黄、绿中透着红、绿得深沉、青翠欲滴、绿得有透明感、绿色上面似乎有一层薄纱。

我写着,同学们读着,越读越惊讶。我不免有些暗喜,趁热打铁:"今天我们就来一次'追绿行动',好吗?"

"好!"小家伙们早已迫不及待。

我设计出一张调查表。表格的主体共分四列,每一列的开头分别是:颜色、地点、植物、联想到的词或短语。下面还写着"追绿使者""代号""追绿自评""追绿感言"等几个小栏目。

出发前,我再次明确要求,第一列的十二种"绿"由老师直接提供,至于其他列的内容以及下面的几个小栏目都需要通过自己的认真观察和细心思考去完成,明天将评出班里的"追绿大王"和"追绿小马虎"。

小家伙们连连点头,个个志在必得。

美文共读共赏——

第二天,我先将自己准备好的"绿文"读给孩子们听:

已是四月中旬,似乎是在不知不觉间,花草一下子焕发了生机。在校园里走一走,我居然发现了十几种绿色。那些深深浅浅的绿啊,在阳光下微笑,在微风中低吟,在蓝天下招摇,谁都不甘于寂寞,竞相展示自己的美,或娇嫩,或妩媚,或优雅,或灿烂。看着它们,你的心里便会情不自禁地舒畅起来,很想深深地吸一口气,那气息中只怕也弥漫着浓浓的绿色的清香吧。

我声情并茂地读着。孩子们赞叹着,说老师写得真好。

我故意卖关子:"如果给老师写的这段话打 90 分的话,那么有个人写的就能达到 100 分,你们想听吗?"孩子们很想听,脸上的表情有些疑惑:谁写的能得 100 分啊?

"四月的阳光,使每一朵花都如水晶雕成,在风里唱着希望之歌,歌声仿佛七色彩虹。四月的阳光,使每一株草都如翡翠繁生,在土地上写着明日之诗,诗意湛蓝一如海洋。"

这是选自林清玄的《四月的阳光》中的一段话。我读得陶醉,孩子们听得入神。是啊,这样的句子仿佛是经过阳光沐浴而成,还沾有露珠的芳华,怎能不让人喜欢呢?问他们喜欢哪一句,有的说喜欢写阳光和花的那一句,有的说喜欢写阳光和草的那一句。我暗笑,喜欢哪一句都无妨,重点是孩子们的思维被再次激发了。

两段美文启发之后,不用多说,孩子们认真修改自己的"追绿文字"了。让我们来看看孩子们这次"追绿行动"的成果吧!

诗意情感迸发——

此刻你一定好奇我班上的学生有哪些灵感吧?嗯,他们简直是诗意大发呢!精彩不容错过,快瞧——

沉浸在绿海洋里,沉浸在绿的世界里,我不能用文字准确形容它们,它们是那么清新、淡雅、从容。我心中充满喜悦,因为绿给我们带来了生机、活力和希望。(小翔)

这满园的绿呀,你那优美的姿色永存我心底。我喜爱绿色,我希望世界处处都充满着和谐和葱茏,更期待每一个人都能像我一样珍爱这绿色,用我们的双手去创造、去呵护一个绿色的天堂。(小亦)

在这片绿色的海洋中,有着许多绿宝宝们。瞧,那是新绿妹妹,她是多么娇小而美丽啊。看,那是深绿哥哥,千万不要打扰他,他正在思考问题呢。咦,这不是薄纱姐姐吗,她为绿色增添了神秘的色彩。(小君)

读着这些文字,会感觉整个人的身心都飘起来,我们仿佛看到眼前有大片的绿在弥漫,有温暖的风在吹拂,有悠游的云在飞扬……只有文心敏锐、善于想象的人,才能从看似简单的"一片绿"中探寻到如此丰富的体验!

怎么样,你是不是也有一双善于发现的眼睛呢?美好的大自然,等着你去欣赏、去赞叹、去放飞诗意的梦想哦!

案例三:上学旅行记

老师每天走在上班的路上,就喜欢看各种风景。走着,看着,还常常天马行空地尽情想象,那份自由自在的感觉真是惬意。

那你在上学路上,有过这样的感受吗?

一条路,在几年或更久的时间里,我们会重复走很久,对于不爱观察、不用心的孩子来说,那条上学路是那样的单调无趣。可真的是这样吗?不不不,这条路上,完全可以为我们的写作奉献出多种多样的素材,内容能丰富到让你惊讶得张大嘴巴。

哇,快点瞧——

路过一个小区,不经意间,一道花的瀑布跃入眼帘。五月的清风中,那一排长长的蔷薇花墙令人惊讶。花儿们密密实实地,蓬蓬勃勃地,组成一道极美的风景。它们虽不是昂贵的名花,却在阳光下自信地绽放着,清雅又烂漫,那份芳华真的毫不逊色于牡丹、郁金香和玫瑰。

等到了九月,太阳的光芒静悄悄地改变着温度,知了的声音不知什么时候就消失不见了。十月,路边的银杏树也不再逃避秋姑娘的来临,树上的叶子逐渐变色了,渲染出别样的秋意。在你的上学路上,又有着怎样的风景呢?春天的上学路风景,和秋天的有什么不同呢?

写景作文小锦囊：

写景要有序,这个很多孩子都知道,但该如何将景的细节刻画到位呢?

那真得用一把无形的放大镜来看。镜中照出"色",镜中照出"味",镜中照出"声",镜中照出"情"。

对,你要充分调动自己的感官,写出每一处景的独特。看一看,是什么颜色？嗅一嗅,是什么味道？摸一摸,有什么感觉？听一听,是否有什么声音？而且,别忘了,虽然自然界的景物本身并不带感情色彩,但我们在写的时候要带有某种情感,否则就不会打动读者。调动"五觉",写出景的美,传达出看景时的情,就是一篇好作文。

精彩段落>>

开学啦！迎着凉爽的秋风,迈开轻快的脚步,我向学校走去。一路上,风景如画,令人身心舒畅。初升的太阳发出万丈光芒,轻轻柔柔地笼罩着大地。小草们伸着懒腰,头顶上还戴着一顶顶露珠帽,我多么希望自己也能有一顶露珠帽,那该多清凉啊！树叶们奏起"沙沙沙"的小曲儿,伴我前进。鸟儿们没有一个在睡懒觉,飞来飞去地忙碌着,看来它们都明白"早起的鸟儿有虫吃"这个道理吧,看着它们的身影,我不由得加快了脚步。（郑喆鑫）

点评：上学路上有很多的风景。开学后的一天,小作者将自己看到的和听到的都记录下来,而且巧妙穿插自己的感受,为景色添了别样的滋味儿。

嗨,也有时——

在上学路上,会遇到一些突发事件。

妈妈载着你向着学校飞驰,不料电动车突然坏了,附近又没有修车铺,你只好和妈妈一起推车前行,这时你心里是怎么想的？或者,以前一向开汽车送你上学的爸爸,那天突然骑自行车送你上学,你坐在自行车的后座上,搂着爸爸的腰,感觉和以往很不一样吧。还有一次,你在离校门口不远的地方,看到一个低年级孩子在哭,忍不住过去问问情况,接下来又发生了什么？再或者,你是不是曾和好朋友在上学路上商讨什么秘密计划呢？

叙事作文小锦囊：

叙事作文,如果记录的是一件完整的事,那么时间、地点、人物,事情的起因、经过、结果,这六要素不可忽视。事情的经过必然是重点部分,应有详有略。哪些地方详？哪些地方略？有个好方法值得记住——静下心来想想,既然选择这件事,一定是因为在整件事中有让你最难忘的,同时也是自己最想留在记忆中的,那它自然是重点。

如果某段是几件事的结合,那就要从不同的角度进行"拼接",当时的场景怎样？看到什么人，看到哪些物？彼此之间有交流吗？自己的心情怎样……不要害怕写得琐碎，只要写出真情实感，同样能打动读者。

精彩段落>>

每天，我都要经过那条小路去上学，红黑色的砖块有规律地铺垫在我的脚下。七点半左右，打扫卫生的爷爷推着垃圾车压在砖块儿上，发出"呜噜噜"的声响，就像是小路在对我问好。很多次，我经过小木椅时，都会有一只小黑猫盯着我，它大大的、明亮的黄褐色眼睛，充满好奇之心的样子。有时它对我"喵喵"叫几声，似乎在问："你想去哪儿呀？"我就笑着答："我去上学，下午回来哦。"也不知它有没有听懂，只见它甩甩尾巴轻盈地离开了。阳光好的时候，健身器材那儿都会有一位和蔼可亲的老人向我热情地打招呼，使我心情舒畅；偶尔下雨天时，善解人意的保安会问我要不要借一把伞，让我感受到莫名的温暖。（曾艾）

点评：不要以为叙事就一定得选出惊天动地的大事儿来记叙，这是"偏见"，其实生活更多的是由无数的碎片组成。小作者在上学路上，看到的都是简简单单的事，但她依然不急不缓地记录下来，而且给读者留下了深刻的印象。这种手法，很像是电影中的镜头转化，有先有后，有起有伏，各有味道。

嗯，还可能——

当然，除了在上学路上能看到各个季节的不同风景，记住在自己身上发生的一些难忘的事，还会见到不少熟悉的面孔，比如每天为我们清扫上学路的清洁工阿姨，或是上学路上你经常光顾的早餐店店主，还有天天为我们开门的门卫叔叔……你仔细观察过他们吗？你能用文字刻画出他们的样子吗？

写人作文小锦囊：

学会写人，是写作的基本功。世界上没有两片相同的树叶，也没有两个相同的人。如果你笔下的人，给人千篇一律之感，那就是没有写成功。

以人的外貌为例，往往受到其年龄、职业、习惯、教养、身体状况等多种因素的影响，因此不同的人外貌就会有较大的差别，绝不能简单用"大大的眼睛""高高的鼻子""小小的嘴"之类的简单带过。

写外貌是为了突显人物性格，所以在你的镜头里，不仅要拍下静态的外貌，还要抓住神态、动作的变化，它们是一个人内心世界的外在表现。写出鲜活的人物形象，仔细观察是基础，抓住特征是关键，突出性格最重要。

哈，想象哦——

全世界最快乐的事中，一定有"想象"这件事。

走着走着，你是否希望有个外星人"砰"的一声出现在你面前，他想要带你到外星学校去体验一番？或者是一个可爱的小精灵出现了，想要躲在你的口袋里跟你进教室听课？要么索性就是你每天都骑在一只既勇敢又调皮的小翼龙身上，很酷地飞到学校呢？如果你还没走进学校，却远远地发现，以往站在门口的门卫竟变成了一头大象，而且校门上长出了很多奇怪的植物，那你是兴奋地快速冲进学校，还是害怕得撒腿往回跑？不料一回头和一只小狗熊撞个满怀？

亲爱的孩子们，在上学路上，有很多写作素材等着你去发现，只要你用一双明亮的眼去观察，用一颗敏感的心去体会，就能有很多独特的收获，当这些感悟蹦蹦跳跳地从你的笔尖流淌出来，那些独属于你的文字自然能"有滋有味"。

现在，你想试一试了吧？快来看看两篇很有意思的佳作——

走在上学路上

小作者：陈昱晓

今天是我期待已久的日子，爸爸妈妈终于同意我独自走路去上学。虽然上学的路不远，但平时都是他们接送，每次路上都听他们讲各种大道理，太没意思了。

我暗暗兴奋，可在准备出发时，才突然意识到今天去得太早了，于是我临时决定绕远一点的路去上学！

我十分喜欢这条路，因为它有独特的美。早上的太阳很温柔，一点儿也不热。看，路两旁种植着高大的樟树；听，"喳喳喳……"小麻雀正在树上欢快歌唱。吸一口清新的空气，真是让人觉得心旷神怡，而且空气里还有淡淡香味呢，就像被人提前喷了香水一样。（**简评**："看""听""吸"，小作者充分调动自己的感官，享受这个怡人的清晨。）

路上的人很多，有的在晨跑，汗水从那些人脸上滑下来；有的坐在长椅上听音乐，还随着音乐自在哼唱；有像我一样早早去上学的孩子，边走边吃手抓饼。我还看到有位阿姨在遛狗，那小狗毛茸茸的非常可爱，我忍不住靠过去摸摸它，但小家伙不领情，冲着我"汪汪"直叫，吓得我赶紧跑远了。（**简评**：路上会见到各种各样的人，甚至还有可爱的小动物，仔细观察，写出各自不同的神态动作。）

走着走着，来到了小池塘。池塘里有三只大黑鹅，他们正津津有味地在水里吃着"早餐"，完全没有在意有我这个莫名其妙的看客。我对那些鹅不怀好意地笑了笑，拿起一块小石头用力往水里扔去，"咯……"三只鹅被突如其来的"陨石"吓了一跳，四处逃散。湛蓝的天空，碧绿的池水，三只黑鹅扑打着乌黑的翅膀，看看这场景，我觉得非常滑稽。（**简评**：自己找点乐子，为作文增添更多的情趣。）

时间过得很快，转眼已经到了校门口，我很期待以后独自上学的路上还能发生一些有趣的事。

游戏上学路

小作者：陈硕

上学路对我来说再熟悉不过了，但那条路在每个季节都能带给我不同的感受——赏景之趣、游戏之乐！

今天早上，路过平时常走的那条绿道，发现道路两旁葱葱郁郁的大树变了模样，那粗壮的枝干上，经过雨的滋润穿上了一层浅绿色的青苔。树冠上，原来淡绿色的叶子变成了深绿，在阳光下反射着夺目的光，看上去更加苍翠欲滴。有一棵树很特别，树干笔直笔直的，虽说是夏天，但树上却没有叶子而是挂满了果实，那白色的小果子从树枝上挂下来，一嘟噜一嘟噜的，像是随时要为火热的夏天燃放的小鞭炮。树旁的空地上，星星点点地散布着很多不知名的小花，它们展开粉色的花瓣，在小草的陪衬下别有韵味。（**简评**：这段写景，写到了青苔、树和花，通过拟人、比喻等修辞手法，突出事物的不同特点。）

上学路上，我还常会自己跟自己玩游戏，比如踢着石子上学。石子路上随处可见，找一块不大不小的石子儿，一边走路一边往前踢，走一段，踢一段。很多时候做这种游戏时，我总把自己当作是世界杯上的巴西球员，带着足球，找到对方的防守空隙，然后晃开守门员，大力一射，球进了，全场都为我欢呼。可事实上，小石头常常射进两车空隙之间，甚至有时还会射到路边停着的电瓶车上，车就"大叫"，吓得我落荒而逃……（**简评**：类似的想象，其实很多孩子都有过，大胆地将想象流泻于笔端，是很有意思的。）

"闭着眼睛走路"这个游戏也不错，还能边走边幻想。我玩这个游戏时，走的是街边一栋房子后的小路，那里人很少，一般没有车经过。从那条小路的起点开始，我闭上眼睛，然后慢慢向前，走的时候脑袋里还幻想着一架外星飞船降落在我的面前，上面走下来三个有着三只眼的大脑袋外星人，他们特别热情地邀请我去他们的飞船上玩。我到飞船上左瞧瞧右瞅瞅，一不小心撞到一根铁杆子上，头好痛，睁开眼睛一看，原来是我撞到了电线杆上。哈哈哈……（**简评**：这个部分的想象，和上段不一样。相比而言，这段更加天马行空，更加跳脱于现实生活，也更好玩儿。）

这就是我的上学之路，它已陪伴我五年时光，不说话的它却知道我的很多喜怒哀乐。我很难忘记它！

第三节　跳出常规即创意

案例一：我们班是个"动物园"

放学路上，鹿老师看到隔壁班有几个同学愁眉苦脸、嘀嘀咕咕的，就去问问是怎么回事。

同学A："今天，我们语文老师又布置了一篇写人的作文，要求是写班上的同学。"

鹿老师："班上的同学天天都见，你们一定有很多话可写吧？"

同学B："正是由于天天都见，熟悉得不能再熟悉了，我们就不知道该从何说起了……"

同学C："每次都写同学，无非就是写外貌写事例，老生常谈，能有什么意思啊！"

同学们纷纷点头，七嘴八舌地抱怨着。

鹿老师微笑着听着同学们的谈话，对于同学们的疑问，她心中已经有了解决的办法。

第二天，鹿老师的作文课上，鹿老师先在黑板上写下"我的同学"几个大字。但是，她没有像其他老师一样，先提出要求一、二、三，然后让大家开始写作文。而是抛出了一个问题："同学们，如果将班级比作动物园的话，你觉得咱们班有哪些动物呢？"

话音刚落，教室里顿时可开了锅。

"有豹子，小航是一只豹子！"

"还有小猫，我觉得小琪是一只猫。"

"还有还有，我认为小文是一只百灵鸟……"

……

鹿老师继续问："具体展开来说一下呢？为什么是这些动物呢？是因为他的样子，还是因为某件事？"

"小航是一只豹子，因为他跑得飞快。那次运动会比赛的时候……"

"小琪是一只小猫，因为她总是很安静……"

"小文是一只百灵鸟，当然是因为她唱歌很好听啊……"

大家呼啦啦地说出了一大段，被点到名的呢，有的大方地承认，觉得别人将自己形容得还真像；也有不服气的，觉得对方形容得不像，于是使劲反驳。

一番唇枪舌战之后，鹿老师说："大家说得都很好！在这个过程中，我们使用了哪种修辞手法呢？"

"比喻——"大家齐刷刷回答。

"好！今天，咱们就以'我的同学是动物'为题，写一篇作文。注意要把'比喻'这种修辞方法用好哦！"

鹿老师小课堂>>

比喻，就是打比方，即用浅显、具体、生动的事物来代替抽象、难理解的事物。比喻句的基本结构分为三部分：本体（被比喻的事物）、喻词（表示比喻关系的词语）和喻体（打比方的事物）。

对此次习作而言，整篇作文的本体就是某某同学，你可以把他（她）比作一种动物甚至几种动物，以此来证明他（她）的某些特点。

当然，要用好比喻这种修辞手法，我们还要注意以下三点：

1. 找准目标

班上的同学那么多，到底写谁呢？你可以闭上眼睛想两分钟，大脑飞速运转起来，最后留在你脑海里的那个人，一定是你最有话写的。而这个同学，当然就是此次作文的主角。

2. 选准事例

既然我们知道在叙事时运用比喻，能化抽象为具体，使事物更清楚明白，给人留下深刻的印象，那么找准事例就很关键了。

为什么某个同学让你想到了某种动物，一定是因为发生在他（她）身上的某些事让你联想到了某种动物，这其中是有关联性的。比如，某某特别调皮，整天上蹿下跳，那就很容易令人想到猴子。可是在那么多的调皮好动的事例中，还得再选出与猴子特点最为接近的，才能把人物刻画得入木三分。

3. 感情色彩

比喻要有感情色彩，才能更打动人。你对他（她）是喜欢、不满？还是佩服、无奈？或者赞叹、愤怒？都应该在写作的过程中借助语言、表情、动作、心理活动的刻画，细腻地展现出来。记住，没有感情色彩的作文，再怎么写也是很难打动人心的。

总而言之，"我的同学是动物"这个主题，我们将在全文采用比喻的修辞手法。同时，还要让自己的眼睛变成放大镜，将主角的神情、动作放大，一一定格，并细细地写出来；同时还要将自己的耳朵变成录音机，将最能体现主角的语言刻画出来。甚至，我们还可以"脑洞大开"地编写出以某个同学为主角的童话故事,当然了,这个童话故事也一定是为了突出某个特点。

接下来,就看看同学们的身手吧!

1. 陶星宇,人送称号:大力神。这是因为他像一只大猩猩一样力大无穷。我们还给他编了一个神话故事呢!在很久很久以前,陶星宇曾是和天蓬元帅一样法力无边的仙界大将。因为溜到人间玩耍,误了仙界大事,触犯天庭仙法,被托塔李天王流放到人间,变成了一个小孩。虽然他被流放到人间,但他还是保留着一丝力大无穷的神力,所以成了我们班有名的"大力神"。(王炻)

2. 我同桌是个长颈鹿,为什么呢?因为他老是把自己的脖子伸得长长的,去看我的作业。就在上次数学期中考试的时候,他向我"求救"不成,就伸长了他的长颈鹿脖子,想要偷看我的试卷。不好,老师往这边看过来了,他立马像乌龟缩了回去。我看到他那紧张的样子,觉得又好气又好笑。(曹莹)

3. 他像一头凶猛的"犀牛",你瞧,课间,我们两个正在玩最喜欢的游戏——顶牛牛。游戏一开始,平日里斯斯文文的他,瞬间变了个样子。他的头上好像长了一对尖锐的角,龇牙咧嘴地朝我撞过来。我也不甘示弱,像足球守门员一样,用力抱住他的脑袋,把这只"犀牛"使劲往前推了又推。(尹建辉)

4. 上课时,张若琪听课非常认真,她一步不离地跟着老师的思路,积极动脑思考。遇到比较难的问题时,她托着下巴,皱着眉头,绞尽脑汁地想着,一副要跟难题决战到底的样子。实在不会,她便会甩着两个羊角辫,去向老师求助,你看她听老师讲解时的专注样子,真像一只乖巧的小猫咪呢。(朱可沁)

最后我们再来欣赏三篇完整的更有创意的范文吧!

他是猴子变的

小作者:顾培耀

涂清华是我们班最活泼的男生。他像一只小猴子,连走路也是蹦蹦跳跳,整天很快乐。他还喜欢舔嘴唇,嘴唇上下都被他舔得红红的,像猴子屁股一样。

他顽皮又好动,一下课,就到处蹦来蹦去。前一秒钟还说要找我玩,后一秒种又蹦得没影了。有时,他会躲在厕所外面,当有人走过去时,他就突然跳出来,吓人一跳。有时,他又在楼梯上,上蹿下跳,一副永远不知疲惫的样子。如果你过去跟他玩,你向左转,他就故意向右;你向右,他又故意向左。等你筋疲力尽时,他又瞬间溜了,真是丈二和尚——让人摸不着头脑。

他的脚底像装了发动机。上体育课时,他第一个冲到操场,等下了课,又总能第一个冲回教室。自由活动时,他悄悄地走到你的身边,趁你不注意,猛地拍一下你的肩膀,然后又一溜烟,没人影了。他还擅长爬树,那在树干上上下下攀爬的样子,简直跟猴子一模一样。他最喜欢吃香蕉,总是把"banana(香蕉),

banana……"挂在嘴边,所以我觉得,他可能真是猴子变的。

他的体力仿佛永远也消耗不完,哎,这只调皮的小猴子,不知何时才能消停一点呢!

点评:这篇作文极富画面感,读完后,我们满眼就是一只蹦跶着的超级可爱的小猴子。能让读者如此感同身受,必能说明一点,那就是写得生动。全文除了"嘴唇上下都红红的,像猴子屁股一样"这句,几乎没写到主人公的外貌,但是通过小作者对同学的语言、神态、动作等方面的刻画,一只活泼顽皮的小猴子却在我们脑海中鲜明地出现了。

多变的"动物"

小作者:张艺朗

我们班里有一只多变的"动物",她一会儿是兔子,一会儿变成小狮子,一会儿又变成护仔的鸡妈妈。不信?我来给你讲一讲她的故事。

有时,她像一只警觉的小兔子,总是瞪着圆溜溜的大眼睛盯着我们,竖着耳朵听有谁在自习课上讲话。只要一有动静,她就马上能发现,并迅速找到那个"噪音制造者"。你说,她这只"小兔子"是不是很警觉?

有时,她又像一头小狮子,发出的声音简直比狮子还霸气。一旦她发现有人自习课讲话,她就会施出"狮吼功"。此招一出,真是无人能敌!只要一看到她有发功的迹象,我们立马就像小鸡仔一样听话了。惹不起,还躲不起吗!

有时,她又会变成"鸡妈妈"来保护我们。记得有一次,我们班有个同学被别的班的同学欺负了,她立马冲到最前面保护我们,就像保护自己的小鸡仔一样,把我们藏在翅膀下。那件事后,班上再也没有一个人讨厌她,我还和她成了好朋友。你说她是不是像鸡妈妈?

她,就是我们班的纪律委员,真是奇怪又多变的"动物组合体"哦。如果你对她产生兴趣的话,那一定要到我们班来看一看,希望她对你的时候不是像"狮子"。

点评:这位小作家很善于观察,她找出了三个截然不同的事例,来体现同一主人公身上的不同特点。体现出了这位同学性格的多面性。其实,细想一下,谁又不是多面的呢,所以在写其他人的时候,也可以采用这种"多面写法"哦。

"三差合体虫"驾到

小作者:汪祝宇

我的同桌是条"三差合体虫"。

他的作业质量差,那马虎的计算和潦草的字迹,简直让人不忍直视。一次,他又没写家庭作业,不说赶紧补上来吧,他竟还把一个随身听带到学校,到处在同学们中间"卖弄"。上课时,还悄悄用随身听听起了屠洪刚的《中国功夫》。幸亏老师没发现,不然他和他的"心肝宝贝"肯定是吃不了,兜着走。哎,不知为何,我总是不忍心告他的状。而他却"不知悔改",总是一边嘚瑟,一边拍着我的肩膀,说我是他失散多年的兄弟,气得我对他直翻白眼。

他的体力之差,可是远近闻名。体育课上,进行两分钟仰卧起坐的测试,我们都能做几十个,他却只能做三个;一分钟跳绳,大家都跳了一百多个,而他只能跳三十个。一千米长跑,虽然大家都是大汗淋漓地完成,但看他跑完后那四脚朝天的样子,我都想把他扛回教室了。

至于他的成绩之差,简直可以用"驰名中外"来形容,连我们的外教老师都知道他的成绩差。他总是在试卷上乱写一气,我猜他肯定是来自"乱写国"。有一次,他的小测验试卷上又是一派乱象:所有的字都不像字,让人费尽脑细胞还分辨不清。老师命我出使"乱写国",督促他们的"小皇帝"改过自新,并放出狠话,如果不认真改正,数学老师就要变成盘古,左手持"斧"(班牌),右手持"凿"(扫把),开始强击了!一想到数学老师那无奈的神情,我就忍俊不禁,可这位"乱写国国王"却一脸无辜,大眼睛眨呀眨的,好像自己才是全天下最无辜的!

唉,"三差合体虫",以后你怎么办呀?我也忍不住为他担心起来。

点评:小作者脑洞大开,竟然自创了一种动物。为了文章效果,小作者不仅运用了比喻,还使用了夸张的修辞手法,让文章读起来妙趣横生。虽然写的是"差",可我怎么就读出了小作者对同桌的喜爱之情呢?嘿,这位"三差合体虫",你要不要利索地拿起大笔,也夸张地写一写小作者,勇敢"报仇"呢!

结语>>

读过太多写同学的作文,一不小心,就看到了雷同,翻到了无趣。多没意思!写作,最需要的不就是创意吗?注意:不是说写童话才需要创意,其实我们写各类作文都需要创意。有时我们可以跟自己较劲儿,多想一想,发挥自己的写作超能量,将看似平淡无奇的写人作文,也可以写得"活色生香",令人拍手叫好!

案例二:让读后感变得更好玩

一提到读后感,许多同学头都大了:唉,读后感可不好写啊!它仿佛就是一根硬骨头,看似好吃却非常难啃。稍不留神就会写得干巴巴,没生气,甚至千篇一律,落进套路。就连大作家沈石溪都曾经说过,他小时候不愿意写读后感,如果读完一本书就要写一篇读后感,那他就不愿去读了。

呀,读后感真的这么难吗?今天,老师可得好好教你们几个小妙招,让难啃的硬骨头变成美味的千层大蛋糕!

好啦,话不多说,让我们一起去"烹饪"作文界中这道大名鼎鼎的硬菜吧!我们要让读后感变得很好玩!

先得暂停一下,提个问题,你们知道一般性的读后感是怎样写的吧?往往就是这样的——先叙后议。先对原文进行叙述,告诉读者文中大概讲了什么内容,然后将自己读后的感想写出来,比如,对文中的哪一段有感,或是对哪件事有感、哪个人物有感等。结构往往是:开头告诉大家读了什么书,接着概括书的内容,然后是写自己的感想,最后总结。

而我们今天要和大家分享的"好玩"读后感,从低年级学生到高年级学生都能玩得起来,可根据自己的喜欢决定哪种玩法。不信,就来瞧呗!

列举1,2,3(2—3年级)

羡慕小豆豆的N条理由

——《窗边的小豆豆》读后感

作者:卢江坤

我好羡慕《窗边的小豆豆》这本书里的主角小豆豆,她本来是一个很调皮的学生,最后居然成了巴学园的明星学生,这多神奇呀!

我到底羡慕她什么呢?

1. 她能去电车教室上课。电车教室是用废弃的电车车厢改装的,只要拆掉原来的长椅子,放上课桌椅,再在驾驶员的座位上放一块黑板就行了。

2. 她能去温泉公园郊游。

3. 如果把所有的功课都做完了,她下午就可以去散步。

4. 她和同学们想上哪一节课就上哪一节课。老师把所有的重点写在黑板上,有的学物理、有的学数学、有的学语文……

5. 她能参加"找妈妈"比赛。假如我们学校也能举办这么有趣的比赛,我一定能凭借敏捷的身手迅速找到妈妈,得到第一名。

6. 他们运动会的冠军奖品是一根胡萝卜,亚军奖品是两根牛蒡,第3名可以得到一捆菠菜。

7. 他们能在学校里露营,校长还给他们讲故事。

8. 他们差不多每个星期都要去野餐。

9. 他们能开茶话会,可以一边畅所欲言一边吃东西。

10. 她可以随便玩儿,可以很晚很晚才回家。

11. 她永远都不会挨骂,她的校长小林很幽默很和蔼。

12. 她能养宠物,而且还是一条狗!我就是属狗的哟!

让我感到悲伤的是,小豆豆上三年级的时候,巴学园起火了!小豆豆的狗也死了。我是多么希望小豆豆能过得幸福呀!

哈,你是不是觉得好奇怪:天哪,这样的一篇作文也可以称之为"读后感"吗?当然可以!小作者从书中选择了自己最感兴趣的一个人物,并且说出了自己喜欢这个人物的原因,当然是符合读后感的基本要求:有读有感。

这种"条目式"读后感:精准选择目标,分析多样原因。与前一种方法比起来,这样写简洁明了、生动有趣,能充分调动读者想要了解这个人物的好奇心。如果你以后在一本好书中读到的一个人物自己特别喜欢,喜欢的原因太多,多到掰着手指头都数不过来,那你就赶紧拿出纸和笔,一条条地列出来,再加上开头结尾,一篇"条目式"读后感就出炉了。

哈,这样写是不是很有意思?

书信体,so easy(3—4年级)

读好书时特别投入,读着读着,对书中的某个人物产生了浓厚的兴趣,你有很多心里话想要对"他"说,想认识"他",和"他"成为朋友,那就赶紧拿起笔,把自己想要说的话都写在一封信中吧,不管是感动和期待,还是不解和祝福,都能成为实实在在的另类读后感。

致马小跳的一封信

亲爱的马小跳:

你好!

终于有机会给你写信,我心里好激动。你知道吗?我特别喜欢你,也特别佩服你,非常想和你做朋友。

先自我介绍一下吧。我是武汉市同济附小四年级的一位小女生,我叫王雨橙。《马小跳专辑》全套都被我买回家了,我天天都在看。

书中的你,活泼、调皮,但又积极正直、充满正能量。你有一个可亲可敬从来不会拿你和别的孩子攀比的妈妈;你有一个幽默风趣的马天笑爸爸;你有一个可爱的表妹杜真子,会各种才艺,做饭、音乐指挥、演戏、样样都出彩;你还有三个好朋友,每次在你需要帮助时都与你同舟共济。你的生活如此的丰富多彩,什么时候咱们来个人生互换那该多有意思啊!

我和你还有很多相似之处哟!在生活学习中,我也是大错不犯,小错不断,但内心里是特别坚强的女孩。在老师办公室罚站时垂头丧气,出了办公室就将烦恼抛在脑后欢天喜地。

你虽然有点淘气,但从不撒谎,敢于承认错误,总会把自己心里想的说出来,这是我最佩服你的地方。你虽然有时受人冤枉,被人误解,在老师和同学的眼里是一个调皮蛋,但却以快乐的精神度过每一天,即使有些烦恼,也不会太放在心上,我也想像你一样:开开心心地度过童年!

看了你的故事,我也暗暗下定决心,我要像你一样做一个善良诚实、有独立人格、有创新意识的人;我还要做一个有正义感、有幽默感、对生活有着积极乐观态度的人。

亲爱的马小跳,让我们做好朋友吧,一起努力学习,一起面对困难,一起迎接美好的明天。记得给我回信喔!

学生:王雨橙
2018 年 12 月 23 日

这封信是不是让你读得津津有味?

我们能想象小作者坐在桌前给马小跳写信时的模样,肯定是充满期待的,无比激动的。要想写出这样的一封信,如果没有对书全面深入的阅读,是不可能的。这样的一封信,谁又能说它不是读后感呢?

这种写法,很有对话感,就好像作者和书中的人物正面对面交谈呢。而读者在读的时候,也很容易将情感代入进去,不仅对书的内容有所了解,对人物的特点更能把握。

穿越玩起来(5—6 年级)

有时读书太投入,就把自己也读到书中去了,陪着书中的人物一起"思",一起"行"。可是这样还不够,你还想穿越时空,去采访一下故事中的人物,近距离地看着"他",听"他"说出更多的秘密,能更充分感受到书中人物的喜怒哀乐。那你就穿越时空吧,一定能让你的读后感给人"耳目一新"之感。

采访安徒生
迟 燕

放寒假了,我又坐上我的时空穿梭机,准备到处转转。这次,它要带我去哪儿呢?

随着"砰"的一声巨响,时空穿梭机为我打开了舱门。走出舱门,我惊讶地发现,我面前站着的竟然是大作家安徒生爷爷!

我简直不敢相信自己的眼睛,作为《安徒生童话》的资深读者,我有太多问题想问安徒生爷爷了!于是,我迟疑地问:"您……您就是安徒生爷爷吧?我可以采访一下您吗?"

"对,我就是安徒生,很乐意解答你的问题。"安徒生很和气地对我说。

"您写的童话受到很多小朋友的欢迎,您的童话有什么独特之处呢?"

安徒生爷爷摸了摸胡子,缓缓地说道:"我写童话时,力争将人类的美好融入其中,我希望用我的笔给人们塑造一个无比纯净的世界,并非其他童话中简单的善恶有报、有情人终成眷属之类的简单寓意。我在叙述故事的同时,还探讨人生和社会,把童心、爱情与哲理巧妙融合,折射出人类灵魂的美丽之光。"

"《安徒生童话》里,您自己觉得哪个故事写得最为成功?是《卖火柴的小女孩》吗?"

安徒生爷爷认真地说:"嗯,《卖火柴的小女孩》家喻户晓,深受你们小孩子的喜爱。但在我看来,《丑小鸭》这个故事更有意义。因为它写得很接地气,符合生活的实际,激励了千千万万的人!丑小鸭为什么能变成白天鹅?那是因为它心中有梦想。人生中的挫折和痛苦不可避免,但是只要坚持梦想,学会把它们踩在脚下,顽强生长,丑小鸭终究会变成白天鹅的。"

我接过他的话,问道:"人们常说,艺术来源于生活又高于生活,那么您写的童话创意来源于哪里呢?"

安徒生迟疑了一下,说:"毫不夸张地说,我的大多数童话都体现了我自己的生活经历。其实我就是丑小鸭,不过我的故事又大大地超出了我的个人经历。它们还具有普遍性的吸引力。我的童年就是每个人的童年。"

我赞赏道:"您的作品反映了您的童年生活,人们又从您的作品中找到了童年,难怪大家都喜欢您的童话呢!回去后,我也得像您那样写童话。"

"有梦想就有奇迹,每个丑小鸭都会变成白天鹅的!"

"嗯。"我看了一下时间,"呀!穿越时间到,我要走了。谢谢您,安徒生爷爷!"

采访安徒生?用读后感的方式来采访,是不是脑洞大开?将读后感变身为访谈,多有创意!在小作者和大作家的一问一答中,读者也寻找到了答案,收获很大!注意哦,除了自己穿越,还能让他人穿越。这是啥意思?也就是说你可以像刚才这样,是自己和书中的人物进行对话,还可以把自己当作其他某个人,与书中人物进行对话。

比如,你读了《长袜子皮皮》后,如果决定采种"访谈式"读后感来抒发感想,可在文中创设出某家报刊的一位记者形象,采访主人公皮皮,将自己读这本书最感兴趣、产生疑惑之处,以及书中的绕口令等内容巧妙地设计几个问题,也会很棒的!

超级大变身(5—6年级)

自述类作文,我们平时看得最多的是动物的自述、植物的自述,和读后感相连,是怎样的巧妙构思呢?就从下面这篇佳作中一探究竟吧。

《哈利·波特》读后感

墨 宣

大家好,我是《哈利·波特》中的男主角哈利·波特,你不会没看过吧,连外星人都知道呢!

我寄住在可恶的德思礼夫妇一家,因为我的爸爸妈妈都被黑魔王——伏地魔给杀害了。幸运的是,几年前,我被一所叫作霍格沃茨的魔法学校录取了。因此,坐上一列大红色的火车,准备踏入一个神奇的魔法世界!

在火车上,我遇到了学校里最好的伙伴,他们是赫敏·格兰杰和罗恩·韦斯莱。更幸运的是,我们都被分到了名誉最好的格兰芬多学院。在多姿多彩的校园中,我们不仅上有趣的魔法课,念神秘莫测的魔咒,还玩一种有学院排名的惊险好玩的游戏——魁地奇赛。作为水平一流的、年纪最小的捉球员,我怀着满腔的热忱,竭尽全力地骑着飞天扫帚去追一个长了翅膀的小金球,结果多次被人殴打,在天上被摄魂怪追……然而,功夫不负有心人,我们学院年年第一。我呢,也就成为了非常出彩的捉球手。

在神秘的魔法界中,常常很危险。我记得在三强争霸赛时,我和参赛者塞德里克一起在大森林里寻找出路,找着找着,竟不慎遇到了伏地魔。很快,塞德里克就被伏地魔用阿瓦达索命咒残忍绞杀,如果不是因为我拥有和伏地魔一样的魔杖,能够相吸,恐怕我也难逃一劫。

很多读者从书中知道了我的经历后,都成为我全球粉丝后援团的一员,都说我十分厉害,不仅勇敢聪慧,而且在危险的时刻绝不退缩。听到这些鼓励和嘉奖,我感到由衷的喜悦,我也为自己这充满传奇的命运感到自豪。

小作者竟然直接请出了书中的主人公,让哈利·波特和读者面对面了。作文以书中人物的口吻,讲述自己身上发生的各种惊险刺激的事,其实就是说明作者在看书时,哪些情节给他留下了很深的印象。把那些难忘之事串联起来,巧妙借人物之口来表达心中情感,别具一格,令人印象深刻。

你以为读后感就是以上几种玩法吗?当然不是啦。你还可以根据故事编脚本,当导演,做演员……这听上去有点难度,不过,玩起来可有意思了!

说了这么多,你一定明白了,写读后感不一定非得按固定的模式去套,这样会导致"千感一面",多无聊!我们可以大胆创造,写出自己的特色,让读后感变得更好玩!总之,你要记住,无论是写"常规式"读后感,还是"趣味式"读后感,有一点是共同的,那就是必须得有真情实感——感受越深,表达才越真切,文章才能越感人!

第四节　故事接龙魅力大

一、海底世界历险记

1. 淡蓝水晶贝

小作者：雷诗妍

今天，梅花鹿老师带我们去海边寻找一种名叫淡蓝水晶贝的贝壳。

"淡蓝水晶贝，它是一种古老而又神秘的生物，几百年来，人们只见过它们几次，而且每一次的时间极短。据说，它在夜晚会发出一种淡蓝色的光，又像水晶一样晶莹剔透，美丽无比。我们今天就要去海边找一找这种贝壳。大家一定要注意安全。"梅花鹿老师说。

我开始幻想：它会在哪里呢？我们能找到它吗？在这个神秘的物种背后，会有什么惊天动地的秘密呢？……

突然，司机一刹车，因为惯性，我的身体猛地往后一靠，我才从刚才的幻想世界中惊醒，抬头一看，原来到海边了。

已是黄昏，我们下了车，一个个都瘫坐在柔软的沙滩上。只有张井源兴奋地在沙滩上奔跑，见我们都躺在沙滩上，就跑过来开心地说："伙计们！来了就要好好玩一把嘛！再说了，不玩也把自己的'本职工作'做好——找淡蓝水晶贝呀！听梅花鹿老师说，它们喜欢在黄昏时出来玩呢！"

也不知道他说的是真是假。

听说打哈欠是会"传染"的，但我认为兴奋也是会"传染"的。听他这么一说，我们就全都"满血复活"，从沙滩上爬起来，慢慢地弯下腰，仔细地寻找淡蓝水晶贝的踪迹。

"淡蓝色，半透明，贝壳形。"洪梓悦一边念着她自己编的口诀，一边拨开沙子寻找淡蓝水晶贝。她这儿找找，那儿翻翻，很快，她发现了一个淡蓝色发光的东西，拿起来一看，正是淡蓝水晶贝！

洪梓悦立即召集大家，把淡蓝水晶贝交给了梅花鹿老师。梅花鹿老师又把它放在石头上，让大家欣赏这枚美丽的贝壳。

"真美呀！"

"好漂亮！"

大家赞不绝口。

突然,淡蓝水晶贝打开了它的壳,只听到"呼"的一声,我们还没来得及反应过来,就一下子把我们大家全都吸了进去。

2. 金色城堡

小作者:陈萱

里面一片乌黑,这么小的空间怎么会容得进62个人呢?是我们缩小了吗?还是淡蓝水晶贝变大了?

梅花鹿老师眯着眼睛看向前方:"咦,那里有一处金光在隐隐约约地闪烁呢。"

大家跟着梅花鹿老师向前走,找到了那处金光。天哪,这是一座比100层大厦还要高的城堡,大约有1000层那么高!这城堡浑身上下全是金的,简直能闪瞎我们的眼。

城堡每一处的每一个角落几乎都被金子给牢牢地包裹住了。瞧啊,有人忍不住用指甲抠着墙壁上的金子,想把它们装在一个袋子里。没想到这墙壁这么不给力,一抠就是这么一大块,他们都乐坏了。

向来不爱说话的陈思语却先有了重要发现:"咦,这墙壁是由一个个淡蓝水晶贝搭成的!"对,墙壁确实是用五颜六色的淡蓝水晶贝搭建的,这令大家很吃惊。

此时,大门"轰隆"一声打开了,一个头上戴着高帽,手里拿着长矛的小矮个儿嚷嚷着:"大胆妖孽! 你们竟敢破坏海底世界淡蓝水晶国人民智慧的结晶!我要逮捕你们——"瞬间,几十个小矮个儿出动,用长矛把我们一个个打倒。

等我们醒来,已经是身处于一间"金碧辉煌"的牢房里了。这里的墙壁仍是贴上了一层金箔。有吃的有玩的,还有漂亮的蓝色贝壳形床,不过抠金子的同学发现袋里的金子没了。

这时,一位胡子长到拖地的道士站了起来。这时,大家才发现群体里混了一个"卧底"。原来,他是淡蓝水晶国国王,我们纷纷向他去诉苦。

其实这金色城堡曾是国王的宫殿。

那挂在正中央的大灯突然变得特别亮,几张桌子排在我们面前,我们将要被审判……

3. 集体大逃亡

小作者:洪梓悦

我们被小矮人押上了椅子,国王则端坐在宝座上,我们将被审判。

等我们坐定后,国王问:"你,哪?"谁都没听明白。这时,从国王手上的戒指里蹦出了一个精灵,它说:"你们好! 我叫辛儿,我来帮你们翻译,国王问你们是从哪里来的?"

"我们从中国来的,是为了寻找淡蓝水晶贝的!"孙尤辰回答道。

"淡,你,坏,头……"

"淡蓝水晶贝已经被你们破坏了,国王要砍你们的头。"忠诚的辛儿翻译着。

"为什么? 我们只是被吸进了水晶贝里,又没有破坏它,我们又有什么罪?"我很不满,辩解道。

"因,贝,不,所,坏……"

"因为水晶贝不能承受这么多人的重量,所以被你们损坏了!"辛儿说。

"可水晶贝是一次性把我们吸进来的,是我们所不能控制的,我们也很冤枉的,好不好?"雷诗妍急切地反驳。

可是国王根本不听我们的解释,让侍卫将我们关入了大牢。

夜深人静的时候,我们都不敢睡觉,一心想怎么才能从大牢里出去呢? 过了几分钟,只听"咔"的一声,门被打开了。原来是徐国诚蹲在墙角,见守门的睡着了,溜到守卫身后,拿到了钥匙,这才帮我们"死里逃生"。

几乎同一时间,牢房里的报警器就响起来了。随后就听大批侍卫向这边集合的脚步声。大家慌作一团,不知道怎么办才好。雷诗妍冷静地分析道:"我们现在这样,没武器没功夫,局势对我们极不利,唯一的方法就是快点跑。"话一说完,她的人影就不见了。

"大家别磨蹭,快跑!"邵海航吼道。我们逃到了一个偏僻的宫殿内。

"哇! 这里好漂亮啊!"

大家都很惊叹! 宫殿四周的墙是由成千上万个水晶贝的冰雕组成的,地板上飘着淡淡的薄雾,仿佛人间仙境。然而,再美的仙境我们也来不及多欣赏了,身后有那么多的追兵捉拿我们,还是三十六计走为上计吧!

渐渐地,大家的体力逐渐消耗,又累又饿,可身边的侍卫的脚步声就没消停过。跑啊,跑啊,我们竟无意中发现一间废弃的屋子,经过简短的商量,我们一致决定先进去躲躲。

殊不知真正的危险才刚刚开始……

4. 海龙王的宫殿

小作者:张若琪

我们躲进那间小屋,侍卫果然没看见我们,大家都松了一口气。突然,这屋子塌陷了,我们都掉了下去,瞬间感到天旋地转,晕了过去。

等我们醒来时,发现了不可思议的事情——前面站着一群海龙,它们笑眯眯地看着我们,似乎没有任何敌意,还把好吃好喝的送给我们。大家便放松了警惕，但还是有人半信半疑地注视着海龙。

过了一会儿，海龙把我们送到它们的国王那里。"你们是怎么来的？"国王疑惑地问。洪梓悦便把事情的经过都告诉了国王，国王点点头，说："你们一定很累了，到我的宫殿休息一下吧。"

一走进宫殿，就看到了许许多多晶莹剔透的冰雕，地上飘着淡淡的薄雾，身临其境，仿佛进入了一个白茫茫的童话世界。细心的徐国诚悄悄说："你们想想，我们在逃脱侍卫追捕的时候，是不是也见到过这样的情景呀？"

我在脑海里思索了一番，没错，的确有这情景。

"对，这个地方好像来过，莫不会……他们是一伙的？"雷诗妍说。

"快跑，说不定有人在这里监视着我们呢！"

"跑啊！"大家异口同声地答道。

果然，我们没跑多久，一群大军就杀了过来，它们拿着三叉戟向我们冲来。这时，前面出现了三个路口，不知是谁大叫一声："分成三队跑！"大家便有序地分成三队快速离去。士兵们来时，我们已经跑得无影无踪了。这时，它们也分成三队，小心翼翼地摸了过来。

突然，一个烟雾弹飞来，浓郁的烟雾挡住了我们的视线，我们立马躲到了石头后面。烟雾弹把士兵的视线也挡住了，真是害人害己呀。我们趁士兵们慌乱的时候，迅速逃走了。

"我们快去找其他两小队吧。"

我看到地上洒落着一些三叉戟，让大家捡起来作为防身。有的同学耍起帅来，骄傲地说："我们是精兵强将，定会把国王的士兵们打得屁滚尿流。"

我们哈哈大笑！突然，一个黑影闪过……

5. 大乌贼

小作者：王炻

那是什么？是一只大乌贼！只见它吐出许多墨汁，把士兵们的视线遮住了。然后，大乌贼伸出又长又多的触手，把我们五花大绑起来。

它抓着我们游到了一个洞穴里，把我们丢进去，顿时，我们眼前一黑……

"啊……"

"我的屁股！"

一声声清脆的叫声回荡在洞穴中。我们环顾四周，这是一个阴冷潮湿的山洞，在离我们不远处的海里，有几艘巨大的轮船停靠在那儿。"学识渊博"的汪祝宇惊讶地说："那些不是传闻中掉进魔鬼三角洲的船只么？"

"我们总不可能在几分钟内从连云港到达美国吧？"徐国诚露出不可思议的

神情。

"一切皆有可能,但现在关键是我们怎么回去呢?"孙尤辰接着说。

这时,那只大乌贼回来了,我们迅速躲到石头后面。大乌贼上了岸,把水里的大轮船当玩具玩。过了一会儿,大乌贼似乎看到了我们,慢悠悠地向我们这里游来。

我们像热锅上的蚂蚁急得团团转。很快,大乌贼找到了我们,将我们一把抓起,放到了大轮船上,我们吓得呆若木鸡,一动也不敢动。

这时,一只海豚游过来,用"海豚音"和大乌贼说了几句,紧接着,大乌贼便向我们扑来,我们惊慌失措地四处逃窜。眼尖的徐国诚看到不远处有一个淡蓝水晶贝,我们迅速钻了进去。

刚一进去,就看见许多高大的柱子耸立在四周,地板都是用淡蓝水晶贝铺成的,墙壁上挂满了壁画,空气中有一股淡淡的清香,屋顶上挂着一块巨型水晶。

"这里好像是个宫殿,不像上次的牢房。"涂清华说道。

"你们看,门上有字!"汪祝宇指着前方的一扇大门,兴奋地喊道。

我们都朝着他手指的方向看去,果然有字!胆大的陶星宇走过去看了看,"我可看不懂那些火星文哦!"说完还对着大门踢了一脚。

突然,传来一阵轰隆隆的巨大声响,门竟然打开了!从里面走出一个人,"大胆!你们竟然私闯皇家餐厅,来人,给我将他们全部拿下!"

于是,一堆士兵涌了进来,把我们全都抓起来,还把我们带上法庭,法官是一只海马。审问开始了,法官问:"你犯安……条五徒……"旁边的带鱼立即翻译道:"你们违反了《皇家安全法》第748章第250条,私闯皇家禁地,判处五天有期徒刑!"

于是,我们被送进了牢房,虽然也和皇宫差不多,有吃的有玩的,但是失去了自由,让我们很苦闷,不少人发泄着心中的愤怒。

"我的暑假作业还没写完呢!"

"我小学还没毕业呢……"

突然,远处传来一阵熙熙攘攘的声音。

6. 水晶螃蟹

小作者:朱可沁

一阵熙熙攘攘的声音过后,又是一阵类似硬物触地的声响。

徐国诚和雷诗妍从监狱角落里站了起来,踮着脚尖悄悄走到牢门前,从铁杆缝往外窥视,很有点侦探的味道。

只见徐国诚没过几秒后就大惊失色地飞奔回来,喘着粗气,口齿不清地说道:"外……外……面来了群会……钻地的水晶螃蟹!"

陶星宇大笑:"徐国诚啊,你没准是看花眼了,我长这么大,还从来没有看过哪只螃蟹是用水晶做成的哈!"可还没等到大家对陶星宇愤怒地一瞥,他坐着的水晶堆就开始松动,只用3秒就塌陷了,而陶星宇也随着自己的尖叫声跌入了下面的土坑里。

一只只水晶螃蟹从坑里如泉水般涌了出来,刚才还在哈哈大笑的我们顿时瞪大了眼睛,捂住了嘴巴,全部靠在墙角边,不敢吱声。其中最大的一只螃蟹走了出来,我偷偷地打量打量了它:黑色的外壳上镶满了蓝色的水晶,两只大钳全部是水晶的,借着窗口的一丝阳光,在墙面上反射出夺目的光斑。

"你们不用怕,我们不是国王的士兵,只不过是受外形的影响,让我们看起来和国王的士兵没两样,我们和狱里的绝大多数人一样,都是误入王宫被捕的,不过我们比较自由,因为我们会钻地。而王宫士兵并不知道,虽然我们可以在牢房钻来钻去,可我们并不能逃离王宫,你们可不知道,这是一座天空堡,即使我们逃出去,也会被活活摔死的!"大蟹无可奈何地说道。

我们松了口气,梅花鹿老师突然有了办法,从随身携带的百物盒中掏出了隐身枪、缩小枪,以及61把降落伞,眨了眨眼睛,微笑着望着我们,我们都明白了她的意思。

没过一会儿,变小的我们就趴在了变小的水晶蟹身上,蟹钳上扎着降落伞绳,再利用大蟹钳的力量踩动隐身枪,隐身成功!

从天空城到达地面之后,大蟹为了报答我们的恩情,带着我们去了一个它们相信绝对安全的地方。带着很多疑问,我们被驮着来到了从未见过的大海边,"触摸五秒钟我们背上的水晶,你们就可以在水里自由地呼吸了。"大蟹下水后,蟹背上的我们都条件反射地准备憋气,不料自己却能像鱼儿一样呼吸呢,我们都被自己逗笑了。

海中的风光不亚于陆地,青蓝色的海水,五彩的珊瑚礁,随着水流游动的各种各样的鱼儿……正欣赏时,突然,眼前出现了一座白色的海下城堡,大理石墙面上雕满了飞龙,宫殿门口还立着两尊盘龙像,大蟹什么都不说,只管游进了城堡,游进了大厅。

一条白龙盘在大厅中央的贝壳里。

大蟹和白龙说明了情况,白龙的头抬了起来,睁开湖蓝色的眼睛,用哀伤的语气说道:"你们都是从人类世界穿梭过来的,我是海龙王后……"还没等她说完,想起被海龙国王痛追的经历,我们掉头就跑。

幸好，这一刻我们是可以呼吸的。

"别走！我是世界上所有水晶贝的主人，我被迫成为海龙王后，召唤淡蓝水晶的力量都被国王吸取了，他随时可以看到殿内的情景，所以我们在场的所有人的处境都很危险，我先赶紧把你们藏好！"

听完，我们惊讶地转过身来，不再害怕，白龙和她的儿子青龙说了些什么，青龙便为我们带路，去往住处。

殊不知，这条青龙背叛了母亲，暗地为他的父亲效忠。我们和白龙王后的情况都被青龙禀告了海龙国王……

7. 逃出宫殿

小作者：汪祝宇

青龙将我们的行踪都禀告给了海龙王，海龙王不禁龙颜大怒，点齐了虾兵蟹将，亲自披挂上阵，看样子是要和我们决一死战。

大蟹们却毫不紧张，有两只还趴在地上打呼噜，气得王炻直跺脚。那个睡觉的大蟹却慢悠悠地晃了晃身子，用它那大爪子指了指上面的水晶天花板。众人才恍然大悟，原来雕满花纹的水晶薄得像张纸，轻松一捅就破了。

我们不禁大喜，一个一个钻出洞口。顷刻间大厅里就剩下了王炻。

王炻见我们都已逃出宫殿，便也顺着墙往上爬，谁知海龙国王已经率着大军气势汹汹地赶来。王炻见对方杀气腾腾，瞬间变成了蜘蛛侠。只见他飞檐走壁，上下翻腾，在洞口接应他的孙尤辰都忘了搭把手。结果可想而知，帅了3秒的王炻摔了个七仰八叉。

孙尤辰见王炻掉了下去，本想让王炻自由落体，但还是于心不忍，就伸长手想再够一把，谁知他重心不稳，头重脚轻，自己也一个倒栽葱摔了进去，正好掉在了王炻身上，把他压得差点一命呜呼。

海龙国王先看到一个人掉下来，怕其中有诈，不敢接近。现在又看到一个人摔了下来，心中的疑惑就更大了。他命令虾兵蟹将前去捉拿二人。

他俩也不是傻子，看到一群张牙舞爪的大龙虾向自己走过来，就知道准没好事，赶紧顺着墙壁往上爬，想再挣扎一下。但那些大龙虾们毕竟当年也是在夜叉手下混了很久的，虽然夜叉去年退休领养老金了，但这些精兵强将们身手依然不减当年，一爪子就把两人给抓了下来。

六十一个人却只抓到两个人，这让海龙国王郁闷得很，于是命龙虾侍卫将可怜的二人送进地牢，自己躺在海草床上便早早入睡了。但他不知道，在梅花鹿老师的指挥下，班上的同学和大蟹已经开始营救行动。

会钻地的水晶螃蟹举起爪子就开始掘地，想挖出一条地道，把王炻和孙尤辰救出来。挖了几分钟,我们面前就出现了一座支离破碎的水晶大门,但依然很坚固,班上的几个大力士推得两眼发黑,大门照样纹丝不动。

不料,孙鹏自幼"研究"动画片的套路,直接站在大门前喊了一句:"芝麻开门!"大门就"轰隆隆"地打开了。

我们小心翼翼地走了进去,生怕惊动了那些士兵。当我们走到关押他们俩的牢房时,看到他俩灰头土脸的样子,都忍不住哈哈大笑起来。把他俩从地牢里救出来后,在地牢里巡逻的士兵也发现了我们,纷纷举起手中的三叉戟向我们投来,吓得我们一溜烟往大门跑。幸好这些小龙虾都是些小短腿,要是被他们追上恐怕就要去阎王那里报到了。

本以为终于安全逃出宫殿,没想到,海龙国王已在前面大摆战阵,等待着我们的到来……

8. 大战海龙王

小作者:王炜婕

就在我们刚逃出宫殿时,忽然听见前方传来了海龙王的咆哮声。

"哈哈——竟敢想逃出我海龙王的手掌心?真是做梦!"说完又大笑几声。海龙王身后那些昂首挺胸的战士们,令人想起秦始皇那所向披靡的军队!

再看看我们还没缓过神来的样儿,唉……

过了一会,我们终于明白,原来是青龙王背叛他母亲一直暗地帮助他父亲。现在大家都处在死亡的边界!因为我们与海龙王只有几百米的距离,所以梅花鹿用绝对不会被海龙王听见的声音叮嘱道:"大家还记得暑假前成龙老师来我校亲自传授的'防狼术'了吗?"

涂清华胸有成竹地应和道:"OF COURSE(当然)!现在是显示真正的技术的时候了,哈!"说着还来了个扫堂腿。

话音刚落,海龙王已经向我们靠近了。张井源当前锋,首先冲到了龙王兵的面前备战,刚一出拳就被敌军打得鼻青脸肿,让我们不禁瑟瑟发抖。张井源连连退回,捂着脸嚷嚷道:"我的盛世容颜啊!"

紧张万分的梅花鹿老师看见垂头丧气的张井源被打得青一块紫一块,很是心疼,从包里翻出"止痛喷雾剂",对准伤口迅速喷几下,简单处理。兄弟们看着张井源被打,也是气不打一处来,便一个个激动得摩拳擦掌,威风凛凛地准备迈着大步与敌人较量一番,可又被梅花鹿老师给叫住了,提醒带上武器——屠龙刀,它原本是打开水晶贝用的。

可是,唉,屠龙刀根本就起不了作用,敌军的铠甲太坚硬!

很多男生不管不顾,一拥而上拳打脚踢,竟然将敌人给唬住了,他们也就趁机打倒了对方的一些士兵。海龙王很生气,怒吼一声,霎时间乌云密布,电闪雷鸣,风雨交加!

一向胆小的朱婉珍眼中含泪,失色大哭!

就在这时,天空划过一条线,定睛一看,大救星龙后驾到!此刻大家顿时充满无限的力量和信心,因为龙后轻轻甩动尾巴就可以轻而易举地干掉很多家伙!

几分钟的扫尾,海龙王也不是龙后的对手,灰溜溜地要走了。真是外强中干的纸老虎呀!

我们也安全了……

9. 海底光轮
小作者:朱可沁

海龙王逃走,我们在喜悦的同时也感到些许愧疚。如果不是我们住入王后的海底宫殿,就不会造成国王和王后现在这样自相残杀的局面。于是,在大战后的第二天,我们决定不再给王后添麻烦了,准备告别离开,梅花鹿老师也赞成我们的做法。

我们一行来到大厅,海龙后还是那样安详地盘坐在贝壳之上。

听到动静,王后睁开眼,见到我们,就离开贝壳游到我们面前:"你们还有什么需要?有的话尽管说。"她的语气和眼神中没有被儿子背叛的忧伤。

梅花鹿老师还没来得及开口,一大群男生便涌过去,争着开口解释。只见涂清华一个"成龙派扫堂腿",把其他男生踢到一边,自己清清嗓子一本正经地说道:"因为我们不想再给您添麻烦了……"憋得满脸通红,却没说出第二句话。

他只得讪讪地退到一旁,使眼色恳求梅花鹿老师上前帮他解围。

"可爱的人类小子们,龙王败在了你们手下,以后肯定没脸也不敢再监视我啦!我那翻脸不认娘的儿子也随他父亲一起溜了。海龙王仪仗队已经转移到其他领域,估计不会再回来了……"海龙后滔滔不绝。

梅花鹿老师委婉地打断海龙后的话,一再感谢,告诉她我们得回去了。

"既然你们执意要走,那我也不强留,送送你们吧。"海王后领着我们来到了一条往上延伸的轨道旁,向我们介绍:"这是海底光轮,直通陆地。"

我们很惊讶:"海底光轮?"

"嗯。"海王后接着问,"你们知道这里离地面有多远?"大家纷纷猜测:"螃蟹那么快就到了,应该不太远吧,几百米?几千米……""错,答案是两万多米!"

就在我们无比惊叹的同时,已经在海王后的指导下一一登上了"海底光轮"——那是一辆很像是加长版摩托车的交通工具。海王后突然想起了什么似的,提醒我们:"海底光轮的速度达到每秒几百米,非常快,承受不了这样速度的赶紧下车,有没有?"

可是没有一个人下车,看来大家都很自信!梅花鹿老师又帮大家仔细检查了一遍安全扣才放心入座。

"你们可以睁开眼睛,一路的风景还是很不错的。我就不坐车上了,但会在后面跟着你们。"龙后一抡尾巴,车子就启动了,一开始速度并不是很快,但不停地加速,加速,加速!

这哪是坐车啊?简直就像骑着光,向上猛冲,不时急转!我们的心始终悬着,都死拽着手柄,紧闭眼睛。

唉,我们毕竟不是龙,那么强的水浪冲击波使我们眼睛根本就睁不开。

终于到达目的地——海边,大家的样子都狼狈不堪,手脚颤抖着,像筛糠一样,甚至有的同学在下车时直接"叭"一声跪在了地上。

这海底光轮可真厉害!

回头看向大海,龙后在海面向我们挥挥手,然后潜入海中不见了。几乎是在同时,海底光轮也消失不见了。

之前发生的一切就像一场梦一样!

可我们知道,这不是梦,而且我们相信,以后还将有新的探险!

二、精灵王国的国王

1. 奇妙的精灵王国

小作者:雷诗妍

在一个遥远的星球上,有一个奇妙的王国——精灵王国。

那里四季如春,住着无数精灵。在这些精灵的背后,有着三个古老的家族,他们的祖先都可以追溯到公元前一万年,但随着科技的发展,精灵王国发生了翻天覆地的变化:精灵变了,事变了,物变了。但自始至终,血统(家族)从未改变,那三个家族分别是:天族、地族、林族。

对精灵王国的居民来说,其他种族的人都是异族人。

血统高贵的天族,生活在五彩云或变色云(随天气变化而变色)上,他们的生活离不开云。用云建房,做家具;以云为食,用云制衣。甚至连他们的图腾上都是云,可见他们对云的喜爱、敬佩和依赖之情。此外,他们的背上都有一对翅膀,因此他们可以在天空中自由地翱翔。而他们的"晨跑"就是太空漫步啦。

生活朴实的地族,生活在地表下方的洞穴里,他们从未见过太阳、月亮、星星。他们很怕光,就算是冬天的阳光仅需要一分钟就能杀(晒)死一个成年的地族人。每当精灵国王要召开重要会议时,他们的代表就会在家里通过屏幕来和国王或其他代表对话(相似于视频通话)。

一向神秘的林族,生活在幽静、奇幻而又富有生气的精灵森林里。很少有异族的人去过那里。因为精灵国一直有个传言:"林族人和异族人同时看精灵森林,能看到两个不同的森林。"不过,林族和其他两族是分不开的。精灵森林虽是森林,但其实种仙树——蓝幽树。蓝幽树若是用"顶天立地"来形容,一点都不夸张。天族每天会派人修剪枝叶,地族则靠它树根的汁液为生,因为地族总是"逐树根而居"的,林族则生活在森林里。

新上任的精灵国王波达,就是林族人。

他幽默,爱笑,却有一个不为人知的秘密。

2. 重要会议

小作者:刘锦媛

不过现在还不是谈论那个秘密的时候,因为精灵国王正在召开一个非常重要的会议。这个会议,参加的只有三个人,分别是天族族长、地族族长和精灵国王自己。由此可见这场会议的重要性。

"国王陛下,请问这次要讨论些什么?"坐在云朵椅子上的是天族族长。

这代天族的族长叫蔚,看上去是位清秀的少女,但谁也不知道她究竟活了几百年。天族人都拥有着天蓝色的皮肤,颜色越与天空相近身份便越尊贵,这位族长的皮肤是那纯净无比的天空之色。她眨了眨天族人独有的浅棕色大眼睛,轻声问道。

"是呀,陛下,这次连代表都不要,只要族长本人来,这事该有多重要啊?"地族族长的声音从天族族长右侧的屏幕中传来。黑漆漆的屏幕中央是一张一看就没见过光的白脸。

白脸上是一双颜色很浅的眼睛。

名叫库里的地族族长把遮挡视线的浅灰色头发随意地往后一撩,大声地问:"我真的很好奇啊!"

"两位稍安勿躁。"林族人都有着绿色的皮肤和琥珀色的眼睛,这位国王也不例外。他一改平时的幽默风趣,严肃地把双手往下一压,做了个噤声的动作,"想必大家都听说过火族人的传说吧。"

精灵王国刚创立时,火族是与地族、天族和林族地位平等的家族。

虽说平等,但火族实际比其他三个族群都要强大的多,但后来因为火族压迫其他精灵,反被灭了族。精灵王国的正史中没有相关记载,在最高的蓝幽树顶,只有族长才能进去的藏书馆里才有相关记载。

在那儿的记载上,火族人拥有浅红色的皮肤和鎏金色的眼睛,手中可以随意地冒出火焰,血统越纯正的火族人,火焰强度越大。记载上还有一些考据信息,主要是调查火族人是否还有族人在世的。最近的记载在一百三十年前,火族人在掳走了当时林族族长的儿子,也就是现任国王波达之后,与其签订了一个赌约就消失得无影无踪了。

"我看过那些记载。难道有火族人被发现了?"地族族长库里好奇地问。

"对,而且是他们自己出现的。你们看。"波达亮出一张纸,上面写了一堆乱七八糟的东西,"这是火族的文字,大意是:我们要光复火族!我们将用奇妙的火族力量席卷整个精灵世界!颤抖吧!异族人!"

"天哪,这是光明正大地向我们宣战吗?"天族族长蔚叹了一口气,"国王陛下,您有对策吗?"

波达注视着两位族长:"这就是我通过蓝幽树的通信系统叫二位来这里的原因,我需要二位的帮助。"

3. 火族的神秘人

小作者:姚佳阳

波达的神情愈发沉重:"最近精灵森林的边境发生了暴动,许多生活在边境的精灵们都表示要离开精灵王国,投靠火族人。"

库里一蹦三丈,惊慌地问:"什么?他们是要造反吗?"

"这……这怎么得了?"平时冷静的天族族长蔚此时眼中也闪过一抹焦虑。

"最为关键的是鉴察馆(鉴察馆是精灵王国最机密的机构)里出了内奸,所以我需要你们帮忙找出这个内奸。"波达转动着手上的红宝石戒指,严肃地说。

他们聊了很久,等出来时太阳已落下一大半,云紧紧依靠着太阳。太阳那特有的光辉和那似血的红早已染遍整片天空,天空下是一片又一片的森林,还有一片又一片清澈的湖。

此刻的精灵王国有着别样的美丽,却不知在这美丽王国的背后将会有着怎样的经历,不知这一心为国的国王有着怎样的打算,不知那火族人的火焰会不会像这似血的红令人惊心动魄……

一缕光辉洒落在房顶上,一片普通的瓦享受这唯一的光,这片瓦变得越来越明亮,最后它成了一片琉璃瓦。

一只鸟正站在这美丽的瓦上。突然,一个身穿黑纱衣,手捧水晶球的女孩出现在屋顶上,鸟受到惊吓飞走了。

女孩拿下黑帽,褪去面具,她的眼睛是两种不同的颜色,左眼是林族人独有的颜色——琥珀色,右眼是火族人的鎏金色,皮肤是浅白色,左耳朵后有一团蓝色火焰胎记。

她用手变出一团红色火焰,朝会议室投去。

大火像凶猛的野兽疯狂撕咬着、咆哮着!

一个卫士连忙呼救,幸亏消火队来得及时,避免了这场大火蔓延到别处,可会议室烧的"面目全非",里面不少珍贵的史料、考据信息全都化为灰烬。

国王波达急忙赶到会议室,随后侦查队也匆忙赶来,过了十几分钟,侦查队长对在这儿的所有人说:"这些火并非普通火焰,从伤害程度来看应该是火族人的火焰,否则谁也不能让最坚固的建筑不出10分钟就化为废墟!"

"呵呵,想不到这些异族人还挺聪明的。"女孩托着下巴像看喜剧一样看着这些异族人。

"陛下,空中有一个人!"风霄指向空中。他是一位精灵少将。

女孩站起来,抖了抖身上的灰:"哎呀,被发现了呢。"

"快!所有人务必抓住她!"波达的眉头微微皱了皱。

可不管精灵们怎样跃到空中,就是碰不到女孩。

"你们别白费力气了,你们是不可能抓住我的,我还是自报家门吧,我叫冉,是一个火族人!"冉眼含笑意,嘴角上扬。

话音刚落,精灵们的武器便纷纷飞上天,又化为火云降了下来。

"再见了,异族人,哈哈哈!"冉挥了挥手,消失在这琉璃般的天空,世界在瞬间静如初生,只是多了些从天而降的花瓣。

波达派人找遍全国,也没找到那个名叫冉的神秘女孩,好像她从来没有来到这个世界一样。

有一天,在繁星布满天空时,一阵清脆的笑声从很远很远的地方传来,打破了夜的沉静……难道冉又出现了?

4. 边境被突破

<small>小作者:潘慧</small>

"报!"风霄急急忙忙跑过来,"陛下!火族入侵了!现在天族族长和地族族长已经在边境和他们开战了!"波达一惊,瞳孔猛地一缩:"什么?快!召集军队,赶往边境!"

"是!"

另一边,精灵森林的边境正打得不可开交。天族族长蔚握紧她的武器——星云刃,看着面前这位异瞳少女,好看的眉头微微蹙起。这位少女的身后跟着一小群打头阵的火族人和投靠了火族人的边境精灵。

异瞳少女不屑一笑:"怎么?就你一个人?那可不行,贵客来了,不应该主人出来迎接吗?"

蔚没有说话,只是用那浅棕色的眼睛盯着少女看。良久,才用肯定的口吻说道:"你是冉。"

"哎呀,没想到你居然还记得我!"冉故作惊讶地说,说完后向空中一跃:"你们好好陪我们的天族族长玩玩吧……"说完就又消失了。

"你!"蔚刚想出声,大批的边境精灵就杀过来了。

蔚用通灵术对地族族长库里说:"开始了!"

"好!"库里在地下操控着土,虚影照应着地面之上的月光下的场景。蔚手拿星云刃向前一挥:"分!"一把星云刃就立刻变成了几十把,向前方的火族人砍去,一部分火族人在惨叫声中倒下。后面的火族人看到同伴倒下,纷纷红了眼:"杀!"

火族人一起释放出火焰,将蔚的星云刃压制住,而叛变的边境精灵们则是将蔚用花粉迷晕,将她包围在火海之中!库里看到这一幕,暗叫:"不好!"随即用土制成的巨龙向火族人扫去,可是长期在地底下生活、没见过光的库里位置判断失误,被火族人发现了地下的蹊跷,便开始用火攻击地面。

虽说火不克土,但也难以忍受这样大面积而且强烈的火焰。火焰穿透土,烧到了库里,库里的白色皮肤被火焰袭击,疼痛难忍,只能向地底下更深的地方去。

火族人烧了一会,看土地没了动静,这才欢呼。"好了,边境已经突破了哦,大家辛苦了!"冉的声音再次传来,众火族人消失,既清脆又诡异的笑声再次响起……

当波达与军队赶到时,为时已晚,蔚已被火焰包围着,昏迷不醒,森林边境几乎已经没有了绿色,全被火焰烧没了!而土地也难逃一劫,估计库里也早已重伤……而火族人早就不知去向!

"快!把蔚救出来!"波达喊到。

就这样,边境被突破了!

5. 决定寻求救援

小作者:季雨涵

等把蔚救出来时,她早已奄奄一息,暂时不能参加下面的战斗了,而库里还不明情况,但大家已经没有时间可以等待,必须马上抵御。

波达脸上的笑容早已消失不见,变得格外严肃深沉。

失去族长的天族和地族的居民早已忧心忡忡,不知如何是好,很多人一心想逃离自己的家园,便向林族求救。

现在的精灵王国早已乱得不成样子,波达多次派人去向他们解释,但都没用,无奈之下只好亲自去安抚人心,把军队留给风宵和军师乔纳森。国王的威信在人们心中非常高,波达的一番解释后,处于混乱之中的人安静下来,回到自己家中,但全都家门紧闭。

波达无奈地摇摇头:"这次与火族之战不好打,也怪我多年前的那场与火族的打赌之约。"

"现在知道后悔了,那你当年为何那么做,不是自讨苦吃?"一个黑衣女子站在波达身旁,歪着头看他。

"冉,又是你?"波达没有回头。

"不过你当年打的赌挺好玩的,不是吗?我可是很期待你们这次的战争哦,没有他们的帮助,你这辈子都别想打赢这场战争。"冉说完之后就消失得无影无踪。

"他们?他们会吗?"波达望着寂静一片的精灵王国,叹了口气。等他回到战争地时,发现精灵王国的士兵们伤亡惨重。

看到波达回来,风宵立刻上前询问情况。波达点了点头,告诉他近况,然后走到军师乔纳森的身前:"乔纳森,收拾一下行李,跟我去西边的灵湖森林。"乔纳森没有多问,他和波达已经是几百年的好朋友,波达想要做什么他心里都有数,但风宵按耐不住好奇心,问:"灵湖森林?殿下,您去那儿做什么,战场需要您。"

波达和乔纳森都没回答风宵的问题,只是收拾东西。

风宵见状不再多嘴,只是问了一句:"殿下,您什么时候回来?"波达拍了拍他的肩膀:"三天,你只需要撑三天!三天后,我若未归,就带着民众躲进结界,等我回来。"

灵湖森林是精灵王国的禁地,是水族人世世代代生活的地方。除了身份高贵的人以及他们认可的朋友,其他人都不可以随便进去。其实很多年前精灵王国初建时,水族人也在其中,但因不喜好热闹,就退出了精灵王国,成了一族一国。千年来,很少有人去打扰他们。

他们的力量比火族还要高上许多,也是火族唯一的克星。然而,水族素不喜欢战争,更不喜欢以强力去欺压他族,曾被其他族戏称为"老好人族"。

"水族人,想请他们来帮我们可不容易。"波达在心中暗暗想。

6. 求援水族

小作者:崔家怡

他们穿过通道,来到了灵湖森林。森林中有许多水族的精灵正在采集花露,乔纳森找到了一位水族精灵,问道:"请问水族宫殿在哪里?"那位水族精灵看了一眼他们,傲慢地说:"你们问这些干什么?"

波达国王解释道:"我是精灵国王,来找水族公主寻求帮助。"

"呵,你们这些异族人,自己闯了祸,还让我们水族帮忙,简直是笑话!"那个精灵说。

这时,又有一位精灵飞了过来,说:"浮溪,不要这样。"

"你说得好听,还记得当年他们打的赌吗?这个赌为我们带来了多大的灾难,从此以后,我们水族不再参与异族的任何事。"波达国王听到这里,充满歉意地说:"对不起,这件事因我而发生,我在这向你们道歉,对不起!"

"一句对不起能够抵消这个赌对我们水族的伤害吗?"浮溪有些激动,"伊梦,他们欠了我们水族很多,这辈子都还不完,我们为何还要帮他?"

伊梦小声对浮溪说:"为何要在这跟他较劲?不如把他带给公主,让公主……"说完还给浮溪使了个眼神。

"既然这样,那我就带你们去见公主吧。"只见伊梦点了一下她身旁的一个植物,那个植物的上面忽然出现了一个托盘,把他们带向高处。

空中漂浮着一个小岛,一座巨大的宫殿在小岛上若隐若现。很快,他们到达了那个宫殿。这座宫殿是用冰做的,所以一上岛寒气就扑面而来。不过他们都是精灵,不畏寒冷。

伊梦和浮溪带着他们穿过宫殿,来到了大厅,大厅正中央有一个宝座,公主就坐在宝座上。公主头戴冰冠,一头冰蓝色的秀发垂至小腿,背后有一对白色的翅膀,仿佛是两根巨大的羽毛,十分漂亮。

公主面无表情地问:"你们来干什么?"

伊梦向公主行礼,说:"他们两个是精灵王国的,有求于您。"公主让两个水族精灵先下去,然后公主走了下来说:"你们有什么事要来求助于我水族?"

波达国王说:"你还记得火族吗?"

"记得,怎么了?"水族公主一脸疑惑。"最近火族又复兴了,并且把边境的一些精灵都拉拢了过去,有天族、地族,还有林族。一个叫冉的火族人带领着他们攻击我们,说是为了之前的那个赌约。"

"那个赌约,曾为我水族带来多大的灾难?你还记得吗?"水族公主生气地说。乔纳森很后悔地说:"对不起,当年国王下这个赌约是为了救我。"

波达国王和乔纳森都陷入了深深的回忆……

7. 赌约

<small>小作者：季雨涵</small>

一百三十年前。

波达他们还年少无知，并不知火族人对他们的仇恨有多深重，也不清楚火族的危险凶狠，若有外族人进入他们的领地，他们会十分生气。

"波达，波达，快来。"乔纳森向在亭内逗猫的波达招了招手。波达便向乔纳森走去，蹲下。看着乔纳森兴奋地指着的一个白团子直跳的样子，他无奈地摇了摇头。波达用手去戳了戳那个白团子，白团子竟把头转过来，一口咬住波达的手，可劲儿不够大，这一口对波达并没有太大的威胁。而波达小心捏着它的脖子上最软的那块肉，把它给拽了下来。

因为心思全放在了逗白团子上了，就连平时一向警惕的波达也没有注意到身后站着的两个比他们稍大的男孩。一双鎏金色的眼睛正高傲地看着他们，等波达察觉到影子的不对劲后，猛一回头便看到了他最不想见到的人，也是自己最想忘记却又怎么也忘不掉的人。

他一辈子的敌人——火族太子，燎。

"燎大人怎有这兴致，这么有耐心等着我发现你，不符合你的作风呀，是吧？"波达一脸冷漠地看着燎。

"呵呵，有兴趣做个交易吗？"燎歪着头看着波达，眼中带着一抹狡诈。

"不好意思，我没有兴趣。"波达仍保持着冷漠的态度。

"很快你就会知道到底要不要和我做这个交易，还有，这里是我的地盘，怎么做可由不得你。"燎和波达对峙着。听到这句话，波达预感不妙，一回头，竟看到乔纳森吃下了那个白团子给的一个果子！他慌了，那可是火族禁果——灵焚果，吃下它的人三天内得不到解药就会化为楚灰。

"好，你说什么交易！"波达充满怒火地看着燎。

燎的嘴角微微上扬："炎，把那个人带上，还有冉，你可以变回来了。"炎走到乔纳森的面前，一把将他扛在肩上，而那个白团子不知道从哪里变出了个药丸放到了嘴里，很快就变身为一个小女孩走到了波达的面前："嘻嘻，好戏开场咯！"

燎向一片森林里走去，看来他不打算在这里说出这个交易的内容，那个叫冉的女孩口中提到的好戏又是什么，谁也不知道。

走到森林的最深处，这里空无一人，四面都被树木包围。只有一丝丝的光从树叶中透出，时不时会有一些灵蝠飞过，气氛显得格外诡异。

"有什么就赶紧说。"波达已经开始不耐烦了。

"呵呵,你已经按捺不住了？这次和你说的谈话,说好听点叫交易,说难听点就是赌约,赌什么你等会儿就知道了,筹码是你输了就等你当上国王时,我们会去攻打,打赢了,精灵王国归我们火族,打输了,我们任你们处置,并不再打扰你们,如何？"燎看着波达,笑着。

"好"这个字几乎是从波达牙缝里挤出来的,因为他知道精灵王国和火族打胜算不大。燎从口袋中拿出一张写着交易内容的契约书,并递给波达一支笔,波达接过在纸上签字,但他在签的时候看到了"水族"两个字,并看到了水族公主的字迹。

"走吧,带你去看看赌的内容。"

燎带着他们往水族的方向走去,再想想那纸上闪现的内容、名字,波达猜到了,赌的内容很可能和水族有关,甚至关系到水族人的性命。

8. 无奈签字

小作者：吴思桦

他们一起来到了水族的宫殿,只见水族公主坐在王座上,冷冷地看着他们。燎拿出了那张神秘的赌约,递给波达,脸上露出戏谑的表情说："这次的赌约就由水族公主来见证。"

波达看见燎脸上的表情,伸出手,但并没有立刻接下赌约。

波达表情十分难看,心里想着：燎脸上的那副表情很明显,这个赌约是不利于我们的。但是,如果不接下这个赌约,国家的军师乔纳森就会去世。到底应该接这个赌约还是不接呢？波达经过一系列的心理斗争,最后还是接下了赌约。赌约上写着：

甲方：火族太子燎　乙方：精灵王国国王波达　丙方(见证方)：水族公主淼

精灵国与火族的战争,水族不许插手。水族如果不插手,之前的恩怨一笔勾销。精灵王国与火族的战斗,若是精灵王国获胜,火族任由精灵王国处置,并不再打扰精灵王国；若是火族获胜,精灵王国则归属于火族,且国王波达到火族当奴隶。如果精灵王国同意赌约,可马上得到灵焚果的解药。但如果水族出手,火族则会用秘密武器攻打水族。

签字：甲方：燎　乙方：波达　丙方：淼

波达看到赌约内容后十分无奈,因为一个军师对国家是十分重要的,更何况乔纳森还掌握着国家的重要机密。可是,如果签下这份赌约,精灵王国又不一定能打过火族。这让他十分无奈。

但为了解救乔纳森,他最后还是签下了这份赌约。

9. 冉的身份

小作者：张若琪

宫殿里变得鸦雀无声，所有人都沉默了。

"你留下来，其他人都出去。"水族公主淼用手指着波达国王，"我要单独和你谈些事情。"淼一脸严肃地说。

淼拿出了一封信，上面并没有署名。"这封信是从火族那里送来的，里面写的都是有关于火族攻打水族的秘密武器的消息。"淼的脸上严肃的表情消失了，似乎还有一丝丝愉悦。

波达还从没有见过淼这副表情。

"那你知道这封信是谁寄来的吗？"波达国王有些不放心，"如果这些信息都是先前伪造好的呢？"

淼听完波达国王的质疑，便解释道："这封信可是我的好朋友寄来的哦，她叫……"淼故意停顿了一下，咳嗽一声，又接着说了下去，"你肯定认识，她叫冉。"波达国王听到"冉"这个名字，惊了一下。他刚想要追问一些事情，却率先被淼识破了。

"哈，我知道你想问什么。还记得吗，那一次燎一起跟你来水族宫殿的事情吧，那时我已经和冉做朋友了，可怜的燎还被蒙在鼓里，他可真是罪有应得。"淼嘲笑着。

波达国王听完淼的解释，心里舒畅了许多。但当他想起冉破坏他的会议室时，或是与他说一些嘲讽的话，觉得有些古怪——

为什么她和水族公主是朋友？冉为什么讨厌精灵王国？冉为什么两只眼睛的颜色不同？如果她也是林族人，以前为什么没有见过她？波达一连串的问题让他变得越来越糊涂了。

淼看着一脸茫然的波达国王，不禁冷笑出了一声："哈，知道冉为什么袭击你的会议室吗？"淼脸上的笑意不见了，甚至有些悲伤，"那是为了复仇……"

淼陷入了深深的回忆。

小时候，淼不听父母的劝告，偷偷地跑出了灵湖森林，在精灵王国玩了一整天。夕阳西下，是时候回去了。淼走在回家的路上，看到了一个浑身是伤的女孩，可以看得出来，这些伤疤是今天留下的。女孩低头走着，淼礼貌地向她问了个好。女孩有些惊讶地抬起了头，她的眼睛是两种不同的颜色，左眼是林族人特有的琥珀色，右眼是火族人的鎏金色。淼以前从来没有见过异瞳人，好奇地打量着女孩。

她们坐在草坪上聊着。那女孩叫冉。冉是个很厉害的女孩，就因为她有火族人的血统,每个人都讨厌她,每次出门,都会有孩子们欺负她。凭什么?就因为自己有火族人的血统?冉非常难过地想着。

森听完了冉说的话,安慰她,如果自己做了一些有利于精灵王国的事情,大家对你的态度就会好转了。月亮在天空中缓缓升起,月光洒在草坪上,照耀着草坪上的那两个女孩,那两个天真善良的女孩。是时候回家了,她们愉快地道别。

第二天旭日东升时,森就收到了一封来自精灵王国的信。她知道这是自己的好朋友寄来的,看完了内容,几滴泪水掉在了地上。原来,冉想做一件有利于大家的事情,却因为自己的疏忽而用火烧着了一家屋子,还好消火队及时赶到,不然后果可想而知。这件事过后,冉怀着愧疚的心情离开了这里,回到了火族,这或许就是最好的决定吧。

森说完这些后,波达看到了森的眼睛,那样的眼神,深深地刻在他的心里。

但森还是一脸冷酷地说了下去:"她说了,无论我们水族参不参与你们的战争,火族都会用秘密武器攻打水族,真卑鄙,不是吗?你可以出去了,明天就要和火族开战了,记住,最好不要伤到冉。"

10. 火族入侵
小作者:陈萱

森扑扇着雪白的翅膀飞向阁楼,这间阁楼已经很脏很旧,几百万年没人进出了。森推开小木门,首先迎面而来的就是一阵灰尘,蜘蛛网也挡住了她的视线。在角落里有张桌子,桌上有个别样的盆子。

森用手指点了一下抽屉的开关便打开了,里面是一把看似普通的剑,水蓝色的,约四个巴掌长,但可别小瞧了它。用它对付火族人,简直就是轻而易举,只要轻轻挥一下,就能将火冻结。

这剑是一把有神奇魔力的剑,名叫"蓝光剑"。上面一粒灰尘都没有,然而距离上一次使用时间,已经有两亿四千七百多年了。

"我只能帮你到这了,你知道的,我们水族向来不喜欢战争。"森说着就离开了。

这一趟总算是没白来,沉默了许久的波达国王脸上终于露出了一丝喜悦。白云很快掩盖了太阳的一半。

火族的兵队很快蔓延到林族领地的四分之一,前后左右都被包围了。还未完全恢复的蔚,无奈之下带着星云刀向外冲去,她带着士兵向前面左面攻打,库里则带着林族的士兵向右后方攻打。

队伍继续向中间延伸。

当波达和乔纳森从水族回来时,眼前这幅景象吓到了他们:昔日的美好景象变成了残垣断壁,往日的山清水秀变成了人间炼狱,昔日车水马龙的街道此时却冷冷清清,举目往前是惨不忍睹。前方是轰轰烈烈的吵闹声。这还是两个小时前的精灵王国吗?

波达向前走去,轻抚着大地,大地立马恢复了生机。燎却用手变出一团团火焰,吞噬着一花一草一木。

波达披上他那久经沙场的披风,威风地拔起剑,领着队伍勇往直前。只见他念了一段咒语,潇洒地挥了下,正翩翩起舞的火焰似乎成了做工精美的冰雕。

蔚的脸色逐渐发白,眼看就快打退火族了,却突然昏迷不醒。

这时,冉轻蔑一笑,举起手中的水晶球。水晶球在刹那间散发出万丈光辉,引起了强烈的法力波动,精灵们受此影响,不少直接跪地不起。冉在心里暗想:"你们可曾记得我身上的那些伤疤?精灵王国迟早有一天也会像那些伤疤一般满目疮痍。欺负我的,都应该得到报复!"

库里看着眼前手举水晶球的冉,看着远处摧毁着精灵王国大地的燎,心里的所有仇恨都涌上来了,拿起弓,大吼一声,向远处的燎射去……

地下的地族居民慌乱无比,炮弹的轰鸣声更是使大家不得安宁,一个轻微的脚步声可能也会使他们惊慌。精灵宝宝的哭叫声、尖叫声、诉说声此起彼伏……

11. 揭开秘密

小作者:刘锦媛

"我们得赶紧想出制服他们的方法了。"波达望向远方的战场,忽然一回头,"快去让乔纳森研制些能帮助我们的武器。"

"陛下。"刚刚养好伤的蔚来到波达面前,"陛下,我认为,最好还是先将鉴察馆的内奸抓出来。毕竟计划泄露了可就不妙了。"

波达身形一顿,过了一会才说:"好,就由你来负责。"

"是,国王陛下。"蔚微微躬身,说道。

"这么说……有嫌疑的鉴察馆成员是经常伴国王左右的,有一定身份的人,而且很了解国王……这么说,符合条件的只有……"蔚靠在云朵上,皱着眉分析,"不可能呢,不会是他吧……"

与此同时,波达看着会议室外的风景,轻轻叹了一口气:"快被发现了……吗。"

"陛下,我们打了一场大胜仗,库里捉住了火族族长燎。"风霄前来带来了胜利的好消息。

波达闻言,眼睛亮了亮,说:"把他押过来,我有事情要问他。"

燎被带了来,波达让护卫离开。燎双眼冒火,大声喊道:"波达!你真是无耻!"

"燎,我只是想问你几个问题。"波达瞥了一眼燎,淡淡地说道,"第一个,关于乔纳森。"

"哦?你想问什么?"

"乔纳森虽是我多年故交,但我不知他身份和来历,据我所知,他小时候有一种很奇怪的病症。"波达玩弄着手中的宝石戒指,"他小时候几乎每天都会蹦出一些一听就是假话的句子,问他为什么这么说就连连摆手。我之前看过野史,据说你们火族可以诅咒一个人,使他不得不每天说一句假话,而这种诅咒,多半用于脱离了原本居住地来到精灵王国的火族人。我说的没错吧?"

"哼,的确没错。乔纳森就是火族人,我们封印了他的力量,但是这使他的智慧举国无双。于是我们下了更深的诅咒,这个诅咒使他不得不每一周都背叛自己的信仰一次,不然就会陷入梦境无法清醒。"燎阴险地笑着,"你应该猜到了,鉴察馆的内奸就是乔纳森。"

"我还想知道……冉的来历。"波达微合上眼。

"冉?呵,不过是一个毫无价值的混血儿罢了。虽然她武艺超群,但她不会得到任何人的关注,没有人会在意一个血统低贱的混血。"燎的嘴角扯出一个轻蔑的笑。

波达证实了自己的猜想,又问:"最后,我还有一个问题。关于我。"

燎脸上忽然闪过一丝慌乱:"关于你?我可什么都不知道!"

"我从很早以前就开始怀疑我的身世了。每个人都告诉我,说我是林族族长的儿子,但是我对我5岁之前的记忆一点都没有,而且……"波达自顾自地说着,"燎,你跟我长得很像,非常像。我看见你的第一眼就这么觉得。你一定知道真相,燎。"

"……没错,你是……我的弟弟,我被封印了法力的弟弟。"燎认命似地垂下眼眸,鎏金色的眼中尽是回忆,"你的法力太过高强,太过耀眼。我们一直认为这是好事,但越来越多的人感受到了你的存在,只是他们没有前来。我们要在暗处提升自己的实力,不能被人们发现,你太容易被发现了,父亲将你送到当时唯一知道火族人还在世的林族族长那里,封印住你的能力,抹除了你的记忆……"

"果然……自己的猜测一点错都没有……"波达抬起头,望着天空。精灵王国虽然还处在水深火热的战乱之中,但天空还是一样的明朗,干净极了。

第二天,精灵王国与火族签订停战合约。火族重新归入精灵王国,水族公主出席停战会议。所有种族联合一心,精灵王国恢复了往日的荣光。

"哥哥,谢谢你,让现在的我回到了我的种族。"波达对面前的燎说。

"不谢,但是你不觉得放弃国王的身份很可惜吗?"燎摆摆手,眸中闪过一抹关切。

"无事,乔纳森的咒术已经解除,我身上的封印也去掉了,现在我们打算去精灵王国到处逛逛,看看之前因为事务繁忙没来得及看的美景。"波达眨了眨变回鎏金色的眼睛,嘴角挂着微笑,又望了望在近处山坡上坐着的森和冉,挑了挑眉说道。

"好,那么,祝你好运。"

后记

刚入职时,教学生写作文,就真的只是"叫学生写作文"。至今记得,当时班上学生大多眉头紧锁,一脸不情愿的样子。这种现象持续了较长时间。后来我想到,不要说学生了,又有多少语文教师喜欢写呢?扪心自问,相信大家的心里会有答案。

作为长期身在一线的小学语文教师,我试图改变这一现象。正如美术教师示范作画,音乐教师示范唱歌一样,语文教师亦可以示范写作。于是,我每天规定自己写点什么,内容不限,字数不限。若干年后,翻看数十万字的手稿,有时事杂谈、童言无忌、宝宝日记……篇幅最多的是教学手记,其中研究儿童读写的教育日志占了"大半江山"。

有一年,从毕业班下来接手一个新的四年级班,我也试着让学生每天写点什么,为了不加重学业负担,我提出字数有百字即可,内容不限,微日记就这样开始了。那个班我一直带到六年级,渐渐的,学生惊奇地发现,哪怕百字的日记,三年累计下来竟有十万字之多。那些越写越爱写的,累计字数都在二三十万字。解决了怕写的难题,我又琢磨如何让学生写得好,写得更有创意,于是在读写之路上继续探究,从微写作到交际语境写作,最后到儿童"创意读写",逐步衍生出"跟着教材学写作""智慧习作坊""儿童故事慧"等系列课程。随着课程影响的扩大,逐渐有越来越多的语文老师加入相关研究,团队的不断壮大,让我对儿童"创意读写"的研究更加充满信心,于是萌发了一个想法——按一本书的框架来提炼研究成果。

本书共有五章,前两章偏理论,后三章重实践。每章均有导语,读者可迅速了解该章节的主要内容,然后去翻阅自己感兴趣的部分。我所在的学校是九年一贯制学校,探索不同学段儿童"创意读写"的规律,以及在各学段之间展开读写教学的衔接,是我们在"十四五"期间力求达成的目标。从全纳的视野来看,不同类型的特需儿童的"创意读写"分别有什么特点,表达上有什么规律,教师应该采取哪些有针对性的教学策略等,这是一个庞大的工程。以本书为起点,团队将组建"创意读写"联盟交流平台,为学生搭建更广阔的"创意读写"展示舞台,挖掘未来的文坛新星。

  在此,我要真诚感谢长期以来给予我指导、帮助的师友们:感谢晓庄学院张谦芬院长多年来对我的教诲与鼓励;感谢南京师范大学吴永军教授在学术理论上给予我的点拨与指导;感谢江苏省教研室孙向阳主任、江苏省师干培训中心徐伯钧主任,他们是我课题研究的引路人;感谢为本书提供案例的李敏、杨雯昕、刘慧、冯芳、曹静芳等老师;感谢省卓越教师培训班的梅艳同学,作为特级教师和正高级教师,她对书稿的精批细改让人感动。特别感谢冯静校长对该书出版的大力支持,在百忙之中亲自审阅书稿,提出了很多宝贵的建议,才使得该书得以问世。最后感谢我的家人,他们一直以来对我伏案工作的支持让我内心温暖且充满力量。所有的相助和真情,均历历在目,这将成为我今后矢志前行的最大动力。

2023 年 3 月于金陵钟山脚下